심리학자 김태형과 스피치 전문가 박사랑이 분석한

# 이재명의 스피치
## [부록: 윤석열의 말과 심리]

심리학자 김태형과 스피치 전문가 박사랑이 분석한
**이재명의 스피치**

초판 1쇄 발행 2022년 2월 5일
초판 4쇄 발행 2025년 2월 1일

| | |
|---|---|
| 지은이 | 김태형 박사랑 |
| 펴낸이 | 이영선 |
| 책임편집 | 김선정 |

| | |
|---|---|
| 편집 | 이일규 김선정 김문정 김종훈 이민재 이현정 |
| 디자인 | 김회량 위수연 |
| 독자본부 | 김일신 손미경 정혜영 김연수 김민수 박정래 김인환 |

펴낸곳 서해문집 | 출판등록 1989년 3월 16일 (제406-2005-000047호)
주소 경기도 파주시 광인사길 217 (파주출판도시)
전화 (031)955-7470 | 팩스 (031)955-7469
홈페이지 www.booksea.co.kr | 이메일 shmj21@hanmail.net

ⓒ 김태형 박사랑, 2022
ISBN 979-11-92085-11-1 03300

심리학자 김태형과 스피치 전문가 박사랑이 분석한

# 이재명의 스피치

[부록: 윤석열의 말과 심리]

김태형 박사랑 지음

서해문집

"말만 번지르르하게 해가지고는….”
"말은 청산유수네.”

　가끔은 말을 잘한다는 것이 오히려 부정적으로 받아들여질 때가 있다. 유튜브 시대에 살고 있는 오늘, 말 잘하는 사람에 대한 인식과 평가가 과거보다 좋아졌지만 아직도 한국 사회에서는 말의 가치를 평가절하하는 경우가 종종 있다.

　정말로 말을 잘하는 사람들은 단순히 말만 잘하는 사람들일까?

　절대 그렇지 않다. 말하기는 그 사람을 반영하는 거울이다. 말하기에서는 말하는 사람의 모든 것이 그대로 드러난다. 즉 그의 신념과 철학, 지적 능력 그리고 마음의 결이 고스란히 드러난다는 것이다.

　우리는 누군가의 말에서 아래의 세 가지를 파악할 수 있다.

　첫째, 말하는 사람의 지적 능력을 파악할 수 있다. 사람은 언어적 사고를 한다. 언어 덕분에 고차적인 사고, 추상적인 사고를 할 수 있다. 만일 사람이 언어를 활용해 사고하지 않는다면 동물의 사고 능력보다 나을 게 별반 없을 것이다. 사고와 언어는 불가분의 관계에 있다. 이런 점에서 사고는 마음속으로 혼잣말을 하는 것이라고도 할 수 있다.

말하기는 사고의 결과가 밖으로 발화되어 표현되는 것이다. 따라서 생각을 잘하면 말도 잘하기 마련이다. 물론 지적 능력은 우수하지만 말은 잘 못하는 경우가 간혹 있기는 하다. 예를 들면 글은 잘 쓰는데 말은 잘 못하는 경우다. 글쓰기와는 달리 말하기에는 대인공포증 같은 심리나 대인관계 능력과 같은 여러 가지 변수가 상대적으로 더 크게 작용한다. 사고 능력이 우수함에도 말하기에 취약한 것은 이 때문이다. 그러나 대체로 사고 능력으로 대표되는 지적 능력과 말하기는 비례 관계에 있다. 한마디로 말을 잘하는 사람의 지적 능력은 우수할 수밖에 없다는 것이다.

둘째, 습관, 성격, 심리 등을 간파할 수 있다. 사람들은 말을 하면서 억양과 말투 등을 계속 바꾸고 다양한 얼굴 표정을 지으며 여러 가지 몸짓을 한다. 말투의 변화나 비언어적 말하기는 사람이 인생을 살아오면서 가지게 된 습관, 성격, 심리적 특성 등을 반영한다. 그것은 또한 말하는 사람의 말하는 시점에서의 심리 상태, 나아가 전반적인 심리를 반영한다.

셋째, 철학, 신념, 진정성 등을 파악할 수 있다. 훌륭한 내용의 말을 하는 사람은 건전하고 수준 높은 철학이나 신념을 가지고 있다. 빈약한 내용의 말을 하는 사람은 식견이 짧거나 전문 지식이 부족한 경우가 많다. 타인을 이용하려는 마음을 가진 사람, 배려심이 없는 이기적인 사람, 부정적인 사고방식을 가진 사람들은 말하기에서 아주 짧은 순간이라도 자기 내면을 드러내기 마련이다.

이렇게 누군가의 말을 주의 깊게 들어보면 그 사람의 신념과 철학 등을 파악할 수 있다. 장기간에 걸쳐 누군가의 말을 관찰해보면 말하는 사람에게 진정성이나 일관성 등이 있는지를 알 수 있다. 말만 번지르르하게 하는 사람은 비교적 짧은 시간 동안 특정한 영역에만 국한해 말을 현혹되게 하는 사람이다. 이와 같은 사람은 절대로 말을 잘하는 사람이라고 할 수 없다. 사기꾼은 말을 잘하는 것이 아니라 상대방의 욕망과 약점을 잘 간파한다. 그런 사람과 하루 정도만 같이 지내보면 결코 말을 잘하는 사람이 아니란 것을 금방 알 수 있을 것이다. 이 같은 부류의 사람들은 말과 행동이 일치하지 않는다. 진정성과 일관성이라고는 눈곱만큼도 찾아볼 수가 없다. 이처럼 누군가의 말하기를 긴 시간 동안 꼼꼼히 관찰하면 그 사람을 들여다볼 수 있고, 진짜와 가짜를 분별해낼 수 있다. 만일 누군가가 궁금해서 그에 대해 알고 싶다면 무엇보다 그의 말하기를 관찰해야 한다.

그렇다면 우리는 어떻게 정치인의 말을 검증할 수 있을까?

연설문을 낭독하는 모습을 보고 고르면 될까? 사실 글은 수십, 수백 번을 검토하면서 고칠 수도 있고 누군가가 대신 써줄 수도 있기 때문에, 단순히 연설문을 낭독하는 모습을 보고 그의 말을 평가할 수는 없다. 편집 영상을 보고 고르면 될까? 뉴스나 유튜브 등의 영상을 그럴듯하게 편집해 말을 잘하는 것처럼 보이게 만들거나 말실수하는 부분만을 악의적으로 편집한 영상을 보면서 섣불리 평가해서도 곤란하다.

그렇다면 해답은 즉흥 연설, 토론, 인터뷰 같은 다양한 상황에서 툭 하고 튀어나오는 진심, 즉 자신의 감정을 비롯한 속마음이 드러나는 말하기를 관찰하는 것이다. 또 하나의 해답은 토론이나 논쟁 실력을 관찰하는 것이다. 훌륭한 지도자는 상대방과 치고받는 토론에서도 상대방을 최대한 존중하고 배려하면서도 자신을 비판하거나 공격하는 상대방을 우아하게 제압할 수 있어야 한다.

이와 같은 말하기에 능하려면 수준 높은 철학과 식견, 풍부한 지식, 상대방의 심리를 빠르고 정확하게 파악하는 능력, 공감 능력을 포함하는 우수한 대인관계 능력 등이 있어야만 한다. 이와 더불어 2015년에 한 말과 2017년에 한 말이 같은지, 또 2022년인 현재에도 같은 말을 하고 있는지 일관성도 살펴볼 필요가 있다. 시간은 반드시 진실을 드러내기 때문이다.

그러므로 한 나라의 최고 지도자를 선택할 때도 그의 말하기, 특히 다양한 상황에서의 말하기와 일관성을 집중적으로 관찰할 필요가 있다. 면접관들이 최종 면접장에서 지원자의 말을 면밀히 살펴보듯, 우리가 면접관이 되어 국가 지도자가 되려는 정치인의 말하기를 꼼꼼히 살펴야 한다. 노무현 전 대통령은 말하기의 중요성에 대해 다음과 같이 강조했다.

말을 잘하는 것과 말재주는 다른 것이다. 국가 지도자의 말은 말재주 수준이 아니고 사상의 표현이며 철학의 표현이다. 가치와 전략, 철학이 담긴 말을 쓸 줄 알아야 지도자가 되는 법이다.

말을 잘하면 성공적인 사회생활을 할 수 있고 막힌 관계도 원만하게 풀어갈 수 있다. 또한 말을 잘하면 자신이 원하는 바를 사람들에게 잘 전달하고 설득할 수 있기 때문에 큰 사회적 영향력을 가질 수 있고 높은 수준의 성취를 이룰 수 있다. 그런데 이런 말하기의 중요성에도 불구하고 말을 잘하기 위해서 노력하는 사람들은 의외로 많지 않다. 말을 잘하는 것을 선천적인 재능으로 치부하기 때문이다. 이런 사람들은 '저들은 달변가로 태어나서 대통령이 되고, CEO가 되고, 유명인이 되었다'고 마냥 부러워하기만 한다.

그러나 말하기 능력이나 실력은 타고나는 것이 아니다. 말하기의 세계에 편법은 없다. 사투리가 심한 사람도 노력하면 훌륭한 아나운서가 될 수 있고, 발표 불안이 심한 사람도 열심히 노력하면 말하기 고수가 될 수 있다. 100번을 연습한 사람이 10번을 연습한 사람보다 발표를 더 잘할 수밖에 없다. 한마디로 말은 치열한 노력을 통해서만 잘할 수 있게 된다는 것이다. 명연설가로 유명한 영국의 윈스턴 처칠 수상도 처음부터 말을 잘하는 사람은 아니었다. 그는 초년병 의원 시절, 발언 도중에 말문이 막혀 단상에서 내려왔던 아픈 경험을 가지고 있다. 그 후 철저한 연습과 준비로 그는 제2차 세계대전 당시 국민의 좌절과 분노를 애국심으로 바꿔놓는 명연설가로 활약했다.

더 높은 성취, 더 행복한 삶을 원한다면 반드시 자신의 말을 가다 듣어야 한다. 화려한 외형으로 치장하고 있어도 몇 마디 말을 해보면 두 번 다시 대화하고 싶지 않은 사람이 있다. 반면에 수수한 차림새를 하고 있어도 말을 할 때마다 향기와 품격을 뿜어내는 사람도 있다. 결국 사람에 대한 평가를 좌우하는 것은 '말'이다. 따라서 다른 어떤 것보다 말하기에 더 큰 관심을 가져야 하고, 말을 잘하기 위해 노력해야 한다.

이재명은 촛불시위 현장에서의 명연설로 무명 정치인에서 일약 대선주자로 부상했다. 한마디로 그를 대권주자로까지 도약할 수 있게 해준 가장 큰 원인이 바로 '말하기'라는 것이다. 이재명이 말을 잘한다는 것은 이재명과 경쟁 관계에 있는 정치인들조차 인정한다. 2021년 10월 국민의힘 이준석 대표는, 이재명 후보가 대장동 의혹 정면 돌파를 선택하며 경기도 국정감사를 받겠다고 밝힌 것에 대해 "현란한 말 기술로 국감장에서 버텨보겠다는 생각인 것 같은데 그렇게 해서는 또 국민들에게 혼난다"[1]고 비판했다. 2022년 초에도 그는 이재명 후보를 겨냥해 "말 기술에 의존할 것이 아니라 좀 진지한 정책들을 이야기했으면 좋겠다"[2]고 말했다. 비록 이준석은 이재명을 비판하고는 있지만 그가 '현란한 말 기술'을 가지고 있다, 즉 이재명이 말을 잘한다는 사실만큼은 인정하고 있는 것이다. 나아가 이재명의 말솜씨에 대한 두려움이나 질투의 감정까지 묻어나온다. 국민의힘 대선 후보인 윤석열은 이재명 후보의 토론 제안을 계속 거부하고 있는데, 이것은 그가 이재명 후보를 말로는 도저히 이길 수 없다는 두려움 혹은 패배감에 사로잡혀 있음을 시사해준다.

　이렇듯 이재명을 좋아하는 사람이든 싫어하는 사람이든, 사람들은 이재명이 말을 아주 잘한다고 생각한다. 이재명의 말하기는 어떤 것일까? 사람들은 왜 그가 말을 잘한다고 생각하는 것일까? 경쟁자들은 왜 이재명의 말을 두려워할까? 우리는 이재명의 말하기를 구체적으로 들여다봄으로써 그의 말하기 전략과 비법을 분석하고, 말하기에서 드러나는 그의 심리가 어떠한지도 살펴볼 것이다. 이와 더불어 최근에 말 때문에 잦은 비난을 받고 있는 윤석열의 말하기와 심리에 대해서도 살펴볼 것이다. 반면교사로 삼을 만한 것이 꽤 있을 것이다.

　이 책에서 소개하는 이재명의 말하기 전략과 기술을 지침으로 삼아 말하기 연습을 해보고 과감하게 일상생활에 적용해보자. 그것을 온전히 자기 것으로 만들 수 있다면 말하기에 점점 더 자신감이 생기는 자신을 발견하게 될 것이다. 나아가 말로써 원하는 것을 성취할 수 있게 될 것이다. 당신의 인생이 말로 더욱 행복해지길 바란다.

# 상대의 마음을
# 얻을 수 있는 최고의
# 무기는 무엇일까?

나를 보여주는

말하기

01

당신이 자신의 생각을 믿는 것, 은밀한 마음속에서 당신이 진실이라고 생각하는 것이 모든 사람에게도 그대로 진실이 된다고 믿는 것, 이것이 천재의 행동이다. - 랄프 왈도 에머슨,《자기 신뢰》

정치인의 연설뿐만 아니라 면접이나 프레젠테이션 등 인생의 가장 중요한 순간, 선택을 판가름하는 것은 당신의 '말'이다. 그렇다면 어떻게 말로써 사람들의 마음을 움직여 내가 원하는 방향으로 이끌어낼 수 있을까? 정답은 자신 안에 있다.

넓게는 다수 국민의 지지를 받는 정치인, 사랑받는 명강사, CEO, 그리고 좁게는 직장 내에서 또는 친구들 사이에서 유독 인기가 많은 사람이 있다. 우리는 왜 특정 인물에게 매력을 느낄까? 대중의 인기를 얻고 지지를 받는 사람과 그렇지 않은 사람의 차이는 '진짜 나를 보여주는 것', 즉 진정성을 표현하는 것에 달려 있다.

나만의 경험을 담은 이야기, 있는 그대로의 나를 표현하는 스피치 스타일을 선보였을 때, 다시 말해 있는 그대로의 나를 제대로 보여줄 때 대중은 당신의 편이 된다. 이재명은 스스로가 말했듯이 변방의 지방자치단체장에 불과한 무명 정치인이었으나 박근혜 탄핵을 요구하는 촛불항쟁 과정에서 뛰어난 명연설을 통해 일약 대권주자로 발돋움하게 되었다. 이는 그야말로 나의 생각, 나만의 고유한 스피치 스타일이 얼마나 중요한지를 여실히 보여준다.

나만의 스타일 없이 늘 판에 박힌 좋은 이야기만 하는 정치인은 사람들의 지지를 얻기 힘들 것이다. 하지만 나만의 이야기를 담은 진정성 있는 스피치를 자기 스타일대로 청중에게 보여줄 수 있는 정치인은 사람들에게 강한 공감을 이끌어내고 사람들의 마음을 움직여, 결국 대중을 자신이 원하는 방향으로 이끌어갈 수 있다.

그렇다면 나를 있는 그대로 표현하는 법, 진정성을 보여주려면 어떻게 해야 할까? 이재명의 말하기를 통해 이 문제를 살펴보자.


### 나만의 이야기:
### 오로지 자신의 이야기만이 사람을 감동시킨다

시그니처는 다른 사람의 기준이나 사회의 기준점에서 비롯되는 것이 아니라 오롯이 자신의 개인적인 히스토리에서 출발한다. 그것이 결핍일지라도 말이다. 결핍된 부분을 부정하거나 외면하는 것이 아니라 가만히

들여다보고 긍정적으로 수용해줄 때 우리만의 시그니처로 재탄생할 수 있다. - 이항심,《시그니처》

우리는 슬픈 드라마나 영화를 보면 마치 내가 그 일을 겪고 있는 듯 가슴이 미어지는 아픔을 느낀다. 최근 미국 뉴욕의 사립대학인 뉴 스쿨(The New School)의 연구에 따르면, 인간이 이야기를 듣거나 영화를 보며 느낀 감정들을 기능성 자기공명영상(fMRI)으로 측정해보면 그것이 현실에서 직접 느끼는 감정과 크게 다르지 않다고 한다. 이처럼 사람들은 '이야기'(STORY)를 접할 때 그것을 마치 자기 일처럼 여기면서 강력하게 공감한다. 이 때문에 스토리는 그 어떤 강요 없이 상대방을 자신이 원하는 방향으로 이끌어가는 강한 힘을 가지는 것이다.

'프레젠테이션' 하면 떠오르는 대표적인 인물은 누구일까? 바로 기술 분야에서도 혁신을 이끌어냈지만 발표에서도 혁신을 일으킨 스티브 잡스다. 그는 스토리 텔링의 정석이라고 할 정도로 연설문에 자기 이야기를 잘 담아내는 것으로 유명하다.

서른 살에 저는 애플에서 쫓겨났습니다. 그것도 아주 공개적으로 말이죠. 줄곧 제 성년기 인생의 구심점 역할을 했던 대상이 사라져버리자 정말 참담한 심정이었습니다.
저는 몇 달 동안 어떻게 해야 할지 종잡을 수 없었습니다. 제가 선배 기업인들을 실망시켰다는 생각이 들었습니다. 계주에서 앞서 달렸던 주자가 제 손에 쥐여준 바통을 놓친 것처럼 말입니다.

하지만 뭔가가 제 머릿속에 떠올랐습니다. 제가 하던 일을 여전히 사랑하고 있다는 자각이었습니다. 애플에서 겪었던 그 어떤 사건도 그 사실에는 전혀 영향을 주지 못했습니다. 비록 해고됐지만 전 여전히 사랑에 빠져 있었던 겁니다. 그래서 저는 다시 시작해보기로 했습니다.

그때는 몰랐지만 나중에 생각해보니 애플에서 해고된 것은 제 인생에서 최고의 사건이었습니다. 모든 것이 불확실한 초심자의 마음으로 돌아가니 성공에 대한 부담감은 후련함으로 바뀌었습니다. 그로 인한 자유로움 속에서 저는 인생에서 가장 창의력이 넘치는 시기를 맞이하게 되었습니다.

애플은 어떻게 세계 기업 가치 1위의 회사가 되었을까? 사람들은 애플을 단지 사용하는 것이 아니라 왜 사랑하기까지 할까? 그 이유 중 하나는 애플이 스티브 잡스의 살아 있는 STORY로 만들어진 기업이기 때문이다.

처한 상황 → 위기 → 위기를 어떻게 극복했는가?(주인공만의 독특한 방식) → 변화

잘 팔리는 영화나 소설에도 기본 공식이 있듯이, 말하기 즉 스토리 텔링에도 위와 같은 공식이 있다. 스티브 잡스의 연설문처럼 간단한 스토리 텔링의 공식을 활용해 나만의 이야기를 전달할 수 있다면 청중의 몰입도를 높이면서 메시지를 효과적으로 전달할 수 있을 것

이다.

그렇다면 무명 정치인에서 단숨에 대선 후보의 반열에 올라선 이 재명은 어떻게 자신의 이야기를 담아냈을까? 2017년 1월 23일 경기도 성남 오리엔트 공장에서 열린, 자기 인생에서 가장 중요한 순간이라고도 할 수 있는 제19대 대통령선거 출마를 공식 선언하는 기자회견장에서 그는 스토리 텔링의 기술을 적극적으로 활용했다. 특히 인상 깊은 점은, 자신이 소년 시절에 다녔던 공장에서 자신의 가족을 한명 한명 소개하면서 대선 출마 선언을 한 것이다. 이재명은 자신의 정체성, 자신의 이야기를 강력하게 드러내는 스피치로 대중이 눈시울을 붉히게 만들었다.

국민 여러분, 바로 이곳은 열두 살부터 어머니 손을 잡고 학교 대신 공장에 출근했던, 빈민 소년노동자의 옛 어릴 적 일터입니다. 바로 여기에서 저는 힘겨운 노동에 시달렸던 그 소년노동자의 소망에 따라 대한민국 제19대 대통령선거 출마를 여러분께 고합니다. [환호]

소년노동자의 참혹한 삶을 탈출하여 영달을 꿈꾸던 저는 바로 이 자리에서, 광주사태라 매도하던 광주민주화운동을 목격했습니다. 그러나 대학생이 되어 광주사태라 매도되던 광주민주화운동의 진실을 목격하면서 불의에 맞서 공정한 세상을 만드는 삶을 살기로 다짐했습니다. 판검사대신 인권변호사의 길을 선택했고, 시민운동가로서 구속과 수배를 감수하며 부정과 싸웠고, 친인척 비리를 차단하기 위해 가족과 싸웠고, 정치생명을 걸고 종북몰이와 싸웠고, 시민의 이익을 지키기 위해 살아 있는 현실권력, 대통령과도 힘껏 싸웠습니다, 여러분!

(…)

이제 제 과거와 가족 이야기를 좀 하겠습니다. 저는 초등학교를 졸업한 1976년 봄 열두 살 어린 나이로 깔끔한 교복 대신에 기름때 묻은 회색 작업복을 걸친 채 여기 계신 어머니의 손을 잡고 공장으로 향했습니다. 솜털이 남아 있는 고사리손 아들을 시커먼 고무 공장까지 바래다준 제 어머니는 상대원시장 화장실 앞에서 휴지를 팔았습니다. 화장실에서 밤 10시가 넘어 퇴근하시고도 철야를 마치고 새벽 4시가 되어 귀가하는 어린 아들을 밤새 기다려주셨습니다. 고된 밤일로도 자식을 먹여살리기 어려워 약장사에 밀주까지 만들어 팔면서 힘겨운 삶의 무게에 부엌 구석에서 몰래 흐느끼시던 어머니.

고무 공장 샌드페이퍼에 깎여나가 피가 배어나오는 제 손바닥을 보시고 또 우셨습니다. 벨트에 감겨들어 뭉개져버린 제 손가락을 보고 또 우셨고, 프레스 사고로 비틀어져버린 제 왼팔을 보고 또 우셨고, 단칸방 가족들이 잠들었을 때 마당에 물통을 엎어놓고 공부하던 저를 보고 우셨고, 장애와 인권을 비관해 극단적 시도를 두 번이나 한 저를 보고 또 우셨습니다. 지금은 또 자식들 문제로 힘들어하십니다. 죄송합니다. 어머니![1]

깔끔한 교복 대신 기름때 묻은 작업복을 걸치고 고사리손으로 고무 공장에서 일을 하다 샌드페이퍼에 깎여 피가 난 손바닥, 벨트에 감겨 뭉개진 손가락, 프레스 사고로 비틀어져버린 왼팔. 장애와 인권을 비관해 극단적인 시도까지 했던 이야기. 어쩌면 부끄러워 스스로 감추고 싶어 했을 수도 있는 자신의 슬픔과 고통을 당당히 드러내는 그의 연설을 들으면서 한 번쯤은 삶에서 힘든 순간을 경험했던 사람들, 실제로 이재명과 같은 처지에 놓여 있던 노동자들은 단순한 공감을 넘어 뜨거운 카타르시스(감정 정화)를 체험했을지도 모른다. 이재명의 지지층은 확고하고 굳건하다. 그 이유가 무엇일까? 그가 자신의 정체성과 삶을 이야기에 온전히 담아내고 자신의 아픈 과거를 표현함으로써, 사람들이 그를 사랑하게끔 만들었기 때문은 아닐까.

나의 정체성, 나만의 이야기를 담아 대통령까지 된 정치인 중에는 오바마도 있다. 무명 정치 신인이었던 오바마도 2004년 전당대회 연설을 통해 일약 세계적인 정치 스타가 되었고, 2008년에는 미합중국 대통령에 당선되었다. 당시 오바마의 연설 중 일부를 살펴보자.

저의 아버지는 케냐의 작은 마을에서 나고 자란 유학생이었습니다. 아버지는 염소를 치면서 자랐고, 양철 지붕 판잣집에서 학교를 다녔습니다. 아버지의 아버지, 그러니까 저의 할아버지는 영국인 가정에서 요리사로 일했습니다. 하지만 할아버지는 자신의 아들에 대해서만큼은 더 큰 꿈을 품었습니다. 그리고 아버지는 노력과 인내 끝에 마법과도 같은 곳에서 공부할 수 있는 장학금을 받았습니다. 그곳이 바로 미국이었습니다. 미국은 아버지 이전의 수많은 이민자에게도 자유와 기회의 빛을 비춰온 등대와도 같았습니다. 미국에서 공부하는 동안 아버지는 어머니를 만났습니다.

오바마 역시 케냐 출신 유학생이던 아버지, 그리고 백인 가정에서 요리사로 일했던 할아버지 등 자신과 가족 이야기를 통해 미국 흑인의 이민사를 펼쳐놓음으로써 국민의 뜨거운 관심과 전폭적인 지지를 이끌어냈다.

이재명은 또한 단지 연설만이 아니라 강연을 하면서도 다양한 자기 이야기를 꺼내 청중의 관심과 공감을 이끌어낸다.

제가 어릴 때 가슴 아팠던 추억이 하나 떠올라요. 제가 우리 나이로 열세 살 (…) 4킬로미터가량을 매일 걸어 출퇴근하면서 일을 했는데, 어느 날 부터 월급이 조금조금 밀리기 시작하더니 (…) 출근했더니 그 회사가 없어져버린 거예요. 여하튼 석 달 치를 떼어먹혔는데, 정말 황당무계했어요. (…) 소위 '열정페이'라는 이름으로 젊은이들의 노동을 착취하는 게요. 우리 사회의 일상이 되어버린 것 같습니다. 저도 기성세대의 한 사람으로서 지금의 이 현실을 만든 것에 대해서 죄송하고, 반성하고, 미안하게 생각합니다.[2]

이재명은 자신이 어렸을 때 노동을 착취당하면서 느꼈던 억울함, 실제 경험담을 거론하며 열정페이의 부당성에 대해 이야기한다. 강연장에서 열정페이를 논하며 젊은이들의 노동을 착취해서는 안 된다고 멋들어진 미사여구로 아무리 잘 말해도, 그것은 자신도 같은 일을 겪었다며 자기 이야기를 하는 것에는 미치지 못한다. 자기만의 이야기를 할 때 사람들은 마음의 문을 활짝 연다.

누군가를 간절히 설득해야 하는 상황에 놓여 있는가? 통하는 방법은 따로 있다. 혹시 당신에게 남모를 아픔과 고통이 있는가? 개인적으로는 유감스러운 일이겠지만 당신이 겪은 보석 같은 당신만의 이야기는 사람들이 당신의 말에 귀 기울이게 만들고, 나아가 같은 상황을 겪고 있는 사람들에게는 희망과 용기를 준다. 혹시 지금 힘들고 어려운 일을 겪고 있다면 나만의 방법으로 위기를 극복해 그것을 스피치에 담아라. 사람들은 당신의 편을 넘어 팬이 될 것이다.

## 나만의 스피치 스타일:
## 그 누구도 아닌, 당신 자신이 돼라

최근 자신에게 딱 맞는 색상을 찾아주는 '퍼스널 컬러 진단'이 인기를 끌고 있다. 아무리 고가의 명품을 걸쳐도 자신과 어울리지 않는 색상이라면 그 명품은 자기 값어치를 하지 못할 것이다. 다양한 색상 중에서 자신에게 딱 맞는 색상의 옷을 입었을 때 가장 아름답고 개성 있는 모습이 연출된다. 마찬가지로 스피치에서도 자신에게 딱 맞는 스타일을 찾아야 한다.

2017년 19대 대선에서 안철수 후보는 원래의 나긋나긋한 목소리에 맞지 않게, 의도적으로 강하게 내지르며 팔을 높이 치켜들고 '누굽니꽈~!!'라고 외치는 강한 스피치 스타일을 연출했다. 돌아온 것은 개그 프로그램에서의 웃음거리, 대중의 싸늘한 반응이었다. 대선 결과 역시 처참했다. 자신의 텃밭으로 여겼던 호남 지역에서조차 문재인 후보에 큰 표 차이로 뒤지며 참패했다. 자신에게 맞지 않는 색상과 디자인이 무용지물이듯, 스피치 역시 남이 하는 스피치가 좋아 보인다고 무작정 따라 해서는 안 될 것이다.

엇비슷한 실력과 비전, 스펙을 가졌음에도 대중의 인기와 지지를 한 몸에 받는 정치인과, 대중의 눈길을 받지 못하는 정치인의 차이는 무엇일까? 그 차이 중 하나가 바로 자기에게 맞는 스피치 스타일이다. 자기만의 색깔이 드러나는 스피치 스타일을 연출해야 한다. 사람들은 내가 어떤 사람인지 깊게, 오래 관찰하지 않는다. 대중은 더더욱 그렇다. 단 한 문장을 말하더라도 강하게 자기 색깔이 드러나야 한다. 인사법, 제스처, 의상, 목소리 톤 등 다양한 부분에서 본인의 색깔을 강하게 드러내야 한다. 김미경 강사의 스피치를 한마디로 정의한다면 무엇이라고 할 수 있을까? 유재석은? 홍준표는? 스티브 잡스의 프레젠테이션을 보면 어떤 느낌이 떠오르는가? 3초 안에 한 단어가 툭 하고 튀어나오지 않는가. 자기만의 색깔, 자기만의 스피치 스타일로 강렬하게 표현하는 사람들이 대중의 지지를 받는다.

이재명의 스피치는 이재명 그 자체다. 특유의 톡 쏘는 사이다 같은 직설 화법의 쾌감이 느껴진다. 이재명이 출연한 유튜브 영상의 시청자 댓글에는 '속이 시원하다', '나도 저렇게 할 말 좀 하고 싶다'는 반응이 많다. 물론 그의 직설 화법을 불편해하는 사람들도 있겠지만, 이재명식 사이다 화법 덕분에 강력한 팬층이 있는 것도 사실이다.

이재명은 연설이나 토론에서, 강연에서, 심지어는 예능 프로그램에 출연해서도 늘 이재명식 '사이다 화법'을 구사한다. 2021년 9월 24일 유튜브 채널 〈김어준의 다스뵈이다〉에 출연해 진행했던 약 20분 가량의 인터뷰는 이재명의 사이다 화법이 어떤 것인지를 잘 보여준다. 첫 질문으로 김어준이 '경선 과정 중 가장 분했던 때가 언제냐'고 묻자, "분한 장면은 없었습니다. 그럴 수 있지. 옛날에 난 더했는데 뭐. (웃음)"라고 말하며 자기비하적 유머와 솔직함으로 시작해 이재명답게 인터뷰를 이끌어갔다.

30초도 채 안 되는 시간에 사람들은 누군가의 첫인상을 결정한다고 한다. 발표, 연설, 강연, 면접 등에서도 첫 시작이 대단히 중요하다. 자기 색깔을 적극적으로 드러내며 말을 시작한다면 주도권을 당신이 갖게 될 것이다. 위의 유튜브 영상을 보면 다소 뻔한 질문이지만 이재명이 자기만의 경험을 담은 재치 있는 답변, 웃음을 유도할 수 있는 유머러스한 답변으로 여유롭게 인터뷰의 주도권을 잡아가는 장면을 확인할 수 있다. 면접, 발표, 소개팅, 맞선, 영업 등 어느 경우에든 첫 시작을 가볍고 쉽게 풀어가는 사람이 분위기를 주도하기 마련이고, 사람들을 웃게 만드는 사람이 타인들의 마음을 얻기 마련이다. 이재명은 '경선 과정에서 슬프고 외로웠던 적이 있느냐'는 질문에 대해서도, "아닙니다. 당의 모든 관계자가 잘 도와주고 이끌어줘서 힘을 내서 경선을 치렀습니다"와 같은 천편일률적이고 모범적인 대답을 하지 않는다. 그는 매우 솔직하게 답변을 했다.

그건 사실 좀 있죠. 예를 들면 윤석열에 대해 문제를 제기하면 야당은 당

지도부가 나서서 방어하잖아요. 우리는 당 지도부에서 경쟁의 일부라고 생각해서 그런지, 그런 건 좀 가르마를 타줬으면 좋겠다…. 예를 들어 재산이 늘었다, 변호사비 많이 냈을 텐데 왜 늘었냐? 누가 대신 내준 거 아니냐? (하면) "재산이 줄었는데요? 3억이 넘게 줄었는데요. 지급한 내역이 있으니까 그만해라" 이런 거 좀 해주셨으면 좋겠는데, 그런 건 좀 정리해줬으면 좋겠는데, 여전히 아웃사이더인가 보다, 그런 생각이 들 때 좀 섭섭하죠.

이렇게 섭섭하고 아쉬운 마음까지도 솔직하게, 진실하게 표현하면 사람들은 이재명의 말, 나아가 이재명이라는 정치인을 더 신뢰하게 된다.

이재명식 사이다 화법은 연설 현장, 특히 즉흥 연설을 하는 상황에서 더욱 빛을 발한다.

광주에서 여러분과 함께 이 순간을 보내게 된 것이 영광스럽습니다. (…) 새누리당이 어떤 당입니까? 36년 전 바로 이 자리에서 그 가녀린 여고생의 가슴팍에 총알을 박아넣고 (…) 쇠심 박힌 몽둥이로 사람들의 머리를 내려친 바로 그자들이 새누리당입니다, 여러분![3]

이재명의 직설 화법, 사이다 화법은 그가 대중의 사랑을 받으며 무명의 정치인에서 일약 대선 후보의 자리까지 올라가게 해주었고, 강한 팬층을 확보할 수 있게 해준 일등공신이다. 그러나 맛있는 알밤

겉에는 매서운 가시가 있듯, 이재명의 신념과 철학이 제대로 전달되지 않게 가로막는 방해물이 있다. 바로 거칠고 정제되지 않은 말투다. 예전 같으면 몇 번의 실수쯤은 눈감아주겠지만 요즘은 한두 번의 말실수만 해도 그것이 인터넷이나 유튜브에 영원히 박제되어 평생 동안 회자된다. 기자들에게 화를 내는 모습이나 욕설 논란 등 몇 차례의 실수가 인터넷에 남아 그에 대한 비호감 이미지로 귀결되기도 했다. 물론 최근의 토론, 연설, 강연 등에서는 점차 정제되고 노련한 이미지를 선보이고 있지만, 과거의 영상들이 발목을 잡아서인지 여전히 상당수의 20~30대, 특히 청년여성들은 거친 말투를 사용했던 이재명에게 반감을 가지고 있다.

그러나 그렇다고 해서 지나치게 대중을 의식해 자기만의 사이다 화법을 포기하거나 톡 쏘는 맛을 빼버린다면 이재명 특유의 매력은 사라질 것이다. 따라서 촌철살인의 사이다 화법은 그대로 고수하되 다소 거친 언어만 순화하는 게 좋을 것이다.

## 나에 대한 강한 신뢰:
## 신념을 말할 수 있는 용기

시대를 막론하고 '천재' 혹은 '리더'로 불렸던 사람들은 대중에 휩쓸리지 않고 용감하게 자기 의견을 말했다는 공통점을 가지고 있다. 다른 이의 비판과 비난을 감수하고 자신의 의견을 말할 수 있는 용기는 바로 '자기 신뢰'에서 비롯한다.

자기 자신을 믿지 않는 사람은 당연히 타인도 자기를 믿지 않으며 싫어할 거라고 생각하며, 자기 의견이 옳다고 확신하지도 못한다. 따라서 타인들이 자기를 믿어주지 않을까 봐, 싫어할까 봐 눈치를 보게 되고, 자기 자신조차 옳다고 확신하지 못하니 자기 의견을 용감하게 말하지 못한다. 반면 자기 자신을 믿는 사람은 타인들이 궁극적으로는 자기를 믿고 좋아하게 될 것이라고 생각한다. 자기 의견이 옳다는 확신도 강하다. 따라서 타인의 눈치를 보지 않고 자기 의견을 용감하게 말한다. 간단히 말해 자기 의견을 용감하게 말할 수 있으려면 자기 신뢰가 있어야 한다는 것이다.

일상의 소박함을 중요시하는 정물화의 달인 샤르뎅, 추상적 표현의 대가인 피카소, 독창성과 상상력의 대가 살바도르 달리, 정신세계를 색으로 표현한 색면 추상의 선구자 마크로스코, 직선과 직각과 무채색을 사용해 질서와 균형의 아름다움을 표현한 몬드리안… 이들이 뛰어난 예술가가 될 수 있었던 이유는 무엇일까? 바로 자기 신뢰에 기초한 용감한 자기 주장과 자기 색깔이다.

이재명은 자기 이야기를 자기만의 표현 방식(스피치 스타일)으로 드러낼 줄 알았을 뿐만 아니라, 강한 자기 신뢰로 용감한 말하기가 가능했기에, 남들로서는 따라가기 힘든 차별화된 자기만의 스토리를 만들어내고 그것을 말로 능숙하게 표현할 수 있었다.

저는 약속을 지킵니다. 저는 기득권과 싸웁니다. 물러서지 않습니다. 많이 맞아서 많이 다쳤습니다. 저는 끊임없이 설득을 하는데, 저는 그 설득을 우리 국민들께서 받아들일 가능성이 있다고 생각합니다. 저는 빈말 안 하거든요. 저를 무서워하는 사람도 있다고 하더군요. 저, 진짜 말한 대로 하거든요. 쏠 때는 반드시 실탄으로 쏴야 합니다.[4]

이재명의 말하기는 '나를 보여주는 말하기'가 어떤 것인지, 또 그 것이 얼마나 위력적인지를 잘 보여주는 살아 있는 교과서라고 할 수 있다.

# 설득의 기술

신뢰, 논리, 감성을
획득하는 법

02

누군가에게 피해를 주거나 상처를 주지 않으면서 말로 상대를 설득해 내가 원하는 방향으로 결과를 만들어가는 사람이 있다면? 아마 그런 사람은 가장 현명한 사람이자 힘 있는 사람일 것이다. 설득이 대단히 중요하다는 것은 누구나 알고 있다. 그러나 설득 능력은 타고나는 것이 아니다. '설득의 기술'이라는 것이 있다. 설득 능력은 노력을 통해 이 기술을 배우고 익혀야만 가질 수 있다.

어떻게 해야 상대를 설득할 수 있을까? 아리스토텔레스는 《수사학》에서 설득의 3가지 핵심 요소를 '에토스(Ethos), 로고스(Logos), 파토스(Pathos)'로 정의했다.

에토스는 '화자가 신뢰할 만한 사람인가', 즉 말하는 사람의 권위가 설득력에 영향을 미친다는 것이다. 길을 지나가던 사람이 아침을 꼭 챙겨 먹으라고 말하면 잘 듣지 않지만, 신뢰감 있는 의사가 같은 말을 하면 그 말을 새겨듣고 아침을 꼬박꼬박 먹으려 노력하는 경우가 많다. 이처럼 권위를 갖춘 사람이 말을 하는가, 화자의 인품이 어떠한가 등이 매우 중요하다.

로고스는 논리성, 즉 '얼마나 논리적으로 말하는가'와 관련이 있다. 서론-본론-결론 식으로 논리적 연결과 흐름이 자연스러운 말하기, 일방적인 자기 주장만 되풀이하는 것이 아니라 사례·수치 등 객관적 자료와 근거를 제시하는 말하기 등을 예로 들 수 있다. 토론을 보다 보면 누군가의 주장이 무조건 옳다거나 틀렸다고 말하기 힘들 때가 많다. 하지만 청중은 결국에는 더 논리적으로 말하는 쪽, 합리적인 근거를 더 많이 제시하는 쪽으로 마음이 움직이기 마련이다. 이처럼 논리에 근거해 합리적인 주장을 할 때 그 사람의 말하기는 설득력을 가질 수 있다.

파토스는 감성이다. 언어적·비언어적 메시지를 사용해 청중의 마음을 흔드는 말, 청중의 공감을 이끌어내는 말을 해야 사람들을 설득할 수 있다. 이는 단순히 화려한 언변술을 말하는 것이 아니다. 상대방을 배려하고 공감하는 진심이 담긴 말하기, 즉 진정성을 담아 감성을 표현해 상대의 마음을 움직이는 말하기를 의미한다. 청중은 신파 따위에 속지 않는다. 진심이 없는 감성은 절대로 사람들의 마음을 움직이지 못한다.

만약 내가 영양제 하나를 누군가에게 판다고 가정해보자. 에토스는 사회적으로 저명한 의사가 이 영양제를 홍보하는 것이다. 로고스는 이 영양제를 먹으면 얼마나 건강이 좋아지는지에 관한 임상시험 결과나 정부의 승인을 받았는지의 여부, 실제 어떤 성분이 얼마나 들어갔는지 등을 정확하게 근거로 제시해주는 것이다. 그런데 여기까지만 하면 조금 아쉽지 않을까? 파토스는 '영양제를 부모님께 선물해드렸더니 정말 좋아하시더라. 요즘 따라 부모님 얼굴에 주름이 늘어가는 것을 보면 가슴이 아프다. 부모님이 한 살이라도 젊으실 때 효도해야 한다. 영양제로 효도의 마음을 전해보는 것은 어떨까'라고 말하는 것이다.

사람을 설득하려면 이 3가지 요소를 말하기에 담을 수 있어야 한다. 권위(신뢰), 논리, 감성. 이 셋을 적절히 배합하여 말할 때 설득력이 높아진다.


## 말의 설계도,
## '오프닝-바디-클로징'의 기본 원칙

설득을 잘하기 위해서는 먼저 무엇이 필요할까? 건물을 지을 때도 탄탄한 설계도가 기본이듯, 말하기에서도 내용 구성이 가장 중요하다. "발표를 하려고 청중 앞에 나가면 머릿속이 까매져요", "말하다가 갑자기 할 말이 기억이 안 날까 봐 두려워요" 이렇게 호소하는 사람들은 일단 내용부터 정리하고 시작해야 한다. 평소 말을 할 때 논리가 없고 내용이 산만하다는 이야기를 듣는 사람들도 다음의 'OBC 기법'을 적용하면 논리적인 내용 구성을 할 수 있다.

공적인 자리, 특히 대중 앞에서 말을 할 때는 반드시 '서론-본론-

결론'이 있어야 한다. 이를 스피치에서는 좀 더 포괄적으로 '오프닝 (Opening)-바디(Body)-클로징(Closing)', 즉 'OBC 기법'이라 한다. 잡다한 물건들로 뒤엉켜 있는 서랍 안에 칸막이를 배치하면 정리가 쉬워지듯, 1분 스피치든 1시간 강연이든 말하기는 모두 '오프닝-바디-클로징'의 구조로 내용을 구성해야만 설득력이 높아진다. 만약 1분 스피치를 한다면 오프닝 15~20초, 바디 20~30초, 클로징 10~20초로 시간과 분량을 정해서 스크립트를 작성하면 된다. 공적인 말하기(퍼블릭 스피치)에서 시간을 엄수하는 것은 기본이기 때문에 OBC 기법을 이용하면 발표 시간도 효율적으로 관리할 수 있다.

'오프닝'은 결론을 먼저 이야기하는 두괄식 방법으로 시작하기, 질문으로 시작하기, 본 주제와 관련된 짧은 에피소드로 시작하기 등의 방법을 사용하면 좋다. 그리고 '바디'에서는 오프닝에서 언급되었던 주제를 구체적으로 풀어나간다. '클로징'에서는 앞에서 말했던 주제를 한 번 더 반복하면서 강조해주거나, 앞으로의 바람이나 포부 등으로 마무리하는 게 좋다. 이런 OBC 법칙을 지켜서 말한다면, 암기를 해서 발표를 해야 하는 상황에서도, 설사 중간에 방향을 잃는다 해도 정해진 목적지까지 나아갈 수 있다. 이 방법들에 대해서는 뒤에서 조금 더 상세히 다루겠다.

대선 출마 선언은 대략 30분을 넘지 않는다. 이 30분 정도의 시간 동안 자신이 걸어왔던 길, 현재의 모습, 그리고 나아가고자 하는 미래를 국민에게 전달하며 설득하기 위해서는 정교한 내용 구성이 필수적이다. 이재명의 2017년 대선 출마 선언을 통해 OBC 기법을 간단하게 정리해보자.

**오프닝** : 국민 여러분, 바로 이곳은 열두 살부터 어머니 손을 잡고 학교 대신 공장에 출근했던, 빈민 소년노동자의 옛 어릴 적 일터입니다. 바로 여기에서 저는 힘겨운 노동에 시달렸던 그 소년노동자의 소망에 따라 대한민국 제19대 대통령선거 출마를 여러분께 고합니다.

연설의 첫 도입부를 뻔하고 진부한 이야기가 아닌 자기 이야기로 선택함으로써 차별화된 연설을 시작했다. 또한 자신이 어린 시절에 소년노동자로 힘겹게 일했던 노동 현장에서 출마 선언을 함으로써 살아 있는 말하기를 시작했다. 첫인상은 30초 만에 결정된다는 말처럼, 공적인 말하기에서 첫 시작은 청중이 이야기를 끝까지 들을지 말지를 결정한다.

가장 강렬한 말, 청중의 호기심을 끌 수 있는 말을 서두에 배치하는 것이 설득력을 높이는 데 효과적이다. 일단 청중이 연설자의 이야기를 집중해서 끝까지 들어야 설득이 되든가 말든가 할 것이기 때문이다. 이재명의 연설과 비슷한 예로는 2021년에 "나는 임차인입니다"라는 말로 말하기를 시작했던 국민의힘 윤희숙 의원이 있다. 윤희숙 의원 역시 무명 의원에서 자신의 경험담을 녹여낸 강렬한 한 방이 있는 이 오프닝으로 국민의 이목을 집중시켰다. 공적인 말하기를 할 때는 이처럼 첫 시작에 과감하게 투자하자. 좋은 것을 아껴놓는다고 해서 바쁜 사람들이 기다려주지 않는다.

**바디** : 국민 여러분, 저는 이런 대통령이 되려고 합니다. 먼저 대한민국 역사상 가장 청렴 강직한 대통령이 되겠습니다. 윗물이 맑아야 아랫물이 맑습니다. 대통령이 부패하면 관료도 부패하고, 대통령이 불공정하면 차별과 반칙, 특권이 활개 치게 됩니다. 성남시장이 된 후 시정에 개입하려는 가족을 막다가 현재 의절했습니다. 평생을 부정부패와 싸우고 인간적 고통을 감수하며 청렴 강직을 지켜온 이 이재명만이 대한민국의 부정부패를 뿌리 뽑을 수 있다고 믿습니다. 둘째로, 약자를 위한 대통령이 되겠습니다. 대통령은 강자의 횡포로부터 다수의 약자를 지키라고 권력을 부여받았습니다. 그런데 그 대통령은 강자 편을 들어 약자들을 버렸습니다. 세월호 학생들을 구하지 않았고, 국민의 노후자금을 빼내 삼성 이재용의 불법 상속을 도와줬습니다. 이런 강자를 위한 권력, 비정상의 권력을 반드시 청산하고 오로지 국민과 국익을 위해 봉사하는 청렴 강직한 최초의 대통령이 되겠습니다.

본론의 내용은 길어서 일부 생략했다. 본론의 내용이 너무 많아지면 연설이 장황해질 위험이 있다. 이재명의 경우에는 '첫째, 둘째, 셋째'로 내용을 정리해서 세부적으로 책의 목차를 나누듯 소제목을 만들어가는 구성으로 듣기 좋게 정리했다. 두괄식 화법으로 "저는 역사상 가장 청렴 강직한 대통령이 되겠습니다"라고 말한 후, 그 이유와 근거를 제시하는 설득력 있는 구성을 했다. '둘째'라고 시작하는 부분에서도 약자를 위한 대통령이 되겠다며 역시 주장을 먼저 하고 나서 근거를 드는 모습을 확인할 수 있다. 이렇게 이재명은 다소 장황해질 수 있는 본론 부분을 '첫째, 둘째, 셋째'로 나누고는 각각을 두괄식 화법과 타당한 근거 제시가 뒤따르는 말하기로 설득력을 높였다.

> **클로징** : 저는 압니다. 적폐 청산, 공정국가 건설이라는 저의 꿈이 곧 국민 여러분의 꿈이라는 것을. 지금까지 그랬던 것처럼 저는 최선을 다하고 결과는 국민 여러분께 맡기겠습니다. 국민 여러분이 이재명과 함께해줄 것을, 국민의 꿈이자 이재명의 꿈인 함께 잘 사는 세상을 만들어가는 꿈을 함께 만들어갈 것을 믿습니다, 여러분! 감사드립니다. 최선을 다하겠습니다.[1]

'클로징'에서는 적폐 청산, 공정국가 건설, 함께 잘 사는 세상을 만들겠다는 본인의 비전을 제시했고, '나의 꿈이 곧 국민의 꿈'이라고 말함으로써 공익추구형 정치인의 면모를 보여주며 연설을 마쳤다.

이렇게 이재명은 30분가량의 연설문을 OBC 기법에 맞춰 구성해 깔끔하고 듣기 편한 말하기를 했다. 서두부터 청중의 호기심을 자극했고, 지루해질 수 있는 구간마다 본인의 스토리를 언급하거나 가족을 소개하는 등의 흥미로운 내용을 삽입해 청중이 끝까지 연설에서 눈을 떼지 않게 만들었다. 이재명은 다양한 말하기 기술을 활용해 연설문을 작성했지만, 그것이 빼어난 것으로 되게끔 뒷받침해준 것은 뭐니뭐니해도 탄탄한 내용 구성이다. 이재명은 이러한 구성을 토론이나 인터뷰 같은 짧은 내용의 말하기에서도 잘 활용한다. 그가 늘 논리 정연하게 말한다고 느껴지는 것은 이 때문이다.

OBC 법칙은 '하면 좋다'가 아니라 말하기의 기본 공식이다. 기본을 지키지 않고는 설득이 어렵다는 것을 명심해야 할 것이다.


## 신뢰를 주는 말하기

앞에서 설득의 3요소 중 하나가 에토스라고 했다. 즉 '말하는 이가 권위가 있는가?'가 설득력에 영향을 미친다는 것이다. 진정한 권위 혹은 건강한 권위는 어디에서 올까? 진정한 권위는 화려한 언변이나 권력에서 오는 것이 아니라 신뢰감에서 온다. 신뢰할 만한 사람이 말했을 때 청중은 설득된다.

초면에 온갖 감언이설로 무언가를 해주겠다며 현혹하는 사람을 보면 의심이 들지 신뢰가 가지는 않는다. 신뢰감은 단순히 화려한 언변이 아니라, 화자의 말과 행동이 장기간 일치했을 때 비로소 가능해진다. 몇 년이 지나도 한결같은 주장을 하고, 그 주장을 실현하기 위해 스스로가 실천하고 노력하는 것. 신뢰감은 긴 시간 동안 쌓아온 본인의 이미지에서 온다. 유명 강사, 정치인, 연예인도 한순간의 거짓으로 하루아침에 대중의 시야에서 사라지게 되는 경우가 종종 있다. 설득을 하기 위해서는 권위가 있어야 하고, 그 권위는 일관되게 지켜온 자신의 주장과 행동의 일치에서 나온다. 그러므로 누군가의 말을 검증할 때는 그의 과거와 현재를 통해 미래를 추측해야 할 것이다.

신뢰는 사소한 것부터 시작될 수 있다. 내가 할 수 있는 것과 할 수 없는 것을 정확하게 구분하는 것, 내가 할 수 있는 것이 아니라면 절대 수락하지 않는 것, 거짓 공약을 남발하지 않는 것, 내가 뱉은 말에 대해서는 책임을 완수하기 위해 끝까지 노력하는 것 등. 우정이나 사랑이나 일이나 기본이 되는 것은 '신뢰'다.

정치적인 이익을 목표로 열 군데 도로를 동시에 10년 동안 만드는 것보다, 매년 한 군데씩 끝내겠다… 그런데 10년 동안 사용을 못 하잖아요. 한 개를 끝내면 쓸 수 있지 않습니까. 이게 예산 집행 효율성 측면은 바람직한데 정치인들은 생색을 내지 않습니까. 이것도 하겠다 이것도 하겠다 자꾸 하다 보니까, 늘어나니까, 돈은 없고. 그러니까 조금조금씩 미뤄지는 경향이 있거든요. 저는 사실은 정치를 하면서 새로운 무엇을 하겠다는 공약은 거의 한 게 없어요. 생각해보시면 성남시에서도 그랬고 경기도에서도 그랬고. 뭐, 거대한 인프라 구축을 해서 상징물을 남기겠다, 이런 것도 없어요. 있는 걸 빨리 끝내겠다, 있는 것을 빨리 끝내겠다. 근데 그게 국민들이 보실 때는 새로운 걸 막 제시하면 표가 될 거 같은데 결론은 아니었어요. 밀린 일을 잘해서 불편을 제거해주는 게 훨씬 더 신뢰 제고에 도움이 됐다는 생각이 듭니다. (…) 이런 것도 사실 굉장히 어려운데, 일단 한 거 아닙니까. 일단 했으면 책임을 져야죠. 그런 측면에서 보면 정한 것은 최대한 빨리 끝낸다, 예산 집행, 재정 집행, 효율성 측면에서 바람직하다, 표는 좀 안 되는 경우가 있을 수 있죠. [웃음] 새롭게 일을 벌이기보다는 주어진 것을 빨리 해치운다! 그런 게 있죠.[2]

위의 인터뷰에서 이재명은 '나는 당장 국민을 현혹하기 위해, 표를 얻기 위해 공수표를 던지는 것이 아니라 묵묵히 정해진 일을 한다, 나는 반드시 국민과의 약속을 지킨다'는 자신의 신념을 말로 표현함으로써 청중에게 신뢰감을 주었다. 경기도의 공약 이행률이 98%라는 사실이 보여주듯, 그는 단순히 말로만이 아니라 행동을 통해서도 자신의 신념을 증명했다. 이런 언행일치는 말하기의 기본 중에서도 기본이다. 인생에 지름길은 없다. 말하기도 마찬가지다. 자기 말의 힘을 키우려면 먼저 작은 약속부터 잘 지키는 것이 선행되어야 한다.

## '한 문장'으로 정의하기

나이키는 'Just Do it'. 애플은 'Think Different'.

한 문장으로 비전과 철학을 정리할 수 있는 회사가 일류가 된다. 중요한 프레젠테이션이나 면접을 앞둔 수강생에게 늘 이런 질문을 한다. '그래서 한 줄로 요약하면 이 프레젠테이션을 무엇이라고 설명할 수 있을까요? 지원자로서 당신을 정의할 수 있는 하나의 문장은 무엇일까요?' 이런 질문을 들으면 머뭇머뭇하는 수강생이 많다. 좋은 연설, 좋은 자기소개, 좋은 프레젠테이션에서 공통적으로 발견할 수 있는 것은 그것을 한 줄로 요약할 수 있다는 것이다.

"내 발표 내용을 한 문장으로 정리하면 무엇인가?"

"내 주장을 한 단어로 정의하면 무엇일까?"

"경쟁사(경쟁자)와 비교되는 나만의 차별화된 강점은 무엇인가?"

이재명은 자신의 정책적 비전을 창의적인 문구로 만들어 대중의 호기심을 유발하고 연설, 토론, 강연 등에서 그것을 반복적으로 사용함으로써 자신의 비전을 전달하고 각인시킨다. 그래서인지 상당히 많은 국민이 '억강부약', '공정 성장'과 같은 이재명의 슬로건이나 비전을 알고 있다.

세상을 바꾸는 힘을 여러분들은 가지고 있어요. 힘없는 다수를 부축하고 강자의 횡포를 제지하고 서로 균형 맞춰서 손잡고 잘살게 하는 것, 그게 정치·행정의 목표가 아니겠어요? 존재의 이유죠. 이 시스템을 이용해가지고, 악용해가지고 자기 이익을 챙기는 것이 부정부패인 것이고, 그러면 결국 나라가 망하는 것이죠.

'억강부약'. 이재명은 2021년의 대선 출마 선언에서도 역시 강자의 횡포를 제지하고 약자를 돕는다는 '억강부약'이라는 슬로건을 내걸면서 자신의 신념을 강조했다. '그래서 한 문장으로 정의하면 무엇인가?' 화법을 능숙하게 구사한 결과, 이제 상당수의 사람들은 이재명 하면 '억강부약'을 떠올리게 되었다. 현존하는 국내의 수많은 정치인을 떠올려보자. 한마디로 자신의 비전을 정리할 수 있는 정치인이 몇 명이나 될까. 기업가 또한 마찬가지다.

"거, 해보기나 해봤어?" 이 말을 들으면 바로 현대그룹의 정주영이 떠오른다. 이런저런 평계를 대지 않고 무엇이든 실행부터 하는 사람이라는 이미지다. 경쟁 프레젠테이션에서 독보적인 발표를 해 결국 이기는 사람, 수많은 지원자를 물리치고 결국 뽑히는 사람, 나아가 기업가·정치인 중에서 일류가 될 수 있는 사람은 한 문장으로 자신을 정의할 수 있는 사람이다. 호랑이는 죽어서 가죽을 남기고 사람은 죽어서 한마디 말을 남긴다. 자, 그럼 당신에게 질문하겠다. 당신이 당신 자신을 표현할 하나의 문장은 무엇인가?

## 정확하고 구체적인
## 수치 활용하기

설득력을 높이는 강력한 방법 중 하나는 정확하고 구체적인 수치를 활용하는 것이다. 가령 출산율이 줄었다는 것을 강조하고 싶다면 단순히 줄었다는 표현보다는 정확한 수치로 전과 후를 비교해 제시하는 것이 더욱 심각성을 느낄 수 있다. 이재명은 대본 없는 연설에서도 수치를 곧잘 외워 말한다. 타고난 머리가 좋은 것인지 반복적으로 봐서 뇌에 각인된 것인지는 알 수 없지만, 그는 거리의 즉흥 연설에서도 외워놓고 있던 수치를 기계처럼 줄줄줄 말한다. 이재명이 성남시장 시절이던 2016년 4월, 그는 성남시의회에서 다음과 같은 즉흥 연설을 했다.

잘 아시는 것처럼 약 1,500개에 이르는 정책에, 수혜자 645만 명, 금액으로는 9,997억 원에 이르는 엄청난 각 복지 정책들을 폐지하도록 강요하는 중입니다. 지방자치를 왜 합니까? 지방자치단체는 헌법이 부여한 고유한 자치주권을 행사할 수 있고, 그 자체에서 나오는 수입으로 주민의 복리에 관한 사업을 스스로 수립, 시행할 수 있습니다. 그를 통해서 각 지방자치단체들은 주민자치, 자기 지배의 원리를 관철하면서 민주주의를 배웁니다. 성남시가 그간에 엄청난 규모의 비공식 부채들을 청산하고 그 과정에서 발생한 약 1,200억 원의 지방채조차도 매년 160억 정도씩 갚고 있습니다.[3]

즉흥 연설이라는 것이 믿어지지 않을 정도로 정확한 수치를 들어가며 일목요연하게 정리해 말하는 모습을 볼 수 있다. 이렇게 말을 하면 함께 일하는 의원들에게 굉장히 정확하고 꼼꼼한 사람이라는 인상을 줄 것이고 설득력도 높아질 것이다.

이재명은 2016년 12월의 박근혜 탄핵 6차 촛불집회 현장에서도 수치를 활용해, 얼마나 많은 돈이 썩고 있는지를 청중에게 효과적으로 전달했다.

이 10대 재벌 창고에 현금이 550조 원이 쟁여져 있습니다. 30대 재벌 창고에 750조 원이 쌓여 있습니다. 우리나라 1년 총생산의 절반 또는 3분의 1이나 되는 돈이 재벌 창고에 쌓여 투자할 데도 없고, 예금해도 이자가 없으니까. 이게 나라가, 경제가 망할 수밖에 없는 구조예요.[4]

만약 이런 연설을 하면서 이재명이 정확한 금액을 제시하지 않았다면 청중은 고개를 갸우뚱했을지도 모른다. '상당히 많은 돈이 쌓여 있습니다, 엄청나게 많은 돈이 쌓여 있습니다'보다는 550조, 750조라는 수치를 활용할 때 설득력이 높아지는 것은 당연한 일이다.

토론이나 논쟁 과정에서도 수치로 반박하는 것이 대단히 효과적일 수 있다.

> **이재명** : 8퍼센트. 500억 이상, 440개 기업에서 500억 이상 영업이익에 의해서 8퍼센트 증세하면요.
> **전원책** : 8퍼센트나요?
> **이재명** : 그래봤자 OECD 평균밖에 안 됩니다.

이 〈100분 토론〉(2017년 1월 2일)에서 전원책은 언성을 높이고 고함까지 지르며 이재명을 공격한다. 그렇지만 이재명은 같이 언성을 높이며 언쟁하지 않고 차분하게 정확한 수치로 반박한다. 이재명이 너무 차분해서 그랬는지는 몰라도 흥분한 전원책이 계속 고함을 치자 결국에는 진행자였던 손석희가 그를 제지하면서 토론이 일단락된다.

사실 수치를 외워서 발표하거나 반격하는 것이 그리 안전한 일은 아니다. 수치 인용이 틀릴 경우 역으로 신뢰감을 잃을 수 있기 때문이다. 따라서 중요한 수치는 종이에 적어두고 그 메모를 참고하며 말하거나 수치를 철저히 외움으로써 실수를 방지해야 할 것이다.

## 상대를 진심으로 믿기

"사람은 절대 안 변해!"

누구나 살면서 한 번쯤은, 아니 어쩌면 수도 없이 들었을 법한 말이다.

"이놈의 양반, 양말 좀 뒤집어서 내놓으라고 했더니, 한 번을 안 뒤집어놔. 내 이럴 줄 알았어!"

"엄마가 일찍 일어나라고 했지! 넌 어떻게 한 번을 일찍 일어나지 않니."

안타깝게도 상당히 많은 사람들이 애용하고 있는 일명 '잔소리 공격'. 잔소리를 하는 사람이 알든 모르든 간에 이 잔소리의 기저에 깔린 심리 중 하나는 상대가 절대로 바뀌지 않을 것이라는 부정적인 믿음이다. 이러한 마음을 갖고 상대를 대하는데 그가 변화할 거라 믿는다면, 그것은 심하게 말해 과대망상일지도 모른다. 나그네의 옷을 벗기는 것은 강한 바람이 아니라 뜨거운 햇볕이 아니던가. 가족, 연인, 동료 직원이 간절히 바뀌었으면 하는 마음이 있다면 '(상대가) 절대 안 바뀐다'라는 자신의 마음부터 바꿔야 한다.

상대방을 설득하기 위해서는 상대에 대한 믿음, 사랑, 존중이 기본 바탕이 되어야 하고, 그것을 말로도 잘 표현해야 한다. 상대를 온전히 믿는 열린 마음으로 그것을 효과적으로 표현하는 것이야말로 말하기 고수의 필수적인 자세이자 기술이다.

이재명의 말하기를 자세히 들여다보면, '국민을 믿는다'라는 자주 사용한다는 것을 알 수 있다. 정치인 가운데 논리정연하고 지적인 말하기를 하는 사람은 흔하지만, '국민을 믿는다'는 말을 자주 또 효과적으로 사용하는 사람은 좀처럼 찾기 어렵다.

**김어준** : 전체 경선 과정에서 후회가 되는 지점이 있습니까?

**이재명** : 우리 국민들, 당원들 집단지성을 믿거든요. 돌출한 몇 개의 사건으로 판단을 바꾸거나, 언론들의 조작이나 상대의 공격에 의해서 휘둘리지 않는다고 믿으니까요. 지금까지 저의 장점을 인정해주셔서 여기까지 왔으니까 장점은 계속 키우고, 반감이나 오해들을 해소하기 위해 노력하는 거죠. 저는 실제로 국민의 집단지성을 믿거든요. 기댈 데가 거기밖에 없으니까. 언제나 나보다는 훨씬 나은 판단을 할 것이다, '머슴의 태도로 최선을 다하고 판단과 결정은 엎드려 기다린다'라는 생각을 갖고 있습니다.[5]

2021년 9월 24일 〈김어준의 다스뵈이다〉에 출연한 이재명은 국민과 당원들의 집단지성을 믿는다고 말했다. 만일 그가 '돌출한 몇 개의 사건으로 판단을 바꾸거나, 언론들의 조작이나 상대의 공격에 의해서 휘둘리지 않는다고 믿으니까요'라고 말하지 않고 '국민들이 언론 조작 등에 휘둘려 마음을 바꿔 유감스럽고 심히 우려가 된다'고 표현했다면 어땠을까. 말 한마디로 사람의 이미지가 확 바뀔 수도 있다. 후자의 말을 들으면 누구라도 순식간에 부정적인 감정을 경험할 것이다. 정치인, 특히 리더의 말은 단 한마디조차 허투루 대할 수 없다. 말이 씨가 된다고, 그 한마디 때문에 마음을 바꾸려고 생각하지 않았던 사람들마저 마음이 흔들리게 될지도 모른다. 리더는 어떤 경우에도 한결같이 국민을 믿어야 하고, 그런 마음을 표현할 줄 알아야 한다.

이재명은 2021년 11월, 대전 중앙시장 거리 연설에서도 국민에 대한 믿음을 표현했다.

> 비록 소수일지라도 작은 실천을 해내는 우리 국민들이 이 나라의 운명을 바꿉니다. 여기에 모인 여러분들이 비록 소수일지라도 여러분이 열 명을 설득하고, 그 열 명이 열 명을 설득하고, 다시 그 열 명이 열 명을 설득하는 그런 실천이 일상화되면 무슨 일보, 이 가짜 뉴스 마구 쓰는 거 왜 못 이기겠습니까, 여러분! 새롭게 변화할 민주당이라고 하는 거대한 그릇이 있고, 새로운 민주당을 지지하실 우리 국민들이 있고, 과거가 아니라 미래를 향해 가야 한다는 각오를 다진 우리 국민들의 열정이 있습니다. 그걸 믿고 앞으로 반 발짝이라도, 어떤 억압에도 굴하지 않고 힘주어서 나가겠습니다. 여러분을 믿습니다![6]

이재명은 국민을 믿고 나아가겠다고 뜨겁게 호소해 현장의 군중으로부터 열렬한 환호와 지지를 받았다. '당신을 믿는다'라는 말에는 사람들 가슴속의 뜨거운 무언가를 움직이게 만드는 강렬한 힘이 있다. 그는 또 2021년 12월, 부산MBC 인터뷰에서도 국민에 대한 신뢰와 믿음을 표현했다.

대한민국 국민들은 민도가 너무 높아가지고 매우 공리적이라는 거예요. 정말 이번에 K방역이라는 것도 보면, 정부가 잘했지만 핵심은 우리 국민들께서 정부가 마스크 써라 하니까 자기 돈으로 국민들이 새벽에 줄 서서 2,500원이나 하는 마스크 쓰고, 마스크 못 사면 집에서 안 나오고, 정말 이런 헌신적이고 협조적인 국민들 때문에 K방역도 성공했고 경제적으로도 성공했는데. 저는 공공기관 이전이 국가 발전에 필요하다, 불편을 감수하자라고 했을 때 전 우리 국민들이 다 손실을 보더라도 수용할거라 생각합니다. 제가 그런 측면에서 용감한 데가 있죠.[7]

가정에서도 부모가 자식을 사랑하고 믿어주면 자식은 못 해낼 일이 없다. 마찬가지로 한 나라의 지도자가 국민을 사랑하고 믿어주면 국민들은 못 해낼 일이 없다. 부모에게 사랑받은 아이의 자존감이 높듯이, 국가 지도자가 국민을 굳게 믿고 칭찬과 격려를 해줘야 국민들이 높은 자존감을 가지고 사회적인 성취를 이루며 살아갈 수 있다. 줄을 서서 마스크를 사고 마스크가 없으면 외출도 안 하는 사례를 들어 살뜰하게 국민들을 칭찬하는 모습은, 이재명이 말로만이 아니라 진짜로 국민을 사랑하고 믿고 있다는 느낌을 준다. 국민에 대한 애정이 넘치지 않고서야 저런 말이 즉흥적으로 나올 리가 만무하다는 생각이 들게 만들기 때문이다. 상대방에 대한 튼튼한 믿음이 뒷받침된 말하기는 설득으로 가는 황금 열쇠임이 분명하다.

## 비언어적 메시지의 힘

미국 캘리포니아대학교 심리학과 명예교수이자 심리학자인 앨버트 메라비언(Albert Mehrabian)이 발표한 이론에 따르면, 상대방에 대한 인상이나 호감을 결정하는 데 목소리는 38%, 비언어적 메시지는 55%의 영향을 미치는 반면, 말하는 내용은 겨우 7%밖에 영향을 미치지 않는다. 이론은 이론일 뿐이니 맹신할 필요는 없겠지만, 말의 내용 못지않게 비언어적 메시지가 중요하다는 것은 분명한 사실이다.

글자로만 가득 찬 프레젠테이션 자료를 보며 쉽게 설득되는 사람은 별로 없을 것이다. 그림이나 사진, 다양한 색채 등을 활용한 프레젠테이션 자료는 보기에도 편하고 당연히 설득력도 높다. 무표정한 얼굴, 절대 움직이지 않는 손과 자세로는 상대를 설득하기 어렵다. 우리에게는 자유롭게 움직일 수 있는 손과 발, 표정을 지을 수 있는 눈·코·입이 있으니, 가지고 있는 무기를 총동원해 상대를 설득해야 한다. '이 정도 하면 알아주겠지?'라는 자세로는 상대를 설득할 수 없다. 그러므로 효과적인 설득을 위해서는 말의 내용이나 목소리 훈련도 중요하지만 얼굴 표정, 제스처, 자세, 시선, 시각자료 등 비언어적 메시지를 갈고 닦는 데도 총력을 다해야 한다.

이재명은 설득을 위해 다양한 비언어적 메시지를 사용한다.

### ① 말하는 내용을 시각화하는 제스처를 사용한다.

말의 내용을 시각화하면 설득력이 더 높아진다. 2021년 12월, 주식 전문 채널인 〈삼프로TV〉에 출연한 이재명은 다양한 비언어적 메시지를 선보였다.

(20:40) '원래 포탄이 떨어진 자리에 다시 폭탄이 안 떨어진다매요~' 라는 우스갯소리를 하면서 폭탄이 떨어지는 모양을 손으로 표현했다. 날아오는 포탄이 땅으로 떨어지는 것을 손바닥으로 책상을 툭 치면서 표현했다. 또한 '하나!'라는 말을 강조할 때는 검지손가락을 치켜들며 하나라는 것을 상징적으로 보여줌으로써 말의 내용을 시각화했다.

(21:28) 자신의 주식 경험담을 이야기하면서 주식이 올라가다가 확 떨어졌다는 말을 할 때는 주식이 확 떨어지는 손 제스처를 사용해 말의 내용에 대한 집중력을 높였다. '제로가 되었다'라고 표현할 때는 손을 바닥으로 가져가 제로 상태라는 것을 보여주고, '다시 올라간다' 는 표현을 할 때는 손을 위로 번쩍 치켜들면서 올라가는 모양을 보여 줬다. 또한 '모았다'라는 표현을 할 때는 양손을 한데 모았다.

(22:45) 진행자들이 다소 짓궂은 표현으로 '이재명 테마주에 대해 어떻게 생각하십니까?'라고 묻자 양 손바닥을 진행자 쪽으로 쭉 뻗어 흔들면서 '절대 사지 마세요~!!'라고 부정적인 말을 한다. 손바닥을 상대에게 보여주는 것은 거절이나 그만하라는 부정의 제스처다. 이처럼 이재명은 말의 내용을 제스처로 시각화하며 마치 그림을 그리듯 전달 해 설득력을 높인다.[8]

② 상대방 쪽으로 몸을 기울임으로써 거리감을 좁힌다.
상대에게 관심이 있고 호감이 있으면 자기도 모르게 상대 쪽으로 몸

을 기울이기 마련이다. 말로는 호감이 있다고 하지만 상대가 불편하거나 알고 싶지 않다면 내 몸은 나도 모르게 상대에서 멀어진다. 나를 표현하고 싶지 않고 나를 알아챌까 봐 두려운 경우에도 몸은 무의식적으로 상대에서 멀어진다.

〈삼프로TV〉에 출연한 이재명은 1시간 30분 정도의 시간 중 몇 분을 제외하고는 대부분 진행자 쪽으로 몸을 가까이 기울인다. 이처럼 대화를 나누면서 몸을 상대 쪽으로 기울인다면 그는 조금 더 호의적인 마음을 갖게 되고, 상대가 나에게 호감이 있다는 확신이 생겨 더욱 즐겁게 대화를 나누려 할 것이다. 같은 채널에 출연했던 윤석열 후보와 비교해보면, 이재명과 대화를 나눌 때 진행자들이 더 즐거워하고 편안하게 농담도 던지는 모습을 확인할 수 있다. 이것에는 말의 내용도 영향을 미쳤겠지만 비언어적 메시지가 더 큰 영향을 미쳤을 것이다. 〈삼프로TV〉의 경우 테이블 사이에 거리가 꽤 있기 때문에 진행자들에게 가까이 다가가려는 제스처는 좋은 비언어적 메시지라고 할 수 있다. 하지만 지나치게 좁은 공간에서는 상대가 부담스럽지 않도록 조심해야 할 필요가 있을 것이다. 일단 상대의 마음을 열어야 설득이 된다. 앞으로 몸을 숙이는 간단한 제스처로 상대의 마음을 열면서 말을 시작해보자.

## ③ 상대의 마음을 여는 인사법

코로나 사태 때문일 수도 있겠지만, 이재명은 남녀노소 가릴 것 없이 주먹을 쥐고는 상대방 주먹에 톡 하고 부딪치는 이재명식 인사를 나눈다. 상대와 1초만이라도 신체를 접촉하면 우리의 뇌는 상대와 친근하다고 느낀다는 실험 결과도 있다. 이재명은 청중이나 인터뷰어를 만날 때 악수보다는 덜 부담스러운, 하이파이브 비슷한 이와 같은 인사로 먼저 상대의 마음부터 열게 만든다. 또한 인사를 할 때는 늘 미소 짓는 모습을 보여줘 상대가 경계심을 풀게 만든다. 특히 미소를 지을 때는 입만 웃는 어색한 미소가 아니라 눈까지 활짝 웃는 미소를 짓는다. 앞에서도 말했듯이 절대 논리만으로는 상대를 설득할 수 없다. '저 좀 뽑아주세요, 저 좀 봐주세요'라고 말하는 것은 하수의 방식이다. 아주 가벼운 스킨십, 입과 눈이 함께 만드는 자연스러운 미소로 상대를 감정적으로 편안하게 만들어주자. 그것이 고수의 설득법이다.

④ 인상적인 제스처로 호소한다.

이재명은 박근혜 탄핵 6차 촛불집회에서 연설하던 중 "그러면 안 돼요. 왜?"라고 말하고는, 답답한 심정을 표현하려는 듯이 자기의 가슴을 손바닥으로 두드리면서 외쳤다. "우리가 노동자인데, 노동자인 걸 잊고 삽니다."[9] 이런 제스처는 그의 말의 진정성을 높여준다. 이재명은 또한 대구 서문시장 연설 현장과 민주당 경선 과정에서, 군중을 향해 90도로 깍듯하게 절을 하거나 때로는 즉흥적으로 큰절을 하기도 하는 강력한 비언어적 메시지를 사용했다. '나는 국민을 존중합니다'라는 말을 백 번 하는 것보다 국민들을 향해 큰절을 한 번 하는 것이 더 강력한 메시지를 전달할 수 있다. 이재명은 시장통에서 어르신들과 대화할 때면 허리를 굽혀서 이야기하거나, 어르신들의 손을 자기 양손으로 꼭 잡은 채 눈을 맞추고 대화하는 등 과감한 제스처를 활용해 자신이 국민들을 존중한다는 마음을 드러내기도 한다.

⑤ 강력한 시각자료로 말한다.

백 마디 말보다 한 장의 사진이나 그래프가 나을 때가 있다. 이재명은 2021년 10월, 국민의힘이 국정감사장에서 대장동 의혹을 맹공격하자 '돈 받은 자＝범인, 장물 나눈 자＝도둑'이라고 쓴 팻말을 꺼내 들며 다음과 같이 말했다.

> 제가 이거 한번 보여드리겠습니다. 세상에 단순한 이치가 있습니다. 누가 도둑이냐? 이렇게 얘기를 하면, 장물을 가진 사람이 도둑인 게 맞습니다. (국민의힘의 항의로 소란스러워짐) 그리고 부정부패의 주범은 돈을 받은 사람입니다.[10]

국민의힘의 파상공세를 '돈 받은 자＝범인, 장물 나눈 자＝도둑'이라고 크게 쓰인 팻말 하나로 한 방에 제압했다. 복잡한 논의를 단순한 이치로 설명해 단번에 정리했고, 시각자료를 적극적으로 활용해 설득력을 배가했다.

> 1,822억 원을 상한(상한을 나타내는 손 제스처)으로 한 임대 부지 또는 현금을 받기로 했고, 그런데 2015년은 여러분 아시다시피 부동산 경기가 엄청(표정 활용) 나쁠 땝니다. 미분양이 속출할 때입니다. 자료 한번 보여

주시면 좋겠어요. (시각자료 활용) 보시면 2015년부터 2016년까지 미분양이 속출할 때입니다.

이재명은 자신의 말의 설득력을 높이기 위해 구체적인 수치, 손 제스처, 얼굴 표정, 시선 맞춤 등의 비언어적 메시지를 적극적으로 활용했다. 더불어 시각자료(주택매매가격 지수 변화 그래프)를 활용했다.

누군가를 설득하기란 정말 어려운 일이다. '이 정도면 설득되겠지'라는 수동적인 자세보다는 눈짓, 손짓, 발짓, 몸짓, 표정, 의상 등 모든 것을 총동원해야 한다. 할 수 있는 모든 것을 총동원하여 주어진 상황에 최선을 다하는 설득을 해보자. 좋은 결과는 자연스럽게 따라올 것이다.

### 강력한 클로징!
### 대중을 행동하게 만들기

연설의 목적은 무엇일까? 결국 상대를 움직이게 만드는 것이다. OBC 법칙으로 논리정연하게 내용을 구성하고 비언어적 메시지까지 활용해 최선을 다해 말했다면, 마지막으로 상대가 무엇을 해야 할지를 분명히 알려주거나 핵심 메시지를 한 번 더 짚어줘야 한다. 당부하는 말, 행동으로 옮겨줬으면 하는 점을 마지막에 강조하여 행동하게 만드는 것이 설득의 최종 마무리다!

이재명은 2016년 12월의 촛불집회 현장에서 자신의 연설을 다음과 같은 말로 마무리한다.

여러분 되게 중요한 것이 하나 있는데, 이거 여러분들 주변에 많이 알려주세요. 우리가, 국민들이 이렇게 길에 나와서 열심히 싸우고 나면 어떤 성과가 나옵니다. 그러면 그 성과를 꼭 훔쳐가는 사람들이 있어요.[11]

또 그는 2021년 11월 대전 중앙시장 연설을 다음과 같이 마무리했다.

말이 아니라 행동해주십시오. 친구한테 전화라도 한번 해주시고, 카톡에다가 말이라도 한번 해주고, 잘못된 이야기가 돌아다니면 그게 아니라고 말해주시고, 기사에 댓글 공감이라도 한번 눌러주십시오. 김대중 대통령이 이렇게 말씀하셨습니다. 할 수 있는 것을, 여러분이 할 수 있는 공간에서 해주십시오. 정말로 할 수 있는 게 없다면 담벼락에다가 고함이라도 치십시오. 행동하지 않는 양심은 악의 편입니다![12]

이재명은 청중에게 행동을 당부하면서, 친구한테 전화를 하거나 카톡을 보내거나 댓글 하나라도 달아달라고 요청했다. 누구라도 지금 당장 실천할 수 있는 구체적인 행동을 알려준 것이다. 그는 또한 자신의 주장을 단단하게 해줄, '행동하지 않는 양심은 악의 편'이라는 김대중 전 대통령의 말을 인용하면서 청중의 행동을 강력하게 촉구했다.

설득의 최종 마무리는 상대에게 자신이 원하는 것을 말하는 것이다. 대개 유튜브 영상에서 진행자들은 끝에 항상 '구독과 좋아요를 눌러주세요'라고 말한다. 시청자들이 영상을 재미있게 봤어도 구독을 누르는 걸 깜빡할 수 있기 때문이다. 쑥스러워서 혹은 장사꾼처럼 보일까 봐 독려하고 부탁하는 말을 하기 어려워할 수도 있다. 하지만 사람들은 대개 너무 바쁘고, 상대를 위해 무엇을 해야 하는지를 구체적으로 잘 모른다. 아마 10명 중 5~6명은 연설만 듣고는 뭘 해야 할지를 깜빡할 것이다. 1~2명이라도 더 설득해 그들을 행동하게 만들고 싶다면 반드시 마무리 부분에서 부탁·간청의 말을 하자. 일회용품을 쓰지 말자는 강연을 했다면 커피숍 갈 때 텀블러를 꼭 들고 가라고 부탁해 보자. 대중을 행동하게 만들 확률이 훨씬 높아질 것이다. 그리고 이런 내용을 집약적으로 드러내는 속담, 격언, 인용문 등을 활용해 강렬하게 마무리하는 것도 인상적인 클로징으로 좋다.

# 고수의 말하기,
# 9가지 전략

청중을 사로잡는
생생 스피치 스킬
A to Z

03

왜 아나운서, 리포터, 쇼호스트들은 '안녕하세요! 반갑습니다'라는 한 마디 말에서도 생동감이 느껴지고 호감이 가는 것일까? 뉴스를 진행하는 아나운서의 말하기에서는 강한 신뢰감이 느껴지고, 현장의 소식을 전해주는 리포터의 말하기에서는 생생한 현장감이 느껴진다. TV에서 쇼호스트가 상품을 설명하는 장면을 보고 있노라면 당장 필요하지도 않은데 나도 모르게 물건을 주문하게 되기도 한다. 명강사의 강연을 듣다 보면 괜시리 눈물을 훌쩍이기도 하고 깊은 공감을 하게 되기도 한다. 이들은 말하기 능력이 타고난 사람들일까?

오래전 아나운서가 되기 위해 방문했던 교육기관에서 처음으로 카메라 테스트를 하던 순간이 기억난다. 난생처음 카메라 앞에 선 사람들은 말도 빠르고 발음도 부정확하며 긴장한 모습이 역력했다. 한 준비생은 대본을 든 손이 바르르 떨리고, 대본이 땀에 흠뻑 젖을 정도로 땀을 뚝뚝 흘리는 불안한 모습을 보이기도 했다. 하지만 몇 달간이라도 훈련을 받게 되면 준비생들은 프로 방송인 같은 그럴듯한 발음·발성 표현력을 갖추기 시작한다. 말하기는 타고나는 것이 아니다. 간단한 훈련과 연습을 통해 누구나 변화할 수 있다. 청중을 사로잡는 고수의 말하기 스킬은 천부적인 재능이 아니라 끊임없는 노력과 성실함의 결과다.

이재명은 자신의 원대한 꿈을 실현하기 위해 말과 글을 부단히 연습하고 훈련한 사람인 것 같다. 단순히 달변가라는 말로 정의할 수 없을 정도로 다양한 말하기 스킬과 전략을 구사하기 때문이다. 타고난 천재 아티스트라 불리는 박진영도 매일같이 일정한 루틴에 따라 안무와 노래 연습을 한다고 한다. 노력이 없는 천재는 존재할 수 없다. 이재명 역시 일찍이 말의 중요성을 깨닫고 역사적으로 존경받는 리더들의 말하기 기술이나 전략을 공부하고 그것을 습득하기 위해 노력한 것으로 보인다. 그렇지 않다면 지금처럼 적재적소에 맞게 다양한 말하기 스킬을 구사하기 어려울 것이기 때문이다. 정치인은 국민의 마음과 이익을 정확히 대변해야 한다. 말을 잘 못하는 정치인은 국민을 대변하기 어렵다. 말을 잘하기 위해 꾸준히 노력하는 것이 정치인의 중요한 의무 중 하나가 되는 것은 이 때문이다.

"거 좀 비켜주세요. 저도 들게요. 앞사람은 앉으세요. 안 보이니까!"

촛불집회 당시 길거리 버스킹 콘서트를 하는 이재명의 연설을 들으러 온 시민들은 입김이 후후 나오는 한파에도 불구하고 그의 연설을 한마디도 빼놓지 않고 즐기고 싶어 작은 소란까지 일으킨다. 유명한 영화나 공연도 아닌데 사람들이 모여들고, 깊은 감동을 느끼고, 조금만 더 해달라며 아쉬워하는 이유는 무엇일까? 청중이 10만 명이 넘는 커다란 강연장에서도 마치 콘서트를 보러 온 관람객처럼 강사의 이야기에 몰입해 한순간도 눈을 뗄 수 없게 만드는 비결은 무엇일까?

이재명의 말하기는 참 맛깔스럽다. 쫄깃쫄깃 감칠맛 나게 말해서 사람들이 주목하게 만든다. 그가 촛불집회를 통해 일약 대선 후보로 오르게 된 비결이기도 하다. 이재명의 연설뿐만 아니라 김대중 전 대통령의 그 유명한 장충공원 연설, 온 국민을 감동하게 만든 노무현 전 대통령의 경선 연설은 마치 빼어난 공연 같은, 거의 예술의 경지에 오른 말하기 전략을 구사한다. 대중은 이런 연설에 대해 역사에 길이 남을 연설이라고 칭찬하며, 한국인으로서 자부심이 느껴진다고 말하기도 한다. 나라를 대표하는 정치인의 말은 국가의 격을 나타낸다. 품격 있는 리더의 말하기 기술과 전략을 함께 살펴보자.

## 첫 말을 떼는 법:
## 청중의 마음을 열고 기대감 주기

어떻게 첫 말을 떼야 할까? 공식적인 자리에서의 말하기는 첫 시작부터 청중의 구미를 당겨 계속해서 듣고 싶게 만들어야 한다. 영화의 예고편이 재미없다면 그 영화를 보러 가는 사람은 없을 것이다. 말하기도 마찬가지다. 마치 영화의 예고편처럼 흥미를 유발해 본론의 내용이 궁금해지도록 만들어야 하고, 청중이 화자에게 주의를 집중하도록 해야 한다.

　말하기가 시작되는 순간 청중은 '와 기대된다'라고 생각하는 동시에 '내용이 지루하지 않을까?'라고 우려할 수 있다. 즉 기대감이나 호감과 동시에 부정적인 감정을 함께 느끼는 양가감정을 가질 수 있다는 것이다. 대인관계에서도 첫인상이 중요하듯이, 말하기에서도 시작 부분에서 청중의 오해나 편견, 우려를 깨고 좋은 인상을 심어주는 것에 주의를 기울여야 한다.

　이재명은 연설, 담화, 인터뷰, 강연 등에서 청중의 마음과 상황에 맞게 첫 말을 떼어 분위기를 유연하게 만들고, 청중을 자기 편으로 만드는 데 능숙하다.

## ① 질문으로 청중의 관심 유도하기

말하기의 시작 부분에서 핵심 주제와 관련된 질문을 청중에게 던지고 청중이 답하게 한다. 다만 너무 어려운 질문은 피해야 하고, 청중이 '네, 아니오'로 편하고 쉽게 답할 수 있는 간단한 질문을 하는 것이 좋다. 질문으로 시작하면 청중은 자연히 연설자의 말에 주의를 집중하게 되고 자신을 단순히 연설을 듣는 대상이 아닌, 연설자의 말하기 과정에 능동적으로 참여하는 주체로 인식하게 된다. 그럼으로써 연설자와 일체감을 느끼게 된다. 이재명은 2021년 대전 중앙시장에서 연설의 도입부를 질문형으로 시작해 청중의 호응을 이끌어냈다.

새로운 대한민국을 원하시는 분들, 요즘 답답하시죠? [네~] 왜 이재명이 후보가 됐을까, 후보가 된 뒤로 왜 저렇게 굼뜨게 됐을까, 왜 처음과 달라졌을까, 이런 생각 하는 거 맞습니까? [네~] 민주당에 대해 기대는 하는데 답답~~해하는 것 같다. 압도적 의석으로 국민이 원하는 걸 신속하게 했으면 했는데 되는 것도 없고, 국민보다는 자기를 먼저 생각하는 것 같고, 배가 불러서 더 이상 움직이길 싫어하는 것 같더라 생각하는 것 같아요. 맞습니까? [네~~] 아닌 것 같다고 생각하는 사람 (손을 드는 제스처) 아무도 없어. (고개를 숙이면서 웃음)

"요즘 답답하시죠?"라는 질문에 "아니오"라고 대답할 사람은 거의 없을 것이다. 누구나 공감할 만한 질문을 던지면서 청중의 호응을 유도한다. 상대방이 생각하고 있을 법한 내용, 답답해할 것으로 추측되는 내용을 질문으로 던지고 청중이 답한다. 이런 식으로 연설자가 질문을 던지고 청중이 답하는 과정을 반복하면서 역동적으로 도입부를 시작한다. 이 도입부만으로도 연설은 벌써 성공했다고 말할 수 있다.

② 자신을 낮추는 유쾌하고 솔직한 유머로 사람들을 미소 짓게 한다.

인사드리겠습니다. 저기 멀리 변방 성남에서 온 이재명 시장입니다. 인사드리겠습니다. 대한민국은 민주공화국입니다. 국민은 나라의 주인이고 모든 권력은 국민으로부터 나오고, 대통령은 나라의 지배자가 아니라 국민을 대표해서 국민을 위해 일하는 머슴이요 대리인일 뿐입니다, 여러분. 그런 그가 마치 지배자인 양 여왕인 양 상왕 순실이를 끼고 국민을, 대한민국을, 민주공화국을 우롱하고 있습니다.[1]

이재명은 2016년 10월, 박근혜 하야를 촉구하는 촛불집회 연설에서 자신을 '변방에서 온 이재명 시장'이라고 소개했다. 무명 정치인인 자신을 스스로 낮추어 표현하기 위해 '변방'이라는 말을 사용해 사람들을 웃게 만들고 이목을 집중시켰다. 사람들이 일단 웃으면, 안 될 것도 되기 마련이다. 유머는 마치 달콤한 디저트와 같아서, 적재적소에 잘 활용하면 상대방과 금방 가까워질 수 있다. 또한 자신을 낮추는 유머는 상대방에게 겸손하다는 인상을 주고, 상대방을 존중하고 있다는 느낌을 주는 효과가 있다. 자기를 낮추는 유머는 사교 모임이나 거래처와의 첫 미팅, 지루하고 딱딱한 느낌을 줄 수 있는 강연의 도입부 등에 활용하면 좋다.

최근에 〈삼프로TV〉에 출연한 이재명은 "네, 반갑습니다. 아~ 제가 이 방송 출연할라고 엄청나게 청탁을 했는데, 몇 달을 안 들어주시더니, 드디어!"[2]라는 자기를 낮추는 유머로 첫 말을 뗐다. 이재명은 〈김어준의 다스뵈이다〉에 출연했을 때도, 첫 질문으로 '경선 과정 중 가장 분했을 때가 언제냐?'라는 질문을 받자 "분한 장면은 없었습니다. 그럴 수 있지. 옛날에 난 더했는데 뭐"라고 대답해 진행자와 관객을 웃음 짓게 만들었다. 자기를 낮추는 유머로 인터뷰의 포문을 연 것이다.

면접이나 발표 혹은 뻘쭘한 맞선 자리에서도 첫 시작을 가볍게 풀어가는 사람은 분위기를 주도하게 되고, 유머는 상대방의 마음을 열게 만든다. 일단 웃으면 통할 수 있는 것이다. 다만, 선을 넘는 유머를 억지로 구사하면 안 된다. 누구나 공감하며 웃을 수 있는 유머, 상대방의 기분이 좋아질 만한 수위의 유머를 사용해야 한다.

③ 자신의 경험담으로 주의를 집중시키고 공감을 이끌어낸다.

사람들은 이야기에 열광한다. 그야말로 스토리의 힘은 막강하다. 연설이나 강연을 하는 장소가 번잡하고 소란스럽더라도 "잠깐 제 이야기를 하겠습니다"라고 말하면 청중은 침을 꼴깍 삼키며 이야기를 기다린다. 이재명은 자기 이야기로 말하기를 시작하는 경우가 많다.

청년들을 대상으로 강연을 하는 경우 청년들은 '와, 이재명이다!'라는 호감과 동시에 '에이, 이재명이 우리 청년들의 처지를 알겠어?'라는 반감, 즉 양가감정을 가지고 이재명의 입을 바라보고 있을 것이다. 이럴 때는 청년들의 공감을 이끌어낼 수 있는 자신의 경험담으로 말을 시작하는 전략이 좋다.

저도 여러분 세대를 살아왔는데, 제 경험 하나를 말씀드리면서 제 생각을 풀어드리도록 하겠습니다. 제가 만약에 1997년이 아니고 2007년에 망했다, 2017년에 망했다라고 생각하면 머리가 쭈뼛합니다. 재기가 불가능했을 거예요. 빨리 망하길 잘했다, 쉽게 얻은 것은 쉽게 잃더라. 전재산을 다 던졌다가 거지가 되었는데, 다행히 이 실패는 필연입니다. (…) 꼭 나쁜 게 나쁜 것만은 아니다, 좋은 게 좋은 것만은 아니다. 사실 청년들의 요즘 상황이 비슷하죠. 제가 안타까운 것은 경쟁이 전쟁이 되어버렸습니다. 친구가 적이 되어버리더라. 마치 오징어 게임처럼 편을 짜서 상대가 죽어야 내가 사는 그런 상황에 놓여 있는.

이재명은 자신의 주식투자 경험담으로 강연을 시작했다. 청년들은 경계심을 풀고 그의 이야기를 흥미진진하게 듣는다. 이재명은 자신의 경험을 바탕으로 청년들의 마음과 처지에 공감을 표현한다. 청년들은 이재명이 자기들에게 공감하고 있음을 알게 되어 이재명에 대한 호감이 커지고, 그 결과 그의 이야기에 더 집중하게 된다. 이것이 자신의 경험담으로 말하기를 시작하는 것의 효과다.

## 감독형 말하기:
## 무대 연출까지 극대화한 입체적 스피치

발표는 한 편의 드라마다. 발표를 잘하는 사람은 무대 전체 상황을 설계하지만, 발표를 잘 못하는 사람은 오로지 자신의 떨림이나 긴장에만 집중하게 된다. 처음 발표를 하는 사람들은 발표 불안 때문에 오직 자신에게만 집중하게 되어 바로 앞에 있는 청중의 눈빛이나 태도조차 관찰하지 못한다. 하지만 경험이 쌓이면 점차 안 보이던 것들이 보이기 시작한다.

스티브 잡스는 완전한 검정색 배경, 즉 어두운 프레젠테이션 배경에서 청바지에 검정색 티셔츠를 입고, 오직 제품에만 포커스를 맞추는 무대를 구성한다. 말하기에서 어떤 방식으로 무대를 연출하는가 하는 것은 매우 중요하다. 스티브 잡스처럼 전체 상황을 치밀하게 설계해 말하기의 효과를 극대화하는 것을 '감독형 말하기'라고 할 수 있다.

2017년 1월, 제19대 대통령선거 출마를 공식 선언하는 자리에서 이재명은 이러한 감독형 말하기를 선보였다. 보통 대선 후보들은 국회의 잔디광장이나 백범 김구 기념관 같은 다소 평이한 공간에서 출마 선언을 한다. 그러나 이재명은 기존의 상식을 깨고 자신의 스토리를 말해주는, 자신의 상징성을 가장 잘 드러낼 수 있는 공간인 성남 오리엔트 공장에서 창의적인 출마 선언을 했다. 소년노동자로서의 삶이 녹아 있는 공장에서 "그 소년노동자가 오늘 바로 그 참혹한 기억의 공장에서 대한민국 최초의 노동자 출신 대통령이 되려고 합니다"라고 대선 출마 선언을 한 것이다.

이재명은 소년노동자 시절 자신이 힘겨운 노동을 했던 현장을 보여줌으로써 청중이 마치 영화를 보는 것처럼 몰입하게 만들었다. 또한 여전히 노동자로서 힘겹게 살아가고 있는 자신의 가족을 단지 말로만 소개하는 것이 아니라 직접 카메라로 비추며 한 명 한 명 소개함으로써, 죽어 있는 말하기가 아닌 입체적 말하기, 살아 있는 말하기를 선보였다.

뜻깊은 자리이니 제 가족들을 소개해드리겠습니다. (카메라 앵글이 가족으로 향한다.) 일곱 남매를 위해 평생을 바쳐온 제 어머니, 여기에 와 계십니다. 비뚤어지지 않고 어려운 환경이지만 바르게 키워주신 어머니, 자랑하고 싶습니다. 사랑합니다, 어머니. 따뜻한 박수 부탁드립니다. (눈물을 머금으며) 광부로 건설 현장에서 일용노동자로 일하시다 추락 사고로 다리를 절단하신 장애인 큰형님, 강원도에서 길이 멀어 오지 못하셨습니다. 다음은 요양보호사로 일하시는 저의 누님이십니다. 박수 한번 주십시오. 그리고 청소회사 직원, 저의 둘째형님이십니다. 그리고 환경미화원으로 밤새워 일하는 사랑하는 저의 남동생이 있습니다. 상대원시장에서 청소부로 일하시다가 돌아가신 아버님은 이 자리에 계시지 않습니다. 야쿠르트 배달원을 거쳐 건물 청소 일을 하다 2년 전 새벽, 과로로 딴 세상으로 가버린 저의 여동생은 아마도 저 하늘에서 이 오빠를 격려해주고 있을 겁니다. 한때 가장 사랑했고 가까웠던, 지금도 여전히 사랑하는 셋째형님, 안타깝게도 이 자리에 함께하지 못하고 있습니다. 죄송합니다. 마지막으로 흠 많고 부족한 저, 이재명을 대신해서, 아니 이재명과 함께 아이들을 키우고 언제나 힘이 되어주었던 제 아내, 그리고 잘 자라준 제 아들들 소개해드립니다.

이재명은 애틋한 심정으로 가족을 소개했다. 그가 2년 전 세상을 떠난 여동생 이야기를 하는 순간 이재명의 아내 김혜경 씨는 이재명 누나의 손을 꼭 잡은 채 그녀에게 기대어 눈물을 훔치기도 했다. 이재명의 가족사를 단순히 말로만이 아니라 온몸으로 생생하게 느낄 수 있었던 청중의 마음은 어떠했을까? 이재명은 잘 짜인 대본을 줄줄 읊는 것이 아닌, 마치 훌륭한 감독이 연출을 한 듯이 살아 있는 현장, 살아 있는 사람을 보여줌으로써 대선 출마 연설의 극적인 완성도를 높였다.

이재명은 2021년 11월, 더불어민주당 광주 선거대책위원회 출범식에서도 감독형 말하기를 선보였다. 정부나 정당의 공식행사에서는 대개 소개받은 사람이 자리에서 일어나면 청중이 박수를 치는 등 전형적이고 딱딱한 방식으로 진행한다. 하지만 평소 평등을 강조하는 것에 걸맞게 이재명은 직접 사람들 곁으로 다가가 가볍게 스킨십을 하는, 권위적이지 않은 평등한 관계 맺기를 선보였고, 젊은 청년들과도 즐겁게 소통하는 개방적인 모습을 보여줬다.

우리의 꿈을 함께 이루어갈 광주 선대위 위원장님들을 직접 소개해드리겠습니다. 함께하실 동지들이십니다, 여러분! 우리가 쉽게 보기 어려운 분들이십니다. 저기가 앞입니다. (직접 안내해주고 웃으며) 먼저 우리 노동주 위원장님이십니다. 후천성 시각장애인 1급 영화감독이십니다. 직접 삶을 통해서 '장애는 그저 불편일 뿐이다'라는 것을 실제 증명해주시고 계십니다. 박수 주십쇼! 우리 강한솔 위원장님이십니다. 사회복지사로 활동하고 계시면서 마을 활동단체 대표로 활동하고 계십니다. 더불어민주당 광주신당의 대변인을 맡고 있는 젊은 정치인! 박수 주십쇼! 우리 사랑하는 김영환 위원장이십니다. 저보다 한참 더 키가 엄청 큽니다. 무역회사를 운영하는 글로벌 기업인입니다. 청년정책위원으로 활동하고 있고 특히 창업을 통한 일자리 창출에 아주 관심이 많습니다. 큰 격려 박수 부탁드립니다.

청중에게 소개할 사람들을 무대로 올라오도록 하는 권위적인 방식에서 벗어나, 이재명 자신이 직접 선대위 위원장들이 있는 자리로 가서 상대를 높여주고 칭찬하며, 그들의 어깨를 토닥이고 격려해주며 큰소리로 힘차게 소개했다. 특히 후천성 시각장애인 1급인 영화감독 위원장을 소개할 때는 웃으면서 여기가 앞이라고 말하며 친절하게 안내해주고는 어깨를 끌어안으며 소개를 했다. 자신의 삶을 통해서 '장애는 그저 불편일 뿐이다'라는 것을 실제로 증명한 분이라는 소개말을 들었을 때, 그 위원장은 굉장히 감동하지 않았을까? 젊은 청년 정치인에게도 응원과 격려의 마음이 담긴 소개말을 아끼지 않는다. 김영환 위원장을 소개할 때는 '사랑하는'이라는 감성적인 표현을 썼고, 키가 엄청 크다면서 장난스러운 모습도 연출했다.

이처럼 이재명의 말하기에서는 곳곳마다 인간에 대한 애정이 드러난다. 권위주의적이고 수직적인 문화 탓인지 말하기에서 드러나는 한국인들의 전형적인 특징은 '시키는 대로 하는' 것이다. 여기로 가라면 여기로 가고, 저기로 가라면 저기로 간다. "왜?"라고 묻지 않으며 별다른 의문을 제기하지 않는다. 그렇지만 이재명은 시키는 대로 하는 것, 남들이 하는 대로 따라 하는 것을 무척 싫어하는 사람인 것 같다. 그는 자신에게 발표의 기회만 주어지면 그 기회를 잡아채어, 마치 영화감독처럼 자기만의 연출을 하는, 주도적인 말하기를 선보인다. 주도하는 사람은 주인이 된다. 무대 설계와 연출에서까지 자신의 정체성(identity)을 드러내고 표현하는 발표자는 차별화되기 마련이다.

청중을 상대로 하는 말하기는 절대 단순하지 않다. 고도의 전략이 필요할 뿐만 아니라 나만의 정체성을 드러내고 나를 돋보이게 만들 수 있도록 스스로 배우가 되어야 하는 동시에, 스스로 감독이 되어야 한다. 자신의 발표에만 신경을 쓰는 수준을 넘어 무대 전체를 아우르고 장악하는 감독형 말하기에 사람들은 빠져들 수밖에 없다.


## 말에도 표정이 있다:
## 같은 말도 다르게 느껴지는 어조


어떤 옷을 입었는가에 따라 이미지가 확연히 달라지듯, 같은 말도 어떻게 표현하느냐에 따라 그 느낌이 크게 달라진다. 이를 '어조'라고 한다. 어조는 말의 가락이라고도 하며, 우리가 말을 할 때 억양이나 음의 높낮이 등으로 다양하게 표현하는 것을 말한다.

말을 할 때 다양한 변화를 주며 말을 하면 말하는 사람의 기분이나 감정을 전달할 수 있다. 누군가를 축하해주는 순간, 슬픈 일을 겪은 이를 위로해주는 순간, 회사에서 발표를 하는 순간에 늘 똑같은 어조로만 말하면 단조롭고 지루하게 들린다. 요즘 농담으로 표현하자면 영혼이 없어 보이기까지 한다.

톤앤매너에 적합한 다양한 어조의 변화는 전달력을 최대로 높여준다. 다양한 상황에 맞는 어조를 골라 연습해보자. 숙련된 아나운서라면 음의 고저장단을 활용해 리듬감 있는 표현을 할 수 있겠지만 아직 어조 사용이 생소하다면 그것을 1, 2, 3, 4의 네 가지로 구분해 활용해보자. 지금 바로 한번 연습해봐도 좋다. 1은 차분하고 신뢰감 있는 뉴스 앵커의 톤, 2는 부드러운 MC의 톤, 3은 현장감 넘치는 리포터의 톤, 4는 강력한 파워 스피치 톤이다.

"기분 좋은 일요일입니다. 모두 행복한 하루 보내세요!"

"아프리카에는 굶어 죽는 아이들이 많습니다."

위의 두 문장은 어떤 어조로 낭독하면 좋을까? 첫 번째 문장은 2번이나 3번의 어조로, 두 번째 문장은 1번의 어조로 하는 것이 좋다. 아무런 감정과 색깔 없이 항상 똑같은 평조로만 말한다면 차갑고 지루한 사람으로 보이기 쉽고, 때와 장소에 맞지 않는 어조를 사용하면 무례한 사람으로 보이기 쉽다.

말에도 표정이 있다. 이재명은 때와 장소에 맞게 다양한 어조를 사용해 자신의 감정을 적극적으로 표현하고 청중의 공감을 불러일으킨다. 코로나 비상 상황으로 인해 급작스럽게 기숙사 방을 빼야 한다는 통보를 받은 경기대학교 학생들이, 현장을 찾아온 이재명 경기도지사에게 격렬하게 항의했다. 그러자 이재명은 부드럽고 낮은 어조로 학생들을 설득했다.

사실 우리 입장에서는 어쨌든 수백 명이 가정 대기하는 상황이라 이런 강경 조치를 안 할 수가 없는 상황입니다. 일단 이해 좀 해주시고요.[3]

이때 이재명은 '사실 우리 입장에서는~', '상황이라~' 하는 식으로 어미(말의 끝) 처리를 부드럽게 풀어주듯이 하고 있는데, 이것은 평상시의 강한 어조와 크게 대비된다. 이재명은 시종일관 부드럽고 자상한 어조로, 마치 호소하듯이 이야기해 학생들의 마음을 금방 누그러뜨렸다.

이처럼 다소 불편하거나 갈등을 유발할 수 있는 상황에서 어조의 선택은 매우 중요하다. 단순히 말끝을 물결처럼 부드럽게 풀어주거나, 어미를 직선적으로 쏘아붙이지 않고 동그랗게 말아 부드럽게 전달하는 것만으로도 갈등 상황이 극단으로 치닫는 것을 피할 수 있을지도 모른다. 현실에서는 좋게 풀어갈 수 있는 일이 잘못해서 큰 싸움으로 번지는 경우가 많다. 대부분 사람들은 이런 결과가 의견 차이 때문이라고 생각하지만, 사실 말투에서 비롯되는 경우가 많다. 이재명의 화법에서 배울 수 있듯이, 화가 나고 억울한 사람을 진정시키고 싶다면 부드러운 어조로 말끝을 풀어주는 화법을 이용해보자.

이재명이 성남시장으로 재직하던 2016년 7월, 그는 직원조회에서 절대로 비리를 저지르지 말라고 강조하면서 강경하고 단호한 어조로 다음과 같이 말했다.

관청 근처에서 관청의 힘을 빌려가지고 사업을 한번 해보겠다는 사람들, 제가 누누이 얘기하는 것처럼 이런 사람은 '마귀'예요. 천사의 얼굴을 한 마귀란 말입니다. (…) 업자들의 그냥 부탁이야 할 수도 있겠죠. 로비, 밥 사주고, 골프 치고, 용돈 주고, 상품권 주고, 설날 선물 주고. 이거 신고 안

하면 이런 것도 처리사무의 결과와 관계없이 엄중하게 문책하겠습니다.[4]

위의 연설에서는 단호한 카리스마가 느껴진다. 직원들에게 강한 메시지를 전달해야 하는 리더의 말하기는 어때야 할까? 부드러운 어조만으로는 정확한 메시지를 전달하기 어려울 수 있다. 이럴 때는 앞서 경기대 학생들에게 했던 것과는 반대로, 아주 강한 어조로 전달할 필요가 있다. 늘 부드럽기만 한 리더의 말에서는 무게감이 느껴지지 않는다.

또 2015년 성남 시민들과의 새해 인사회에서, 한 초등학생이 "이제 명절 되면 시골에 내려가는데, 기차역이 있었으면 좋겠습니다"라고 말했다. 어린 학생의 당돌한 요구에 이재명은 입을 크게 벌리고 파안대소하며 이렇게 대답했다.

와~ 이런, 엄청난 정책 제안인데요. 엥~ KTX역 만들어라, 그건데에~. 어, 알겠습니다. 그런데 학생 이름이 뭐예요? 이름? [정승원입니다.] (메모장에 적음) 아이고~ 발음도 좋네. 정승원 학생. (…) 알겠습니다. 우리 정승원 학생은 어디 엄마 아빠하고 시골 가는데, 멀리 가는 기차 타느라 고생 좀 한 거 같아요.[5]

영상을 보면 이재명은 입을 크게 벌리고 하이톤으로 깔깔깔 웃으며 '아이고~'와 같은 추임새와 리액션을 자주 사용한다. 또한 마치 개그맨처럼 '엥~ 역 만들어라, 그건데에~~', '학생 이름이 뭐예요오~?'

라고 음 이탈이 날 정도로 소리(음)를 꺾어가며 재미있게 말을 한다. 그러면서도 학생이 기죽지 않도록 칭찬도 해주고 메모한 이름을 정확히 불러주면서, 자연스럽고 유쾌한 분위기에서 계속 활짝 웃으며 답변을 한다.

이런 식으로 이재명은 상황에 따라 때로는 말끝을 풀어주는 부드러운 어조, 때로는 똑부러지는 단호한 어조, 때로는 개그맨처럼 가볍고 재미있는 어조를 능수능란하게 사용한다. 그럼으로써 갈등 상황을 효과적으로 풀어가고, 단호하게 자신의 의견을 피력하며, 현장의 분위기를 자기만의 스타일로 주도해나가기도 한다. 상황에 맞게 어조를 적절히 변화시킨다면 예상 밖의 큰 효과를 얻게 될 것이다.

### 시각적 묘사:
### 마치 영화 속 한 장면처럼 생생하게

똑같은 방송 프로그램이라 하더라도 이재명이 출연하면 '두 시간이 눈 깜짝할 새 지나갔다', '정치 프로인데도 집중해서 본 것은 처음이다', '같은 말을 해도 재미있다'는 반응이 달리곤 한다. 평이하게 답하기 쉬운 질문에도 이재명은 마치 시청자들을 타임머신에 태워 자신의 과거를 구경시켜주듯이, 마치 그림을 그려 자기 과거를 보여주듯이, 시각적인 묘사로 대답하곤 한다.

우리는 흔히 짧게 말하면 지루하지 않으니까 앞뒤를 다 생략하고 짧게 말하는 게 좋다고 생각한다. 그러나 그런 말하기는 재미도 없고 구체적이지도 않은, 최악의 말하기가 될 수도 있다. 프랑스의 소설가 마르셀 프루스트는 과자 조각이 섞인 홍차 한 모금이 주는 깨달음이 무엇인지에 대해 무려 4쪽에 걸쳐 묘사했다.

> 과자 조각이 섞인 홍차 한 모금이 내 입천장에 닿는 순간, 나는 깜짝 놀라 내 몸에서 뭔가 특별한 일이 일어나고 있다는 사실에 주목했다. 이유를 알 수 없는 어떤 감미로운 기쁨이 나를 사로잡으며 고립시켰다. 이 기쁨은 마치 사랑이 그러하듯 귀중한 본질로 나를 채우면서 삶의 변전에 무관심하게 만들었고, 삶의 재난을 무해한 것으로, 그 짧음을 착각으로 여기게 했다. - 마르셀 프루스트 《잃어버린 시간을 찾아서》

이처럼 대수롭지 않은 일상도 깊게 파고들어 마치 그림을 그리듯 구체적이고 생생하게 표현하면 그것이 시가 되고 소설이 될 수 있다. 세상에 평범한 인생이란 없다. 돋보기를 들고 자세히 확대해보면 평범한 일상도 어떻게 묘사하느냐에 따라 한 편의 예술이 될 수 있다.

이재명은 MBC 뉴스 인터뷰에서 '정치 왜 시작하셨습니까?'라는 질문에 그 상황을 떠올리듯이, 그림을 그리듯이 답변했다.

> 정치라는 개념은 불명확한데, 세상을 바꾸는 일에 참여하겠다고 마음먹은 것은 사법연수원 마칠 때였습니다. 그 방식이 다만 인권을 하겠다, 시민운동을 하겠다였는데. 그게 현실 정치, 좁은 의미의 정치에 참여하게

된 것은 시민운동 하다가 성남 공공의료원 설립 운동을 했는데, 공공의료원 확보 운동을 했는데 좌절이 되면서 제가 수배가 됐습니다. 두 번째 또 구속이 되게 생겨서 교회 지하실에 숨어 있다가 그때 결정했죠. 현실 정치에 참여해서 국민이 원하는 일, 필요한 일을 해야 되겠다. 그게 이제 2014년 3월 28일 오후 5시였는데 주민교회, 지하 기도실. 그 시간에 제가 이제 지하 기도실에 숨어 있으니까 아무도 모르지 않습니까. 근데 먹는 것도 좀 자유롭지 않고. 근데 그중에 공공의료원 설립 운동을 같이 하시던 선배님 한 분이 몰래 도시락을 싸가지고 와서 같이 먹다가, 이렇게 해서 언제 하겠냐, 이 정말로 성남 본 시가지 주민들한테는 절박한 생명이 걸린 문제인데, 이렇게 우리가 맨날 피해다니고 부탁하고 할 수 없지 않냐, 어렵지만 우리 손으로 하자! 어렵지만. 그때가 5시였는데 서로 끌어안고 울다가 결정을 했죠.[6]

이재명이 답변한 시간은 꽤 길지만 이상하게도 계속해서 그의 이야기에 빠져들게 된다. 왜 그럴까? 정치를 어떻게 시작하게 되었는지를 마치 영화 속의 한 장면처럼, 그림을 그리듯이 생생하게 묘사하고 있어서다.

한 예능 프로그램에 출연했을 때도 이재명은 청년기본소득이 왜 필요한지를, 자신의 경험을 바탕으로 생생하게 말했다.

제가 한창 검정고시 학원을 다녔어요. 낮에 공부를 하고 싶었어요. 근데 학원비를 내주는 사람이 없잖아요. 내가 벌어서 다녀야 돼. 근데 학원비가 7천 원에서 만 원 이랬어요. 아! 누가 한 달에 7천 원만 빌려줬으면 공부를 더 많이 할 텐데. 그 생각이 들어서, 제가 정책을 만들면 제 경험이 반영이 되거든요. 그것도 제가 생각해본 거예요. 누군가 돈 좀 빌려줬으면. 그래서 제가 그 경험 때문에 청년기본소득을 한 이유도 있어요. [패널들: 아! 홍보가 굉장히 물 흐르듯 하네요. 모두의 웃음] 그 정도라도 해주자. 알바라도 안 뛰게.[7]

전국 석차 3,500등 이내는 등록금 면제하고 월 생활비 20만 원 제도가 만들어진 거예요. 그거 보고, 아 드디어! 찬스다. 공부해서 대학 가야지. 결심했어요. 근데 공부할 시간이 없잖아요. 저녁때 6시까지 근무하고 7시까지 학원 가서 밤 10시까지 하고, 다시 버스 타고 오고, 다시 독서실 가서 2시까지 하고 자고 하는데, 졸음을 쫓아야 공부 시간을 확보하잖아요. 졸음을 쫓으려고 온갖 방법을 연구해봤는데. 압핀. 이 압핀을 거꾸로 테이프로 요로~케(압정을 붙이는 제스처를 취하며) 책상에 붙여가지고 벗어나면 찔리고, 요로케 붙여서 졸면 바로 피 보게 다 붙였습니다. 이러고 공부를, 졸다가 찔리면 정신 번쩍 들고 했는데, 나중에 보니까 찔려서 자고 있더라고요. 그래가지고 제 참고서에 피가 많이 묻어 있었어요. 그거 해서 제가 등록금 면제받고 월 생활비 20만 원 받기로 하고 대학을 갔습니다. 출세도 이런 출세는 없습니다. 인생역전을 한 거예요.[8]

만약 누군가가 위와 같은 경험담을 "수험 기간 동안 정말 열심히 공부했습니다", "정말 힘들게 잠도 못 자며 공부했습니다" 등으로 무미건조하게 표현했다면, 사람들은 그가 얼마나 힘들게 고생했는지를 체감하기 어려웠을 것이다. 하지만 이재명은 당시의 상황을 구체적으로 그림을 그리듯 표현함으로써 듣는 이들에게 강한 공감을 불러일으킨다.

이재명은 적폐세력의 죄행을 규탄할 때도 그림을 그리듯 생생하게 말해서 대중의 뇌리에 각인시킨다.

> 그 일제에 부역했던, 나라를 팔아먹었던 자들이 바로 이들의 선대입니다. 탱크를 몰고 나라를 뒤집었던 쿠데타 세력이 바로 이들의 선대입니다. 권력을 갖겠다고 광주에서 수백 명을 학살했던 자들이 바로 이들입니다. 쿠데타 수괴였던 박정희. 그… 짐승이죠. 그자의 딸이 바로 지금의 박근혜입니다.[9]

자신의 경험을 마치 그림을 그리듯 자세하게 글로 정리해보고 누군가에게 이야기도 해보자. 세상에 평범한 이야기는 없다. '죽고 싶지만 떡볶이는 먹고 싶어'라는, 누구라도 한 번쯤은 생각해보고 공감해봤을 법한 감정을 글로 정리한 책이 베스트셀러가 되기도 한다. 평범한 내 이야기를 사람들이 공감할 수 있도록, 그림을 그리듯 표현할 수 있다면, 그 평범하게만 보였던 나의 이야기가 누군가에게는 희망이 되고 위로가 될 수 있다. 상대방이 지루해할까 봐 괜히 걱정하지 말자. 그림을 그리듯 생생하게 말하면 상대방은 시간 가는 줄 모르고 당신의 이야기에 빠져들 것이다.

## 강약 조절:
## 전달력을 5배나 높일 수 있는 비결

한국인 최초로 쇼팽 콩쿠르에서 우승을 차지한 피아니스트 조성진의 연주를 귀 기울여 들어보면 무언가 깊은 감동이 느껴진다. 피아노를 잘 아는 사람들 사이에서 조성진은 '강약 조절의 신'이라 불리기도 한다. 바로 이 강약 조절 때문에, 같은 곡이라도 조성진이 연주하면 깊고 풍부한 느낌과 감동을 주는 것이다. 건반을 누를 때의 힘을 아주 섬세하게 조절하는 것, 조성진은 이렇게 미세한 부분까지 심혈을 기울여 연주했기 때문에 세계 최고의 위치에 오르지 않았을까.

우리의 말도 하나의 연주다. 아무런 강약 조절도 없는 지루한 말하기는 수면제나 다름없다. 교장 선생님의 지겨운 훈시처럼, 듣는 사람에게는 굉장히 지루한 고문의 시간이 될 수도 있다. 이렇게 평조로만 지루하게 말할 거라면 차라리 대화보다는 글로 써서 전달하는 게 나을 것이다.

문서를 작성하거나 프레젠테이션을 준비할 때도 중요한 부분은 글자의 색을 바꾸거나 굵거나 크게 쓴다. 이런 기법을 말하기에서도 그대로 적용해보자. 중요한 단어와 문장은 높고 강하게 발음하고, 중요하지 않은 부분은 낮고 약하게 발음하는 것이다.

부정부패로 불로소득 취한 자들이, 그 불로소득 막아서 5,500억이나 성남시에 환수시킨 이재명을 욕하는 거, 이런 거를 적!반!하!장!이라고 합

니다. 그래서 국민의힘은 사라져야 할 적폐세력입니다.[10]

이재명은 대장동 사건으로 부당하게 공격당하는 억울함을 호소하고 잘못 알려진 내용을 바로잡기 위한 즉석연설에서, '적반하장'이라는 단어를 아주 높고 강하게 발음하여 그 의미를 강조했다.

국민 여러분! 당원 여러분! 저 이재명을 믿으십시오. 반드시 기득권 적폐세력 청산하고 정의로운 나라, 부동산 투기 없는 나라, 국민들이 부동산 때문에 고통받지 않는 나라 만들어드리겠습니다. (이 대목에서 목소리가 굵어지고 톤이 올라가며 힘이 실림, 청중은 이재명을 연호함)[11]

이재명은 이처럼 연설의 중간중간마다 어느 특정한 단어나 문장을 다른 부분보다 더 힘주어 발음하여 의미를 강조한다. 문장 전체 혹은 핵심 단어를 크게/높게, 작게/느리게 발음하며 말하기에 리듬감을 부여한다. 말은 말하는 순간 휘발되어 날아가기 때문에, 정확하게 청중에게 각인시키고 싶은 문장이나 단어는 반드시 강약 조절을 통해 청중의 뇌리에 박히게 만들어야 한다. 다시 한번 기억하자. 문서는 사진이나 그림, 다양한 폰트 등으로 얼마든지 강조할 수 있지만, 말을 할 때는 순간적인 강약 조절을 통해서만 강조할 수 있다. 내 목소리가 악기라는 사실을 잊지 말자.

## 반복의 마법:
## 호소력과 깊은 몰입감

동일한 문구를 반복하면 듣는 이의 머릿속에 또렷한 이미지를 각인시킬 수 있다. 이야기할 내용을 몇 개의 키워드 또는 핵심 문장으로 정리해서 말해보자. 어쩌면 밋밋하게 느껴질 수 있는 일련의 묘사들이 핵심 문장을 매개로 짜임새를 갖게 된다. 짜임새를 갖추게 되면 듣는 이에게 깊은 몰입감과 진한 감동을 선사할 수 있다.[12] - 윤태영,《대통령의 말하기》

단어나 문장의 반복은 듣는 이에게 핵심 내용을 쉽게 각인시키고 몰입감을 높여주며, 시적인 운율을 통해 예술적 감동마저 느끼게 해주는 효과가 있다.

이 해당 지역의 토지 투기 세력과 손잡은 것도 국민의힘!
공공 개발을 로비하고 압박해서 민영 개발 만든 것도 국민의힘!
성남시 공공 개발 추진을 막은 것도 국민의힘!
민간 사업자 참여시키라고 압력 넣은 것도 국민의힘!
여기서 뇌물 받아먹은 것도 국민의힘!
나중에 새로 사업 참여한 토지 투기 세력들한테서 이익 챙기고 투기 이익 나눠먹은 것도 국민의힘!
다 나타나고 있지 않습니까?[13]

만약 위의 내용을 말로 자세히 풀어서 설명한다면 몇 분이나 소요되는 지루하고 따분한 이야기가 되고, 국민들 입장에서는 시간을 잡아먹는다는 느낌을 받을 수 있다. 그러나 이재명은 전달하고자 하는 메시지에서 강력한 힘이 느껴지도록 '국민의힘'이라는 문구를 정확하게 반복적으로 강조하고 있다. 이처럼 동일한 문구의 반복은 리듬감을 더해주어 청중의 귀를 즐겁게 해준다. 마치 래퍼의 랩을 듣는 것처럼 귀에도 쏙쏙 들어온다. 핵심 내용의 의미를 강화하고 임팩트 있는 전달을 원한다면 핵심적인 문구를 반복하라.

이재명이 성남시장 시절이던 2016년 7월, 건설업자 로비에 대해 따끔한 일침을 가하는 시청 직원 대상 강의에서도 반복 기법을 사용했다.

평소에야 간도 내줄 것 같죠. 형님, 아우님, 막 입안에 착착 감기죠. 처음부터 또 크게 안 놀아요. 처음에는 차나 한잔 하시죠. 두 번째는 밥이나 한 끼, 세 번째는 술이나 한잔, 네 번째는 아! 이거 상품권이다. 10만 원, 10만 원이 20만 원 되고 20만 원이 30만 원 되고. 아이고 골프나 한번. 그러다가 나중에 30만 원, 50만 원, 100만 원. 문제는 사업자들이 이걸 자기 장부에다 다 써놓는다는 거죠. 본인의 인생이 망가져요. 본인만 망하는 게 아니라 주변과 우리 전체 공동체가 다 망한다는 거예요.[14]

거창하고 멋진 표현이 아니더라도, 단순한 반복만으로 말의 의미와 호소력을 극적으로 강화할 수 있다. 마르틴 루서 킹은 1963년 8월, 미국 워싱턴DC에서 그 유명한 'I have a dream(나에게는 꿈이 있습니다)'

으로 시작하는 명연설을 했다. 그의 연설은 이런 반복의 효과를 잘 보여주고 있다.

나에게는 꿈이 있습니다.

언젠가는 조지아의 붉은 언덕 위에서 노예들의 아들들과 노예 소유주의 아들들이 형제애가 넘치는 테이블에 함께 앉을 수 있게 될 것이라는 꿈입니다.

나에게는 꿈이 있습니다.

언젠가는 불의와 억압의 열기로 숨이 막히는 미시시피조차도 자유와 정의의 오아시스로 바뀔 것이라는 꿈입니다.

나에게는 꿈이 있습니다.

(…)

물론 이런 방법을 평소에 활용하기는 쉽지 않을 것이다. 하지만 상대에게 중요한 내용을 확실하게 전달하고 싶다면, 혹은 발표 자리에서 인상적인 발표를 하고 싶다면 반복의 마법을 꼭 기억할 필요가 있다.

## 살아 있는 입말:
### 어렵게 말할수록 청중은 귀를 닫는다

말에는 글로 하는 글말이 있고, 입으로 하는 입말이 있다. 전자의 문체를 문어체, 후자의 문체를 구어체라고 한다.

살아 있는 말하기에서는 싱그러운 햇살처럼 건강하고 맑은 에너지가 풍겨 나온다. 반면에 운율이 부족하고 밋밋하고 단조로운 억양의 죽어 있는 말하기에서는 다소 지루하고 음울한 느낌마저 든다. 이런 말하기를 하는 사람은 남들한테 직감적으로 함께 일하고 싶지 않은 사람, 대화를 나누고 싶지 않은 사람으로 비치기 쉽다. 생생한 말하기를 하는 사람에게서 사람들은 기분 좋은 에너지를 선물받고, 즐거운 기분으로 그의 말에 푹 빠져들게 된다. 사람들은 누군가와 함께하며 좋은 기운을 받고 싶지 에너지를 뺏기고 싶지는 않기 때문이다.

이재명의 말하기는 마치 살아 있는 생선이 팔딱팔딱 뛰는 듯한, 날 것 같은 느낌을 준다. 그는 문어체(글체)가 아닌 구어체(말체), 특히 대화체를 자주 사용해서 그의 말은 이해하기가 쉽고 전달력이 뛰어나다.

> 저는 압니다. 적폐 청산, 공정국가 건설이라는 저의 꿈이 곧 국민 여러분의 꿈이라는 것을. 지금까지 그랬던 것처럼 저는 최선을 다하고 결과는 국민 여러분께 맡기겠습니다. 국민 여러분이 이재명과 함께해줄 것을, 국민의 꿈이자 이재명의 꿈인 함께 잘 사는 세상을 만들어가는 꿈을 함께 만들어갈 것을 믿습니다, 여러분! 감사드립니다. 최선을 다하겠습니다.

이 연설에서 이재명은 '저는 압니다', '여러분의 꿈이라는 것을',

'맡기겠습니다'와 같은 짧고 간결한 대화체를 사용하고 있다. 이렇게 다소 딱딱한 공적인 연설에서도 그는 구어체, 대화체로 말을 함으로써 마치 청중 한 명 한 명에게 직접 말을 하는 듯한 효과를 얻고 있다. 김대중 전 대통령도 이런 대화체를 자주 사용했다. 그는 유명한 1971년의 장충공원 연설에서, 딱딱한 글말이 아닌 입말을 사용해 중요 내용을 호소력 있게 전달했다. 이 연설은 역사 속에 길이 남을 위대한 연설이라는 평을 받고 있다.

> 박정희 씨여! 당신은 지금 입으로는 점잖은 소리 무어라고 무어라고 하지만, 당신 내심으로는 헌법 고쳐가지고 71년 이후에도 영원히 해먹겠다는 시커먼 배짱 가지고 있는 것이 사실 아니오?[15]

사람들은 면접, 발표, 연설을 할 때 지나치게 상대에게 잘 보이려는 마음에, 멋지고 좋은 말을 그럴듯하게 하려는 마음에, 딱딱한 문어체로 작성된 대본을 준비하는 경우가 많다. 그러나 글말과 입말은 다르다. 대본 등을 작성할 때는 사람들 앞에서 해야 할 말을 속으로 되뇌어보면서 평소의 말투, 즉 대화체를 떠올려보고 그것을 사용해야 한다. 어렵게 말할수록 청중은 귀를 닫는다. 일단 알아듣기 쉽게 잘 들려야 한다. 대화체를 적극적으로 활용해보자.

## 때로는 연기의 힘:
## 청중을 즐겁게 만들기

인지과학적 연구에 의하면 청중의 뇌는 10분 이상 집중하지 못한다고 한다. 이것은 10분 이내의 짧은 말하기는 상관없지만 긴 시간의 연설, 강연, 발표의 경우에는 중간중간 재미나 감동이 있어야 청중이 계속 집중할 수 있다는 것을 의미한다.

명강사라 불리는 사람들 가운데 재미없는 사람이 몇이나 될까. 약간의 연기만 첨가되어도 지루함은 즐거움으로 변화할 수 있다. 아이에게 동화책을 읽어줄 때는, 무뚝뚝한 아빠조차도 그 순간만큼은 호랑이도 되었다가 토끼도 되는 생동감 넘치는 말하기의 달인으로 변모한다. 아이의 눈높이에 맞춰 동화 내용을 잘 전달하고자 하는 마음, 아이의 흥미를 계속 유발하고자 하는 마음에서 자기도 모르게 즉흥 연기를 하게 되는 것이다. "어제 회사 상사가 글쎄, 딱 퇴근하려는 순간, 자! 오늘 다들 고생했는데 회식 갑시다~라고 하는 거야." 이런 식으로 아주 사소한 얘기라도 연기를 동원해 전달하는 사람의 말을 들으면 참 재미있다.

이재명은 한 시간이 넘는 강연이나 연설에서 이 같은 연기를 빈번하게 사용해 청중에게 지루해할 틈조차 주지 않고 계속해서 그들의 관심을 끌어낸다. 이것이 그가 예능 프로그램에도 잘 어울리고, 젊은 이들과도 원활하게 소통할 수 있는 이유 중 하나이기도 하다. 2016년 12월, 국회의사당 앞에서 연설을 하던 이재명은 온몸을 동원한 연기를 통해 탄핵 사태를 흥미롭게 묘사했다.

> 고 주변에 있는 것들도 똑같애. 이 머슴들 중에, 이 정신 나간 머슴들이
> 집에 불을 지르고, 훔치고, 주인 때리고 이러는데. 우리 주인들이 드디어
> 정신이 든 겁니다. 안방에서 맨날 보고만 받고 그러다가 '야, 이거 안 되
> 겠다', 집을 보니 '웬 연기냐?', '냄새 난다'(이 말을 하면서 집 안을 둘러보는
> 듯한 몸동작을 함), '나가자'. 나와 보니까 집이 다 타고 있네, 이거.[16]

이재명은 거의 깐죽거린다는 느낌이 들 정도로, 만담을 하듯 실감
나게 연기를 한다. 너무 오버하는 것 아닌가 싶기도 하지만, 이를 지켜
보는 청중의 입가에서는 웃음이 떠나질 않는다. 이재명은 탄핵 사태
당시 촛불 시민들 앞에서 연설하면서 여러 차례 이승만의 성대모사까
지 했는데, 이런 장면을 보고 있노라면 그가 개그맨이 아닌지 눈을 의
심하게 된다.

세상에 재미있는 영상이나 자료는 너무나도 많다. 지루한 정치인
의 연설 영상은 몇 초를 못 넘기고 꺼버리게 된다. 하지만 이재명의 연
설이나 강연은 계속 듣게 만드는 힘이 있다. 일단은 웃기고 재미있지
않은가. 일단 청중이 듣게 만들어야, 내가 말하고자 하는 메시지를 전
달할 수 있다.

이재명을 비롯해 유명 강사들이 한 시간이 넘는 강연을 지루하지
않게 이끌어갈 수 있는 것은 상황을 재연하는 연기의 힘 덕분이다. 맛
있는 음식에다 마지막 조미료를 톡톡 뿌려주면 그 음식에 중독되듯

이, 긴 연설이나 강연, 발표일수록 약간의 연기가 조미료처럼 더해지면 청중은 지루해하지 않고 끝까지 집중할 수 있을 것이다. 아무리 좋은 내용을 전한다고 해도 청중의 눈꺼풀이 감겨오면 무슨 소용이 있을까. 일단 재미있고 즐거워야 한다.


## 뜨거운 에너지:
## 진정성에 기초한 파워 스피치

우리가 집 안에서 편하게 음원을 통해 접할 수 있음에도 굳이 가수나 뮤지컬 배우의 노래나 공연을 비용까지 지불하며 현장에 가서 관람하는 이유는 무엇일까? 그 아티스트 특유의 폭발적인 '에너지'를 느낄 수 있기 때문이다. 사람들을 이끄는 리더에게는 강력한 에너지가 있다. 그 에너지는 어디에서 올까? 확고한 신념에 기초한 용감성이다. 눈치 보지 않고 공익을 위한 자신의 신념을 소신껏 솔직하게 말할 수 있는 리더는 악당들에게는 두려운 존재가 되고, 국민들에게는 따르고 싶은 존재가 된다.

스스로가 말했듯이 이재명은 변방의 지방자치단체장에 불과한 무명 정치인이었으나 촛불시위 과정에서 뛰어난 명연설을 통해 일약 대권주자로 발돋움하게 되었다. 그의 이러한 도약은 그야말로 말하기의 힘과 위력을 여실히 보여주고 있다. 폭발하는 듯한 에너지 가득한 연설은 이재명의 트레이드 마크다.

우리가 지금 비록 소수여서 지금은 당장 발길을 되돌리지만 우리 가슴속에 깊이 간직하고 있는, 변화하는 세상 속에서 모든 사람이 행복하게 살아가는 제대로 된 대동세상, 공동체의 꿈은 결코 사라지지 않을 겁니다, 여러분! (…) 언제나, 언제나 드렸던 말씀처럼, 여러분의 위가 아니라 우리 모두 함께 손잡고 옆에 서서, 국민이 괴로울 때는 제가 앞장서고, 우리가 마음으로 즐거울 때는 뒤에서 뒷바라지하는 진정한 대리인, 진정한 공복의 길을 뚜벅! 뚜벅! 흐트러지지 않고, 초심을 갖고, 그대로 계속 여러분과 함께 가겠습니다. 감사합니다! 여러분, 사랑합니다.[7]

이 연설 영상을 보면 이재명은 한마디 한마디마다 온전히 감정을 실어 연설한다. 인간이 가지고 있는 강력한 신념이 만들어내는 에너지, 힘을 느낄 수 있다. 이 즉석연설에서 이재명은 평소에 가지고 있던 자신의 신념, 즉 '가슴속에 깊이 간직하고 있는, 변화하는 세상 속에서 모든 사람이 행복하게 살아가는'이라고 말하는 부분에서 모든 것을 토해내듯이 소리를 지른다. 사람들은 가짜로 소리만 지르는 것과, 진심 어린 감정이 담긴 표현을 구별할 수 있다. 사실 이런 폭발하듯 강한 에너지가 담긴 연설을 따라 하기 위해 열심히 흉내를 낸 정치인들도 있었지만 어색하다는 반응만 돌아왔을 뿐이다. 강렬한 에너지를 표출하는 연설은 단 한 번만으로도 사람들의 마음을 움직이고 변화하게 만들 수 있다.

노무현 전 대통령은 2002년 4월 17일, 포항실내체육관에서 열린 민주당 경북지역 대통령 후보 경선에서, '장인이 좌익이라는 이유로

아내를 버려야 하느냐'고 국민들을 향해 솔직한 심경을 표현하며 지지를 호소했다.

> 제 장인이 좌익활동 하다 돌아가셨습니다. 해방되는 해 실명해서 앞을 못 봐 무슨 일을 얼마나 했는지 모르겠지만, 제 처가 네 살 때 돌아가셨습니다. 저는 그 사실 알고도 결혼했습니다. 그래도 아들딸 잘 키우고 잘 살고 있습니다. 뭐가 잘못됐다는 겁니까.
>
> 사상도 지역도 연령도 하나로 합쳐야 할 시대에 왜 이런 얘기들을 끄집어내서 세상을 혼란케 합니까? 이런 아내를 버려야겠습니까? 그러면 대통령 자격이 생깁니까? 이 자리에서 여러분이 심판해주십시오. 여러분이 자격이 없다고 하신다면 대통령 후보 그만두겠습니다. 여러분이 하라고 하면 열심히 하겠습니다.[18]

1969년 7월 19일, 김대중 전 대통령은 효창공원에서 박정희 정권의 3선 개헌 반대 연설을 했다. 그는 한 명의 목소리로도 세상을 바꿀 수 있음을 이 연설을 통해 보여줬다. 격정적으로 소리를 지르며 국민에게 간절히 호소하는 듯한 그의 목소리에는 강한 신념이 담겨 있었다.

> 여러분, 나는 저기 계신 김구 선생과 세 열사의 무덤 앞에서 여러분 앞에 맹세합니다. 나는 피로써 여러분 앞에 맹세해! 나는 이 조국의 멸망과 국민을 불행의 진구렁 속으로 끌고 간 박정희 씨의 3선 개헌에 대해서는

이 사람의 정치적 생명뿐 아니라 육체적 생명까지 바쳐서라도 의정 단상에서 내 목숨을 걸고 싸울 것을 여러분 앞에 맹세합니다! [옳소! 함성] 우리들의 눈동자가 새까만 한, 국민 여러분이 자유와 조국에 대한 신념을 포기하지 않는 한, 우리는 결단코 박정희 씨의 망국적인 3선 개헌을 저지하고야 말 것이라는 것을 여러분 앞에 분명히 말씀한다, 그 말이여! 마지막으로 온갖 정성과 온갖 결심으로써 박정희 씨에게 마지막 충고하고 호소합니다! 박정희 씨여! 당신에게 이 나라 민주주의에 대한 일편의 양심이 있으면, 당신에게 국민과 역사를 두려워할 지각이 있으면, 당신에게 4·19와 6·25 때 죽은 우리 영령들 죽음의 값에 대한 책임이 있으면, 어떠한 일이 있더라도 3선 개헌만은 하지 말아야 한다![9]

건전한 신념을 가진 사람이 자신의 신념을 바탕으로 뜨겁게 말하면, 그의 말은 사람들의 귀가 아닌 가슴으로 파고든다. 대중을 상대로 한 연설에서 에너지 넘치는 말하기는 빠른 시간에 그들의 마음을 얻게 해주는 열쇠와 같다. 에너지가 담긴 연설, 파워 스피치는 신념과 말의 일치, '진정성'에 기초한다. 누구나 파워 스피치를 흉내 낼 수는 있지만, 누구나 파워 스피치를 할 수는 없다.

# 이재명의 소통법

04

소통이 중요하다는 것을 모르는 사람은 없을 것이다. 최근 한 연구 결과에 따르면, 협상에서 합의를 가능하게 해주는 요인은 내용이 8%, 절차가 37%, 사람이 55%라고 한다. 합의를 좌우하는 가장 큰 요인이 사람이라는 것은 그만큼 소통이 중요하다는 것을 시사한다. 물론 이는 누구나 잘 알고 있지만, 소통에는 객관식 문제처럼 딱 떨어지는 답이 있는 게 아니기 때문에 소통을 잘하기란 쉽지 않다.

세상에 공짜는 없다. 소통을 잘하려면 '아! 그때 이렇게 말할걸'이라고 개탄하는 부끄럽고 아픈 좌절의 경험을 반복하면서 소통 능력을 쌓고 배워가야 한다. 소통을 잘하는 사람은 대인관계를 원만하게 풀어가면서 사회생활을 잘하는 것은 물론이고 나아가 큰 성취를 이룰 수 있다. 따라서 열심히 소통 방법을 배우고 연습한다면 더욱 성공적이고 현명한 인생을 살아갈 수 있을 것이다.

어떤 종류의 말하기는 소통과 별 관련이 없다고 생각할 수 있다.

이를테면 토론이나 대담 등은 소통과 밀접한 관련이 있지만 대중을 상대로 하는 연설은 소통과 별 관련이 없다고 보는 것이다. 그러나 연설의 경우에도 '나는 말할 테니, 당신들은 그냥 들어라' 하는 식의 일방적 말하기가 있고, '저와 대화하면서 같이 생각하고 느껴봅시다' 하는 식의 소통형 말하기가 있다. 누군가가 소통을 잘한다는 것은 그가 토론이나 대담은 물론이고 연설 같은 말하기에서도 소통형 말하기를 한다는 것을 의미한다.

이재명이 대선 후보가 된 데는 대중과 소통을 잘한 것이 큰 영향을 미쳤다. 그렇다면 이재명의 소통법에는 어떤 특징이 있고, 그것에서 무엇을 배울 수 있을까?

이재명은 소통을 두려워하기는커녕 즐긴다. 마치 소통을 안 하면 입이 근질거려 못 사는 사람처럼 그는 언론 매체를 통해, 현장에서 사람들을 만나서, 그리고 SNS 등에서 대중과 끊임없이 소통을 한다. 그의 소통법에서 확인할 수 있는 가장 큰 특징은 그가 강자를 두려워하지 않는 반면 약자 앞에서는 너그러워지는 '강강약약'의 소통을 한다는 것이다.

대부분 사람들은 자기보다 사회적 위치가 낮거나 나이가 적은 사람들 앞에서 말할 때는 자신감을 가지지만, 자기보다 실력이 뛰어난 사람 혹은 회사 대표나 직장 상사처럼 자기보다 높은 위치에 있는 사람 앞에서는 긴장하거나 위축되어 편안한 소통을 하지 못한다. 그러나 이재명은 이른바 잘나가는 사람들 앞에서도 기가 죽지 않으며 오히려 당당하고 저돌적인 모습을 보인다. 그는 하버드대학에서 강의를 할 때도 "뭐야? 사람, 생각보다 별로 안 왔네요. 마이크가 하버드답지 않네"¹라고 말을 시작하며 기선 제압을 하는 모습을 보여주기도 했다. 반면에 아이들이나 노인들, 어려운 처지에 있는 사람들과 소통할 때 는 상대방의 양손을 잡아주거나 함께 눈물을 흘리기도 한다. 이런 이 재명의 강강약약 소통 스타일에 대해 호불호가 갈리는 것은 사실이지 만, 이재명의 소통은 늘 사회적 약자를 향해 있다.


## 경청, 상대에게 집중하기

소통을 잘하기 위해서는 무엇이 선행되어야 할까? 중요한 협상이나 미팅을 앞두고 어떻게 하면 상대를 설득할 수 있을까에 집중하는 사 람이 많지만, 사실은 어떻게 잘 들을까를 고민하는 것이 우선이다. 상 대에게 집중하여 상대의 말을 주의 깊게 들으면 소통은 물 흐르듯 흘 러간다.

이재명은 사람들과 소통할 때면 상대방과 눈을 맞추면서 그의 이야기에 몰입한다. 메모지를 들고 다니면서 상대의 이야기를 하나 라도 놓칠세라 꼼꼼하게 메모하기도 한다. 진지하게 경청하는 자세 는 상대방에게 자신을 존중한다는 느낌을 준다. 또 진지한 경청과 메 모 습관은 토론을 할 때 상대방의 의견에서 허점을 잡아 반박할 때도 유용하다.

심리학자 칼 로저스(Carl Rogers)는 소통에서 차지하는 적극적 경청의 중요성을 강조했다. 그에 의하면 적극적 경청이란, 단순히 수동적으로 듣기만 하는 것이 아니라 상대의 이야기(객관적 사실, 상대의 감정이나 인생철학 등)를 온몸으로 주의를 집중한 채 듣는 것이다. 로저스는 이와 함께 상대의 말에 적극적으로 '네~, 아하~' 등으로 맞장구를 치거나 추임새를 넣어주면서 듣는 것이 중요하다고 말한다.

이재명은 어느 맘카페 커뮤니티에서 주최한 토크콘서트에서, 한 싱글맘이 의견을 말하는 내내 미소를 지으며 그녀와 눈을 맞춘 채 경청을 했으며, 때때로 메모를 하기도 했다. 그리고 그 의견을 주의 깊게 듣고 나서는 "제가 오늘 또 하나 배웠어요. 맞는 말씀 같습니다. 제가 생각 못한 걸 생각하고 계시네요. 시간이, 시간이 문제다. 정말 연구해볼게요"[2]라고 대답했다. 상대방의 말이 끝나자마자 즉흥적으로 칭찬을 해준 것이다. 많이 배웠다며, 맞는 말씀이라며, 용기를 낸 싱글맘을 칭찬함으로써 그녀를 대중 앞에서 높여준 것이다. 이재명은 이와 같은 적극적 반응으로 상대를 편안하게 만들어주고, 다른 사람들도 자유롭게 발언할 수 있도록 소통의 문을 활짝 열어주었다. 소통의 시작이자 전제는 '상대에게 집중하는 것'이다. 상대를 주인공으로 만들어주는 사람과 대화하고 싶지 않은 사람이 있을까?

그렇다면 구체적으로 어떻게 경청해야 할까?

① 상대방의 말을 끊지 말고 3초 여유를 둔 후 답하기

상대방이 말을 하고 있는데 마음이 급해서 말을 끊어버린다면 상대는 기분이 상하고 마음을 닫아버릴 수 있다. 상대방의 말이 끝나기도 전

에 급하게 대답한다면 그는 불안해져서 서두르듯이 말을 빨리 하게 되거나 다음에 해야 할 말을 잊어버릴 수 있다. 상대방은 플레이(PLAY) 버튼이 눌러진 상태인데 계속해서 포즈(PAUSE) 버튼을 누른다면 좋은 대화나 소통을 하기 어려울 것이다.

② 효과적인 리액션

지나치게 '네 네 네!'라고 말하거나 반복적으로 고개를 끄덕거리는 등의 과장된 리액션은 상대방에게 '가식 아닌가?'란 거부감을 갖게 할 수 있다. 판소리 명창 옆에는 장단을 잘 맞추는 고수가 있듯이, 상대방이 3~4문장을 말하면 한 번 정도 고개를 끄덕거리거나 '아~!', '네~ 그렇죠', '맞아요' 정도의 적절한 리액션을 해주는 것이 좋다. 상대방은 신이 나서 즐겁게 말을 이어갈 것이다. 눈으로는 상대방의 눈을 편안하게 바라봐주고 상대가 불편해하는 것 같으면 살짝씩 이동해준다. 팔짱을 끼거나 턱을 들고 상대를 바라보는 등 교만해 보이는 자세는 지양하고, 상대방 쪽으로 몸을 살짝 기울여 다가가는 열린 자세를 보여준다면 소통이 더욱 원만해질 것이다.

③ 상대방이 자기 감정을 이야기하고 있다면 표정을 따라 하자.

대화를 하면서 자신이 신뢰받고 있다고 느끼는 경우 사람은 자신의 감정을 조금씩 표현하게 된다. 그 순간을 놓치지 말고 표정으로써 공감을 표현해야 한다. 예를 들어 상대방이 심각하거나 슬픈 이야기를 하고 있다면 양미간을 찌푸리면서 슬픈 마음을 표정으로 드러내며 공감해주고, 상대방이 기분 좋은 이야기를 하고 있다면 미소를 지음으로써 공감해준다. 상대방은 더 깊은 이야기를 꺼내고 감정을 드러낼 것이다. 만약 어렵다면 거울을 들고 다니면서 자신의 표정을 한번 체크해보자. 나는 나와 대화하고 싶은 사람인가?

④ 질문으로 관심을 표현하고 상대의 자긍심을 높여준다.
집요한 질문은 상대방에게 추궁하거나 캐묻는다는 부정적인 느낌을 준다. 자신의 호기심을 해소하기 위한 질문이 아닌, 상대방이 자기 자신의 이야기에 더욱 몰입하는 데 도움이 될 수 있는 질문을 해야 한다. 예를 들면 내가 상대방의 이야기에 빠져 있고 다음 이야기를 궁금해한다는 인상을 줄 수 있는 "그래서 어떻게 됐는데?"와 같은 꼬리질문을 이어가는 것이 좋다. 더불어 상대방이 자부심이나 자긍심을 느낄 수 있게 해주는 "그 어려운 걸 어떻게 한 거야?"와 같은 질문들도 좋다.


## 대중적 언어로 말하기


소통에 적합한 가장 좋은 말하기는 무엇일까? 내 말을 한 명이라도 더 많이 알아듣고 이해하도록 최대한 쉽게 말하는 것이다. 어려운 단어나 화려한 표현을 사용하면 더 수준 높은 말하기는 될 수 있겠지만, 내 말을 이해하는 사람이 별로 없다면 벽에 대고 혼잣말을 하는 것과 다르지 않을 것이다.

사실 자기가 말하고자 하는 내용에 대한 이해가 부족하면 설명이 어려워지는 법이다. 진정한 고수는 자신이 말하고자 하는 것을 아주 잘 이해하고 있기 때문에 대중이 알아듣기 쉽게 말할 수 있다. 대중이 이해할 수 없을 정도로 어렵게 말하는 사람은 우선 자신이 그 내용을 정확하게 이해하고 있는지부터 스스로에게 질문을 던져야 할 것이다. 자기도 정확하게 이해하지 못하고 있는 내용을 청중이 이해할 리 만무하지 않은가.

대중의 언어로 쉽게 말하는 것은 말하기를 통해 대중에게 무엇인가를 전달하는 직업에 종사하고 있는 사람들의 공통된 의무이기도 하다. 특히 사람들에게 진리를 알려주는 것을 사명으로 가지고 있는 지식인들은 청중의 눈높이에 맞는 말하기를 할 수 있도록 끊임없이 노력하고 연습함으로써 대중과 원만히 소통할 수 있는 능력을 갖추어야 한다.

이재명은 대중의 눈높이에 맞게 대중적 언어를 사용해 청중의 마음을 연다. 필요하다면 아주 통속적인 표현까지 써가며 대중을 이해시키기 위해 노력한다. 노무현 전 대통령과 김대중 전 대통령도 국민을 이해시키기 위해 필요하다면 주저없이 통속적인 표현을 사용했던 분들이다.

이재명은 우선 현장의 대중이 사용하는 언어를 적극 활용한다. 특정 지역이나 단체에 가서 말할 때는 그들의 언어를 사용하면서 친근감을 표현하곤 한다. 예를 들면 전라남도 여수에서는 "안녕하세요. 반갑습니다. 이재명입니다. 요새 세상이 좀 거시기한데 이럴 때일수록 좀 거시기해야겠죠?"³ 하고 전라도 사투리로 강연을 시작했다.

이재명은 또한 어려운 내용을 쉬운 말로 쉽게 설명하는 능력이 탁월하다. 그는 이른바 '보수는 부패로 망하고 진보는 분열로 망한다'는 내용을 다음과 같이 쉽게 설명한다.

이상해요. 소위 기득권자들은요, 막 싸우다가도 먹을거리 보면 언제 싸웠냐는 듯이 화~악, 절대로 안 헤어져. 그죠? 싸우다가도 딱 실제로 이익이 생기거나 자기들의 세력에 문제가 생기면 진짜 단결 잘합니다. 언제 그랬냐는 듯이. 그런데 우리는 열심히 하다가도, 저 앞의 고지가 바로 여긴데, 고지 바로 밑에서 "저놈 저거 기분 나쁘네. 에이 니 혼자 해라, 나는 가야 되겠다." (다른 곳으로 걸어가는 시늉) 이거 왜 이럴까요? 뭐, 이유는 있죠. 기득권자들은 이 시스템을 이용해서 자기 해먹을려고 하는 이기적인 인간들이에요. 그러니까 그게 먹고사는 길이라서 거기서 자기 먹을 게 생겨요. 그런데 이 공익을 추구하는 사람들은, 공공의 이익을 추구하는 사람들은 자기 개인적 이익 때문에 하는 게 아니라 이상 때문에 하는 거예요. 그래서 자기 이상과 안 맞으면 이익 때문에 뭉치는 일은 없어요.⁴

이재명은 국민을 비하하는 당시 집권당(자유한국당) 대표의 말을 활용하며 복지나 기본소득을 반대하는 기득권층의 심리를 다음과 같이 아주 쉽고 재밌게 설명하고 있다.

국민한테 돈 주면 게을러진다, 나태해진다. 이거 집권당 대표가 공식 석

상에서 한 말입니다. (…) 집권당 대표가 국민들한테 한 말이에요. 국민들한테 뭘 많이 주면 나태해진다. 어떤 사람이 이렇게 말했죠. 국민은 개돼지라고. [웃음] 어, 진짜 그렇게 말했어요. 파면당했다던데? 제가 보기엔 그게 그 사람들의 진심이에요. 국민은 뭘 많이 주면 게을러지는, 버릇 나빠지는 개돼지죠. 제가 청년배당 한다고 했더니 그런 거 하면 젊은이들 게을러진대요. 아니 1년에 100만 원, 딱 1년만 100만 원 주면 게을러지겠어요? 100만 원만 주면 '아~ 게을러져야지', 팔자 폈어요? 그러니까 복지라고 하면 선진국으로 가면 국민이 나라의 주인이라는 사실을 명확하게 인정하면 그것은 낭비가 아니라 국민의 권리고 국가의 의무인 거죠. 그런데 후진국으로 갈수록 나라의 주인이 아니라 지배 대상이죠. 잘못하면 버릇 나빠지는 개돼지.[5]

이재명은 또한 명확한 의미 전달을 위해 통속적인 말하기를 적극 활용한다. 노무현 전 대통령도 아래 연설에서 보듯 통속적인 표현을 자주 사용했다.

제가 생각하는 이상적인 사회는 더불어 사는 사람 모두가 먹는 것 입는 것 이런 걱정 좀 안 하고, 더럽고 아니꼬운 꼬라지 좀 안 보고, 그래서 하루하루가 좀 신명나게 이어지는 그런 세상이라고 생각을 합니다. 만일 이런 세상이 좀 지나친 욕심이라면 적어도 살기가 힘이 들어서, 아니면 분하고 서러워서 스스로 목숨을 끊는 그런 일은 좀 없는 세상, 이런 것이라고 생각합니다.

이 연설에서처럼 노무현 전 대통령은 '아니꼽다', '꼬라지'와 같은 통속적이고 서민적인 표현을 자주 사용했는데, 이것이 그의 트레이드 마크처럼 되기도 했다. 이재명도 노무현 전 대통령 못지않은 통속적인 말하기의 대가다. 그는 한 거리 연설에서 영화 〈베테랑〉의 그 유명한 대사를 차용해 "우리가 힘이 없고 돈이 없지만, 가오가 없는 건 아닙니다, 여러분!"이라고 말하기도 했다. 그의 어록을 찾아보면 정말로 재미있는 통속적 표현이 많다. 물론 그것들을 모두 정확하거나 올바른 표현이라고 할 수는 없겠지만, 적재적소에 사용되는 통속적 표현들은 사람들의 가려운 속을 시원하게 긁어준다. 억울하고 답답한 국민 입장에서는 당연히 통쾌할 수밖에 없을 것이다. 이재명의 통속적 말하기 중에서 일부를 소개하면 다음과 같다.

그러니까 세금을 국민들이 내면 그 세금을 국민을 위해 써야 되는 돈이라는 생각을 하는 게 아니고 마치 삥 뜯은 것처럼 생각하는 경향이 있어요. 강제로 이렇게 뺏은 거, 강제로 걷었다, 이렇게 생각하는 거죠. 그러니까 이걸 국민들을 위해 쓰면 돈 아깝다, 저 사람들한테 이 복지, 이런 걸 많이 하면 게을러지는데 이거. 왜 그런 표정으로 보세요? 이거 내가 한 말 아닙니다. 이거 김무성 대표가 한 말이에요.[6]

대한민국에 지금 100대 부자를 조사를 하니까, 그 불평등하다는 미국도 80퍼센트가 넘는 사람이 자수성가한 사람이에요. 근데 대한민국은 80몇 퍼센트가 대부분 할배, 아부지한테 물려받은 사람들이에요. 이게 무슨 재미로 창업을 하고 사업을 하겠습니까?[7]

그래서 일자리 50만 개 만드는 거 금방 할 수 있어요. 요거 52시간제 어기고 일하는 게 대부분 대기업인데. 이 대기업들, 그게 실제 사주, 바지 사장 말고 실제 사장, 그 노동법 위반으로 잡아다가 바로 구속시킨 다음에 9시 뉴스 내면 일자리 50만 개 바로 생깁니다.[8]

이재명은 이런 식으로 '빽', '할배', '바지 사장'과 같은 통속적이고 서민적인 표현을 자주 사용한다. 사실 매번 우아하고 멋진 말만 하는 사람보다는 가끔은 통속적인 구수한 언어를 쓰는 사람이 더 인간미가 있다. 정치인도 사람이다. 품위도 중요하지만 국민들이 속상하고 억울한 순간에는 품위 따위 과감히 내던지고 대중적 언어로 말할 줄 알아야 한다. 국민은 그런 정치인을 사랑하기 마련이다.

## 통하는 비유는 따로 있다

"어서 오세요."
"후두암 1미리 주세요."
"폐암 하나 주세요."
　한때 이슈가 됐던 공익광고의 대사 중 일부다. 담배가 얼마나 큰 질병을 초래할 수 있는지를 간결하게 표현함으로써 흡연에 대한 경각

심을 촉구하고 있다. 이렇게 단 몇 초의 순간에 그 의미를 전달해야 하는 광고에서도 비유의 효과는 강력하다. 대중을 상대로 말하는 정치인은 무엇보다 사람들이 이해하기 쉽게 말해야 한다. 비유법은 쉽고 효과적으로 의미를 전달하게 해준다.

① 청중이 알 만한 예시를 비유로 들어 말한다.

대상에 따라 비유도 달라져야 한다. 청중이 자주 접하고 익숙한 것에 비유하면 그들은 금방 알아들으며 친밀감까지 느낄 수 있다. 이재명이 성남시장으로 재직하던 2016년 7월, 관청에 로비를 하려는 이들을 원천봉쇄하겠다는 원칙을 밝히면서 했던 말이다.

> 그게 보여요. 마음으로 하는 사람과 겉모양으로 하는 사람은. 여러분도 알잖아요. 여러분 친구 보면 알잖아요. 저 친구가 나한테 이렇게 하는데, 저 마음이 어떨지 다 읽혀요. 나는 읽을 수 있는데 세상 사람들은 내 마음을 못 읽을 것 같습니까? 하다못해 저 앞에 정문 옆에 있는 행복이(개 이름)도 지나가는 사람이 자기 좋아하는지 싫어하는지 알아요. 마음으로 안다고요. 자기한테 적대감을 가지고 있는 사람을 보면 짖어요. 으르렁거리고. 그런데 정말로 애정을 갖고 있는 사람은 다 알아봅니다. 마음으로 느낀다니까요. 사람이 모를 것 같습니까?[9]

이재명은 시청 직원들이 너무나 잘 알고 있는 정문 옆의 강아지를 소재 삼아 비유적으로 설명했다. 즉 동물도 사람의 마음을 읽는데 사람이 사람의 진심을 못 알아보겠냐며 쉽게 이해하도록 설명한 것이다.

이재명은 2021년 11월 경북대학교 강연에서는 현대 사회의 경쟁이 마치 전쟁처럼 치열하고 잔혹하다는 것을, 학생들이 잘 알고 있는 드라마 〈오징어 게임〉에 비유했다.

> 제가 안타까운 것은 경쟁이 경쟁이 아니고 전쟁이 돼버렸고, 친구가 이 전쟁을 통해서 적이 되어버리더라. 그게 정말로 안타깝고. 그리고 기회의 폭이 좁다 보니까 경쟁을 할 때는 마치 '오징어 게임'의 편짜기처럼, 하여튼 이런저런 형태로 편을 짜서 상대가 죽어야 내가 사는 그런 상황 속에 놓여 있는 거죠.[10]

이렇게 청중이 알 만하거나 익숙한 예시를 비유로 들어 말했을 때 관심도가 올라가고 이해도도 높아진다. 40대 이상의 청중이 있는 자리에서는 자녀 교육을 예시로 들고, 20~30대 청년들과의 자리에서는 취업이나 직장생활을 예시로 들어 비유적으로 설명한다면 관심도와 이해도가 높아질 수밖에 없을 것이다.

② 어려운 말도 쉽게 이해할 수 있게 해주는 비유

> 아이를 낳으면 제 발로 걸을 수 있을 때까지 키워줘야지 몇 번 넘어졌다고 안 키워주면 어떻게 합니까? 낳았으면 책임져 주십시오![11]

노무현 전 대통령은 2002년 대선 당시 광주·전남 지역의 지지 교수들과 대화하는 자리에서, 후보직을 사퇴하라면서 민주당의 공식 후보인 자신을 흔들어대는 상황을 부모와 아이의 관계에 비유하며 지지를 호소했다. 즉 부모는 아이를 낳으면 제 발로 걸을 수 있을 때까지 키워줘야 한다면서, 비록 자신이 부족하지만 민주당이 선출한 대선 후보이므로 끝까지 책임지고 도와줘야 한다는 것을 아이의 걸음마에 비유해 공감을 이끌어낸 것이다. 이렇게 어떤 주장을 할 때, 특히 사람들이 어려워하거나 다소 민감하게 받아들일 수 있는 주장을 할 때는 금방 납득할 수 있는 것에 비유하는 게 좋다.

이재명도 어려운 내용을 이해하기 쉬운 것에 비유해 설명하는 데 능하다. 그는 청년들의 성장 가능성을 부정적인 말로 막으면 안 된다는 주장을 벼룩에 비유해 설명했다.

> 벼룩은 툭 툭 튀잖아요. 얘를 못 튀게 투명 천장을 만들면 자꾸 부딪히잖아요, 머리에. 나중에 천장을 치워도 그 이상은 못 튀어요. 사람도 마찬가지라서 어린 세대한테는 부정적인 이야기를 하면 안 돼요. "이건 안 돼! 네가 뭘 한다고!" 이러면 끝이에요. "너는 안 돼"보다는 "넌 할 수 있어"라는 말 한마디가. 저는 어머니의 '할 수 있다', 그 한마디로 여기까지 온 거죠.[12]

③ 하나의 단어에 직접 비유한다.

과녁을 향해 화살을 쏴 단번에 명중시키듯, 어떤 것을 하나의 단어에

다 시원하게 비유할 수 있다. 즉 어떤 사물·현상을 다른 사물·현상에 직접적으로 연결하는 비유법이다. 'A=B이다'라는 방식으로 하나의 단어에 비유하는 것은 의미를 쉽게 이해할 수 있게 해주는 것은 물론이고 그 의미를 더 넓은 범위로 확장할 수 있게 해준다.

"내 마음은 호수요."

이런 비유는 원관념인 '내 마음'을 보조관념인 '호수'에 빗대어 표현함으로써 '내 마음이 호수처럼 넓다'는 것으로 그 의미를 확장해준다. 이렇게 비유법 중 하나인 은유법을 적절히 사용하면 그 내용을 사람들의 뇌리에 강렬하게 심어주어 오랫동안 기억할 수 있게 해주고, 그 의미를 풍부하게 만들어줄 수 있다. 이재명은 2016년 11월 18일 대구 연설에서 대통령을 머슴에 비유했다.

> 대통령은 특별한 존재가 아닙니다. 우리가 낸 세금으로 월급을 받는, 우리가 고용한 머슴일 뿐입니다. 이 머슴이 잘못하면 책임을 물어야 되고, 죄를 지으면 처벌받아야 하고, 나쁜 짓을 하면 혼나야 되는 것은 우리 국민 모두가 공평하기 때문에 대통령도 예외가 돼서는 안 됩니다, 여러분! [함성, 박수] 박근혜 대통령은 국헌 문란과 조직적 범죄의 수괴의 책임을 지고 대통령직에서 물러나야 할 뿐만 아니라 청와대를 나서는 순간 바로 교도소로 직행해야 됩니다, 여러분![13]

이재명은 대통령을 '머슴'이라는 단어에 비유함으로써, 대통령을 국민 위에 있는 높은 존재라고 은연중 생각할 수도 있었던 사람들이 "아! 그렇지. 대통령은 국민을 대변해야 하는, 국민이 고용한 공무원이지!"라고 생각할 수 있도록 만들었다. 그는 또 공무원에게 뇌물을 주는 사업가들을 '마귀'에 비유했다.

> 관청 근처에서 관청의 힘을 빌려가지고 사업을 한번 해보겠다는 사람들, 제가 누누이 얘기하는 것처럼 이런 사람은 '마귀'예요. 천사의 얼굴을 한 마귀란 말입니다.[14]

이재명은 2021년 9월 〈김어준의 다스뵈이다〉에 출연했을 때, '말한 그대로 행동하는' 자신의 성향과 실천력을 '실탄'에 비유했다.

> 저는 빈말 안 하거든요. 저를 무서워하는 사람도 있다고 하더군요. 저, 진짜 말한 대로 하거든요. 쏠 때는 반드시 실탄으로 쏴야 합니다.[15]

그는 '나는 공포탄 같은 것은 안 쏜다', '이재명은 반드시 실행한다'는 것을 '실탄'이라는 단어에 비유함으로써 강렬한 인상을 심어줬다. 이는 다소 자극적일 수 있지만 쉽게 와닿는 표현임이 분명하다.


## 마음을 움직이는 공감

사람들이 국민MC라고까지 불리는 유재석을 좋아하는 이유는 그가

'깊은 공감 능력'을 가지고 있어서다. 그는 〈유퀴즈 온더블럭〉이라는 토크 프로그램에서, 코로나 위기를 극복하기 위해 자진하여 코로나 현장에서 위험을 무릅쓰며 환자들을 돌보고 있는 간호사와 인터뷰를 한 적이 있다. 유재석은 인터뷰를 마무리하면서 '마지막으로 가족들에게 하고 싶은 말이 있냐'라고 질문했다. 간호사는 짧게 '괜찮다'고 답하면서 유재석의 눈을 피했다. 그러자 유재석은 눈물이 그렁한 눈으로 간호사를 바라보면서 "밝게 이야기하시는데, 마음이…"라고 말하고는 약 10초간 눈물을 닦았다. 이 때문에 방송이 잠깐 지연되기도 했다. 아마 유재석의 눈물을 본 그 간호사는 자기들을 대신해 울어주는 유재석의 모습을 보며 마음이 치유되는 느낌을 받았을 것이다.

아끼는 누군가에게 위로가 필요한 순간 우리는 어떤 말을 해줘야 할까? 어떤 말을 해주면 상대가 치유될 수 있을까? 최고의 위로는 몇 마디 말보다 상대의 마음에 깊이 공감해주고 함께 아파하며 대신 눈물을 흘려주는 것이다. 공감보다 더 큰 위로는 없을 것이다. 아무리 시대가 빠르게 변해도 절대 기계가 대체할 수 없는, 인간만이 가진 보석 같은 능력 중 하나가 바로 공감 능력이다.

국가 지도자에게 공감 능력은 반드시 필요한 역량 중 하나다. 전 국민이 충격과 혼란에 빠졌던 2014년 4월 16일, 세월호 사건이 발생했던 그 순간 국가 지도자는 어떤 말로 국민들의 비통함을 달래주고 위로하며 국민과 소통해야 했을까? 세월호 참사 당일 7시간이나 자신이 있어야 할 자리를 비워두었던 박근혜는 2014년 5월 세월호 대국민 담화 자리에서, "그들을 지켜주지 못하고, 그 가족들의 여행길을 지켜주지 못해 대통령으로서 비애감이 듭니다. 이번 사고에 제대로 대처하지 못한 최종 책임은 대통령인 저에게 있습니다"[16]라고 말했다. 그러고는 울먹이는 목소리로 세월호 침몰로 숨진 학생들과 승무원들의 이름을 호명하고는 "그들에게서 대한민국의 희망을 봅니다"라고 말했다. 그녀의 눈에서 눈물이 한 방울 흘러나왔다. 하지만 마치 어느 대목에서 억지로 울어야겠다고 작정한 사람처럼 뜬금없이 툭 하고 나오는 눈물에 대한 사람들의 반응은 싸늘했다.

구구절절 좋은 말들을 나열했지만 책을 읽는 듯한 단조로운 말투와 아무런 감정이 없어 보이는 표정, 거기에 억지로 쥐어짠 듯한 눈물 한 방울에 국민들이 좋은 반응을 보일 리 없었다. 실제로 '악어의 눈물', '가식적인 눈물'이라는 반응이 주를 이뤘다. 공감에 기초하지 않은, 진심이 담겨 있지 않은 감정 표현은 누구에게도 감동을 줄 수 없다. 오히려 가식적인 모습으로 반감을 살 뿐이다.

오바마 대통령은 2015년 6월, 흑인들이 주로 다니는 교회에서 한 백인 청년(당시 21세)이 총기를 난사해 흑인 9명이 사망한 사건의 희생자 장례식에 참석해 '어메이징 그레이스'라는 명연설을 남겼다. 그는 흑인들이 영적인 찬송가로 간주하는 〈어메이징 그레이스〉를 불러 흑인과 백인 모두에게 큰 감동을 불러일으켰다. 오바마가 '어메~이~징 그레~이스'라는 첫 마디를 떼는 순간 장례식장의 모든 사람이 일어나 미소를 지으며 다 함께 노래를 따라 불렀다. 〈어메이징 그레이스〉의 가사를 지은 존 뉴턴은 흑인 노예선의 선장이었다. 이 노래는 노예에 대한 참회이자 위로의 노래였다. 오바마는 '참회하고 위로하고 그리고 용서하자'라는 메시지를 노래에 담아 불렀다. 그리고 사망자들의 이름을 하나하나 힘을 주어 부르며 축도했다. 한 소절의 노래로 자칫 분열될 수 있는 지역사회를 통합시켰다. 유가족에게도 깊은 감동을 주었다.

엄숙한 장례식장에서 노래를 부르는 행동은 굉장히 어색할 수도 있고, 누군가는 반감을 가질 수도 있었을 것이다. 하지만 오바마는 상황에 잘 맞는 노래, 모두가 공감할 만한 노래를 택했다. 더욱이 그 노래에는 희생자들과 유가족들의 비통한 마음에 공감하는 오바마의 진심이 담겨 있었기에 사람들의 가슴을 뭉클하게 만들 수 있었던 것이다. 실제로 이 영상을 보면 첫 소절을 듣자마자 가슴이 찡해지는 감정을 체험할 수 있다.

또 오바마 대통령은 2011년 미국 애리조나 총기난사 사건 추모식에서, 추도사 도중 감정을 추스르느라 51초간 연설을 중단했다. 침묵이 길어지자 청중은 환호성으로 오바마를 격려했다. 국민들과 깊은 감정적 소통을 하는 순간이었다.《뉴욕 타임스》를 비롯한 미국의 주요 언론은 오바마 재임 2년 중 가장 극적인 순간 가운데 하나로 기억될 것이라고 평가했다. 누군가는 10분 넘게 구구절절 좋은 말만 했는데도 국민의 반응은 싸늘했고, 누구는 51초간이나 침묵을 했는데도 뜨거운 반응을 이끌어냈다. 화려하고 장황한 말이 아니더라도 그것이 공감에 바탕을 두고 있다면, 아주 간단한 말조차 사람들의 마음에 깊은 흔적을 남길 수 있다. 그러나 공감을 바탕으로 하지 않은 말은 그것이 제아무리 화려하고 현란해도 사람들의 마음에 그 어떤 파문도 남기지 못하는, 빈 껍데기만 있는 헛된 말에 불과하다.

2017년 박근혜 탄핵이 결정된 순간 세월호 유가족이 눈물을 흘리며 좋아하자, 이재명은 눈물을 글썽이며 유가족을 한 명 한 명 따뜻하게 안아주었다. 상대방의 감정에 초점을 맞춰 소통을 한 것이다. 그는 "얼마나 억울하겠어"라고 말하며 유가족의 손을 잡으면서 이렇게 절규했다.

> 지금 새로 시작해야 됩니다. 국가의 이름으로 수없이 많은 사람들을 죽였습니다. (…) 이제 아이들을 건져와야죠. 국가가 국민을 위해 존재한다는 사실을 (울먹거리며) 우리는 꼭 보여줘야 됩니다.[7]

이재명은 구구절절한 말 대신 울어주고 안아줌으로써 세월호 유가족의 마음에 공감을 표했다. 서로의 감정이 공유되는 경험을 통해 세월호 가족들은 말로는 도저히 불가능한 큰 위로를 받을 수 있었다.

이재명은 현장에서 사람들과 깊게 소통하며 감정을 나누는 것을 좋아한다. 친근한 이웃처럼 사람들과 부둥켜안고 눈물을 글썽거리며, 얼마나 억울하겠냐며 토닥거려주는 모습에 유가족은 오히려 이재명을 위로하고 '파이팅, 파이팅'을 외치며 격려해준다. 대신 울어준다는 것, 내 슬픔과 아픔을 대변하기 위해 누군가 목이 터지도록 외쳐준다는 것. 국가 재난의 순간, 슬픔과 비통의 순간에는 미사여구가 가득한 멋들어진 말보다는 나의 마음에 공감해주고 나 대신 울어주는 것이 국민들의 마음 치유에 더 효과적이다.

또 이재명은 감정을 담아 말함으로써 대중이 자기에게 공감하도록 이끄는 데도 탁월하다. 그는 2021년 12월 군산 공설시장을 방문했을 때, 계속되는 자기 가족에 대한 공격, 자기 출신에 대한 공격에 대해 감정적으로 호소하면서 자신의 입장을 밝혔다.

제가 출신이 비천합니다. 비천한 집안이라서 주변에 뒤지면은 더러운 게 많이 나옵니다. 제가 태어난 걸 어떡하겠어요? 그러나 진흙 속에서도 꽃은 피지 않습니까? 제 잘못이 아니니까. 제 출신이, 제 출신이 비천함은 제 잘못이 아니니까 저를 탓하지 말아주십시오. 저는 그 속에서도 최선을 다했습니다. 우리 국민이 나라의 주인이니 나는 머슴이라는 생각으로 주인의 뜻을 철저하게 따르겠습니다. 좋은 일이라 생각해도, 확신이 들어도 물어서 하겠습니다. 그러나 끝까지 설득을 포기하지 않을 겁니다. 그래서 우리가 가야 될 길, 이 잘못된 가짜 뉴스에 속아가지고 자기 발등을 찍는 이 애절한 국민들을 설득해서 진실을 전달하고, 그 속에서 바른 길을 찾아서 손 함께 잡고 앞으로 앞으로 반 발짝씩이라도 나가겠습니다. 여러분![18]

'제가 비천하게 태어난 걸 어떡하겠느냐'는 감정적 호소는 듣는 이들에게 눈시울을 붉히게끔 만든다. '애절한 국민'이라는 감정적인 단어의 사용으로 호소력이 더 짙어진다. 이재명은 또한 자신의 진심과 진실을 말할 때 가슴에 손을 자연스럽게 얹는 비언어적인 메시지로 진정성을 표현했다. 가슴에 손을 올리는 이런 제스처는 슬픔이나 아픔의 순간 말보다 더 강한 공감을 이끌어낼 수 있다. 이렇게 그는 진실된 표현과 제스처를 통해 극적인 효과를 이끌어낸다.

살다 보면 누구에게나 죽음, 이별, 실직 등 혼자만의 의지로는 도저히 이겨낼 수 없는 고통스러운 순간이 온다. 절실히 위로가 필요한 순간, 혼자의 힘으로는 도저히 일어날 수 없는 가혹한 순간, 사람들의 마음을 다독이고 부축해 일으켜 다시금 잘해보겠노라고 다짐하게 만드는 것은 논리가 아닌 감정을 담은 말하기다.

이재명의
대응법

05

세상을 살아가다 보면 누군가의 비판이나 공격을 받게 될 때도 있고, 위기가 닥쳐올 때도 있다. 이때 어떻게 대응하는지에 따라 인생은 크게 달라질 수 있다. 위기에 잘 대응하면 승승장구할 수도 있지만, 위기에 제대로 대응하지 못하면 그 자리에 주저앉게 될 수도 있다. 위기 상황에 대응하는 방식은 사람마다 다르다. 그렇다면 이재명의 대응 방식은 어떤 것일까? 말하기에 대한 관찰을 통해 그의 대응 방식을 살펴보자.

## 정면 돌파: 핵심을 회피하지 않는다

갑자기 사방팔방에서 돌이 날아오면 일단은 몸을 움츠리거나 안전한 곳에 숨으려고 하기 쉽다. 이런 식으로 대응하는 것을 방어적·수세적 대응이라고 할 수 있다. 반면에 날아오는 돌에 맞아 피를 철철 흘리면서도 자기 자리에 버티고 서서 공격자들을 향해 돌을 던지는 것을 공세적 대응 혹은 정면 돌파식 대응이라고 할 수 있다. 위기를 정면 돌파하기로 유명했던 노무현 전 대통령의 비서관이었던 윤태영은 정면 돌파의 중요성에 대해 다음과 같이 말했다.

> 확고한 소신과 이를 바탕으로 한 정면 돌파가 중요하다. (…) 노 대통령처럼 자신의 생각을 당당하게 주장하고 전개하는 것이 말 잘하는 사람으로 가는 첫걸음이다. (…) 말하기의 기본은 문제의 핵심이나 본질을 회피하지 않는 자세다. (…) 소신에 찬 발언이 단기적으로는 작은 논란과 불이익을 초래할 수도 있다. 그러나 긴 안목으로 보면 결코 나쁘지 않다. 어느 날 문득 '소신이 뚜렷하고 생각이 분명한 사람'이라는 평가 위에 서 있는 자신을 발견하게 될 것이다.[1]

이재명도 노무현 전 대통령처럼, 비판이나 공격을 받았을 때 혹은 위기가 닥쳐왔을 때 정면 돌파하는 방식으로 대응한다. 이것은 무엇보다 그가 어려운 질문을 받아도 그것을 회피하지 않으며 명쾌하고 분명한 대답을 하는 데서 나타난다.

2016년 한 인터넷 방송에 출연한 이재명은 긴 세월 동안 자신을 끈질기게 따라다니며 괴롭히던 여배우 스캔들과 관련한 기습 질문을 받았다. 사회자가 조심스럽게 "예전에 이분과 같이 데이트도 했다는 얘기 들었는데?"라고 말하자 이재명은 "김부선?" 하고 대답했다. 예상을 깨는 너무나 과감하고 솔직한 대답 때문에 두 사람은 모두 의자 뒤로 머리를 한껏 젖히면서 박장대소했다. 한참을 웃은 후 이재명은 "그건 사실이 아예 아닌데"라고 말하고는 다시 웃었다.[2] 굉장히 기분 나쁠 수 있는 질문에도 거침없이 솔직하게 답변하는 모습은 그가 문제를 감추거나 위기로부터 도망치는 것이 아니라 정면으로 대응하는 사람임을 보여준다.

이재명은 자신의 결함이나 약점이라고 할 수 있는 부분을 공격당해도 변명하거나 도망치지 않고 정면으로 대응한다.

**김어준** : 경선 과정을 거치면서 대중의 인식과 만나다 보면, 정확하게 말하면, '아! 이 지점에서 내가 가장 오해받고 있구나', 그걸 확인하게 되잖아요.

**이재명** : 그런 거죠, 뭐. 인격적으로 미성숙한 거 아니냐. 왜 욕했냐. 사람이 살다 보면 욕도 하고 하는데, 보통은 기억에서 지워지잖아요. 디지털 세상의 무서움인데, 돌아다니니까. 인품에 문제가 있다, 너무 과격한 거 아니냐, 너무 거칠다, 확 저질러서 집행해버리고, (…) 이런 불안감을 좀 느끼시는 게 있는 것 같아요. 심지어 제 얼굴을 보고 '어? 생각한 거하고 좀 다르게 생겼네요' 이런 분도 많아요.

**김어준** : 음, 직접 보고 나서는.

**이재명** : 어 되게 귀여운데? (김어준의 엄청난 폭소) 인민군들, 뿔난 인민군, 그런 생각을 갖고 있는 거죠.

**김어준** : 언론의 그런 이미지만 익숙한 사람들한테는 '뿔났다', '독하다',

'모난 사람이다' 이런 이미지가 있다는 거죠?

**이재명** : 그렇죠. 그런 것들을 계속 이제 부추기는 세력도 있고. 유효한 공격이니까요. 이제 요즘은 그런 생각 하죠. 어떻게 좋은 것만 가지겠어요, 산이 높으면 계곡도 깊은 건데. 국가 행정 최고책임자한테 기대하는 게 뭘까. 1번, '내가 고용한 일꾼이니까 일 잘해서 나한테 좀 득을 주지 않을까'라는 기대가 하나 있는 것 같고요. 또 한 가지는 '나를 대표하는 사람인데 우아하고 그랬으면 좋겠다'. 이 두 가지가 동시에 있는 것 같습니다.

**김어준** : 그렇죠.

**이재명** : 둘 다 갖추면 좋은데, 저는 개인적으로는 품격도 떨어진다고 생각진 않지만. [웃음] 세상이 그렇게 생각하니 할 수 없고. 저는 이제 우리 국민의 삶을 바꿔주는 대리인, 일꾼 역할을 좀 잘해왔고 앞으로도 잘할 것이다. 용기와 결단력, 추진력은 있다. 기득권에 굴복하지 않겠다. 이런 점들을 이제 보여주는 것 자체가 제가 할 수 있는 최대치인 것 같아요.[3]

이 장면은 자신의 부정적인 부분, 약점에 이재명이 어떻게 대처하는지를 잘 보여준다. 보통 이런 질문을 받게 되면 회피하거나 면피용으로 아주 간단하게만 언급하고 넘어가는 사람들이 많다. 그러나 이재명은 스스로 욕설 사건을 언급하며 '이재명은 인품에 문제가 있다', '과격하다'와 같은 세간의 악평들까지 구체적으로 거론함으로써 적나라하게 자신을 드러냈다. 심지어는 자신을 한국인들이 기피하고 혐오하는 '뿔난 인민군'으로 표현하면서까지 자기에 대한 부정적인 인식을 덤덤하게 이야기했다. 그러고는 '산이 높으면 계곡도 깊다'는 은유적 표현을 사용하며 정면 돌파를 시작한다. 즉 '불인정 - 변명 - 회피'가 아니라 '과감한 인정 - 정면 돌파'의 흐름을 따라 발언을 한 것이다.

이 장면은 이재명 특유의 정면 돌파 방식만이 아니라 그가 대단히 영리한 말하기를 한다는 것을 보여준다. 처음에는 본인의 단점으로 말하기를 시작했지만, 마지막에는 '국민이 기대하는 것이 뭘까'에 대한 해답, '내가 할 수 있는 것과 없는 것에 대한 명확한 구분', '자신의 강점에 대한 어필'로 마무리했다. 통상적으로 끝부분의 발언이 청중의 기억에 남을 확률이 높은데, 자신의 장점을 부각시키며 자연스럽게 마무리한 것이다. 이렇게 이재명은 자기비하적 유머로 말을 시작했지만 사람들에게 여운이 남는 마지막 마무리에서 자신의 강점을 부각시키는 대단히 똑똑한 말하기를 선보이고 있다.

이재명의 정면 돌파 방식은 그가 애매모호하거나 두루뭉술한 대답이 아니라 딱 부러지는 대답을 하는 것에서도 드러난다. 그는 경기도지사 시절 계곡 불법점거물 철거를 반대하는 상인들과 토론을 할 때, 한 상인이 '유예'라도 해달라고 요청하자 단호하게 "유예는 불가능합니다. 그러니까 현재 상태에서 가능한 방안을 찾는 게 현실적"이라고 대답했다.[4] 그러고는 다음과 같이 말했다.

저는 말씀드릴 때, 저는 액면대로 합니다. 정치적 함의, 이런 거 없어요. 말한 대로입니다. (조금 전에 발언했던 주민을 쳐다보면서 미소를 지으며) 그래서 이상한 사람 취급받는 겁니다. 싫어하는 사람도 많고.[5]

이재명은 예전부터 자신이 정치적 유불리에 따른 애매모호한 말을 하지 않으며 정치적 함의가 있는 표현도 하지 않는다고 주장해왔다. 이는 상인의 요청에 조금의 망설임도 없이 '유예는 불가능합니다'라고 대답하는 모습에서도 확인할 수 있다. 자기 소신을 분명하게 표현하거나 '된다, 안 된다'는 식으로 명쾌하게 답할 수 있으려면 욕먹는 걸 두려워하지 않아야 한다. 이재명은 욕먹는 걸 별로 두려워하지 않는다.

이재명은 상대방의 비판이나 공격이 부당한 경우, 자신이 옳다고 믿는 경우에는 절대 뒤로 물러서지 않는다. 강하게 맞대응하며 정면돌파한다. 국정감사장에서 한 야당 의원이 이재명의 '국민의 짐' 발언을 두고 거칠게 몰아붙였지만 그는 끝까지 물러서지 않았다.

**야당 의원** : 일베 수준의 조작과 선동, 이러니 국민의 짐!

**이재명** : (헤헤헤)

**야당 의원** : 그런 말씀 하셨죠?

**이재명** : 네.

**야당 의원** : 잘하셨습니까?

**이재명** : '짐이라는 조롱을 듣는 이유다', 이렇게 말했습니다.

**야당 의원** : 제1야당의 당명에 국민의 짐이 뭡니까?

**이재명** : 아니, 그런 얘기를 들을 정도로 하시면 안 된다, 이런 충고를 드린 거예요.

**야당 의원** : 지사님이 그런 말 할 수준이 됩니까?

**이재명** : 수준은 모르겠고 국민의 한 사람으로서 충분히 말할 수 있다고 생각합니다.

**야당 의원** : 제1야당에 예의를 지키란 말입니다.

**이재명** : 그럼 박수영 의원님은 왜 예의를 안 지키십니까?

**야당 의원** : 그건 박수영 의원이고 제1야당에 예의를 지키란 말입니다.

**이재명** : 전 충분히 지켰다고 생각합니다.

**야당 의원** : 국민의 짐이라면서! 그게 예의를 지킨 겁니까?

**이재명** : 아니, 그런 얘기 들을 수 있으니 조심하시라는 겁니다.

**야당 의원** : 그렇게 표현을 하셔야지 당략을 가지고 국민의 짐이라고, 그런 표현을 쓸 수 있습니까?

**이재명** : 국민의 짐, 진짜 안 되기를 바랍니다.[6]


미국의 《타임》지에 1억 원 정도를 들여 기본소득 광고를 한 것을 두고 한 야당 의원이 비아냥대듯 "1억 정도는 아깝지 않나 보죠?"라고 물었다. 이런 질문이 바로 낚시성 질문이다. '아깝다'고 대답하면 '그 아까운 돈을 1억 원이나 썼냐'고 비판받고, '아깝지 않다'고 대답하면 '1억은 돈도 아니라고 보냐'고 비판받기 마련이기 때문이다. 이재명은 상대방의 낚시성 질문에 걸려들지 않고 "적절히 잘 썼다고 생각합니다"라고 아주 현명하게 대답했다. 이재명이 낚시를 물지 않았는데도 야당 의원은 "1억 정도는 돈도 아니다, 이렇게 보시는군요?"라고 공격했다. 그러자 이재명은 "의원님은 그렇게 생각하실지 모르겠지만 전 그렇게 생각하지 않습니다"라고 반격했다.[7] 이런 장면들은 상대방이 떡밥까지 던지며 구석으로 몰아가는 식으로 공격을 하는데도 이재명이 피하거나 물러서지 않고 오히려 맞받아치며 반격하는 모습을 잘 보여준다.


### 효과적인 반박:
### 상대의 공격을 무력화시키는 법

마구 소리를 지르거나 화를 낸다고 해서 정면 돌파를 할 수 있는 것은 아니다. 정면 돌파가 가능하려면 상대방의 비판이나 공격을 무력화시키고 제압할 수 있는 뛰어난 반박 능력이 있어야 한다.

① 반박의 전제조건은 자기통제력
두 사람이 논쟁을 하고 있는데 한 명은 흥분해서 길길이 뛰고 있는 반면 다른 한 명은 시종일관 차분한 태도를 유지하고 있다면, 청중은 누구를 승자라고 생각할까? 두 사람이 하는 말의 내용과 상관없이 차분한 사람을 승자라고 생각할 것이다. 효과적인 반박은 단순히 말을 잘한다고 해서 가능한 것이 아니다. 그것이 가능하려면 자기 감정이나 충동을 통제할 수 있는 자기통제력이 있어야 한다. 일부의 편견과는 달리 이재명은 자기통제력이 매우 우수한 정치인이다.

2017년 1월 2일 JTBC 신년토론회에서 이재명과 치열한 논쟁을 벌이던 전원책 변호사는 이재명의 발언 도중 갑자기 끼어들어 고성을 질러댔다. 이재명 입장에서는 굉장히 화가 나거나 기분이 나쁠 수 있는 상황이었지만, 그는 차분한 태도를 유지하면서 이렇게 말했다. "재벌 기업도 아니신데, 뭘 그리 흥분을." 앞에서 전원책이 자신은 삼성 대변인이 아니라고 말했던 것에 빗대어 유머를 날린 것이다. 사실 이 유머는 전원책이 과도하게 흥분하고 있는 동기와 원인을 청중에게 폭로하는 것이기도 했다. 청중에게 '전원책은 아니라고 잡아떼지만 사실 그는 삼성 대변인, 재벌 대변인이 맞다, 그러니 저렇게 흥분하는 것 아니냐'라고 말한 것이다.

물론 상대방이 자제력을 잃고 날뛰는데 계속 차분하게만 대응한다면 그것도 어리석은 일이다. 상대방처럼 자제력을 잃을 필요는 없지만, 상대방이 난동을 부리지 못하도록 제압하는 것은 꼭 필요하다. 그렇지 않으면 토론 자체가 불가능해지는 난장판이 되어버릴 수 있기 때문이다. 이미 흥분 모드로 진입한 전원책이 이재명을 향해 손가락질을 하며 "그거 잘못된 통계입니다. 아주 이상하게, 안경을 하나 더 끼고 보시든지"라고 말했다. 이재명이 인용한 통계를 신뢰할 수 없다고 억지를 부리는 무례한 말이었다. 상대가 이 정도로 깽판을 치면 뚜껑이 열릴 만도 한데, 이재명은 여전히 차분한 태도를 잃지 않았다. 하지만 그는 단호하게 "저도 공인이라서요. 이런 데서 말한 것 책임져야 하는 사람입니다"라고 말했다.[8] 상대방의 억지 주장을 '공인'이라는 말로 효과적으로 반박하며 쐐기를 박은 것이다.

2021년 경기도 국정감사에서 국민의힘은 대장동 의혹으로 이재명 경기도지사를 맹렬하게 공격했다. 국민의힘의 집요한 공격에도 불구하고 이재명이 조금도 물러서지 않고 반격하자 국민의힘 의원들이 도떼기시장처럼 웅성대기 시작했다. 그때였다. 이재명은 목소리에 힘을 주며 "의원님, 자꾸 막는다고, 일방적으로 주장하신다고 그게 진실이 되진 않습니다"라고 말했다.[9] 자신의 신념을 명확하게 표현하면서도 아주 예의 바르게 반격한 것이다. 그러자 술렁이던 국민의힘 의원들이 일시에 조용해졌다. 이것이 바로 말의 힘이다.

　　이재명이 자기를 잘 통제하는 사람이라는 것은 이 국정감사를 통해서도 확인할 수 있다. 국회 국토교통위원회 국정감사에서 김의국 의원은 "증인! 묻는 말에 답변하세요!!! 왜! 그러고 있어요!"라고 엄청나게 큰소리로 호통을 쳤다. 이 영상을 본 사람들은 잘 알겠지만, 김의국 의원은 듣는 사람들이 깜짝 놀라 심장이 쿵 하고 떨어질 정도로 크게 소리를 친다. 그래서였겠지만 댓글에도 '왜 소리를 지르냐?', '조폭이 질문하냐?'와 같은 의견들이 많았다. 그럼에도 이재명이 차분하게 "이게 답입니다"라고 대답하자, 김의국 의원은 또 "왜 엉뚱한 이야기, 묻지도 않는 이야기 하고 있어요!!!"라고 냅다 소리를 질러댔다. 그러나 이재명은 여전히 차분한 태도로 "저는 그 답변이 맞다고 생각합니다"라고 대답했다.[10] 목소리가 크거나 소리를 지른다고 해서 이기는 것이 아니다. 사람들은 귀 따갑게 소리를 질러대는 김의국 의원이 아니라 평정심을 잃지 않은 이재명을 승자라고 생각할 것이다.

## ② 본질을 꿰뚫는 반박

가난한 사람들을 편드는 정치, 편 가르기 정치를 한다는 비판에 대해 이재명은 다음과 같이 반박했다.

첫째로 가난한 자 편드는 것이 아니라 정치의 본질을 얘기하는 겁니다.
억강부약, 강자의 횡포를 억제하고 약자들을 부양해서 함께 사는 공동체
를 만드는 것이 바로 정치가 하는 일이죠. 그게 국가의 의무입니다. 다수
의 약자들을 부축하는 것이 정치가 하는 일이죠.[11]

'가난한 사람들을 편드는 정치를 한다'는 공격에 대해 이재명은
'가난한 사람들을 편드는 게 아니다'라는 식의 수세적인 반박을 하지
않는다. '당신은 편 가르기를 한다'는 비난에 '나는 정치의 본질에 맞
는 올바른 정치를 하고 있다'고 논리적으로 명확하게 답변한다. 게다
가 '정치의 본질'을 거론하면서 자신의 트레이드 마크인 '억강부약'을
다시 한번 부각시키고 있다. 이런 식으로 이재명은 상대방의 비판이
나 공격에 대해 말꼬리 잡기 식이나 수세적 대응을 하지 않고, 문제의
본질을 꿰뚫는 반박을 함으로써 공격하던 상대방조차 머리를 끄덕이
게 만들곤 한다.

③ 상대방의 심리를 간파하여 제압한다.
상대방의 공세에 대응하는 이재명의 모습을 관찰하다 보면 상당히 흥
미로운 점을 발견하게 된다. 그가 때때로 상대방의 심리를 간파하고
그것을 통해 상대방을 제압하는 방법을 사용한다는 것이다.
  2021년 10월 경기도 국정감사에서 국민의힘 송석준 의원이, 대

장동 사업에서 정말로 돈을 전혀 받지 않았냐고 집요할 정도로 반복해서 묻자 이재명 후보는 다음과 같이 말했다.

> 많은 사람들이 '이 엄청난 규모의 이권 사업에서 어떻게 인허가권자가 돈을 안 받을 수 있겠냐?'라는 의심을 하는데, 그래서 제가 그렇게 말씀 드린 거죠. "부처 눈에는 부처가 보이고, 돼지 눈에는 돼지가 보이는 거다." 그런 사람도 세상에는 있습니다. 여러분은 상상이 안 되겠지만, 송석준 의원님께서는 도저히 상상이 안 될 수 있는데, 저희는 그런 돈 탐하는 사람들이 아닙니다.[12]

송석준 의원의 입장에서는 '부처 눈에는 부처가 보이고, 돼지 눈에는 돼지가 보이는 거다'라는 말은 정말로 기분 나쁜, 심하게 말하자면 인격 모독적인 비판일 수밖에 없다. '송석준 의원, 당신은 돈을 탐하는 사람이니까 내가 돈을 받았을 거라고 믿는 거다'라는 뜻이기 때문이다. 그런데 의외로 이 말을 들은 송석준 의원은 별로 화를 내지 않는다. 왜 그랬을까? 세상에서 가장 무서운 사람은 자기 속마음을 적나라하게 들여다보는 사람이다. 상대방이 자기 속마음, 그것도 시커먼 속마음을 들여다보고 있는 것 같으면 일단은 겁부터 나거나 당황해하기 마련이다. 화를 내는 건 다음 문제다. 게다가 이재명은 '너희는 상상할 수 없겠지만 그런 사람이 세상에는 있다, 저희(나)는 돈을 탐하는 사람이 아니다'라고 말하면서 국민의힘의 도덕적 약점을 직방으로 공격했다. 이런 공격을 당하면 화가 나는 게 아니라 전의를 상실해 얌전해진다. 송석준 의원이 화를 내지 않은 것은 이 때문이다. 이재명은 마무리 발언을 요청해 다음과 같이 말했다.

세상에는 상상할 수 없는 일들이 있는데, 그중에는 눈앞에 황금이 쌓여도 그거 굳이 손대지 않고 되돌려주는 사람도 있습니다. 그런 사람들 본 일도 없고 결코 그런 데에서 손 안 대본 일이 없는 사람들은, 다른 사람이 그거 손 안 댔다고 하면 이해가 안 될 겁니다. 그 점도 이해가 갑니다.

'나를 이해하지 못하는 너희 마음을 이해한다'는 취지의 말을 하면서 이재명은 국민의힘 의원들을 쳐다보았다. 그러자 국민의힘 의원들은 마치 나쁜 짓을 하다가 들킨 학생들마냥 이재명을 정면으로 쳐다보지 못하고 눈길을 피한다. 상대방의 심리를 간파하고 활용하는 반박은 쉽지는 않지만 대단히 효과적이다.

이재명의 강점 중 하나는 악인들의 심리를 잘 간파하고 있다는 것이다. 일찍이 소년공 시절부터 악독한 사주들을 숱하게 겪어보았기 때문에 악인들의 심리에 빠삭할 수밖에 없을 것이다. 그러나 그의 진정한 강점은 악인들이 활개 치는 병적인 세상에서 힘겨운 고난을 견디며 살아왔음에도, 여전히 인간에 대한 굳건한 믿음을 간직하고 있다는 데 있다. 마음이 병든 사람, 이기적인 삶을 살아온 사람은 인간이 악한 존재라고 믿는다. 그들은 인간을 믿지 못하며 심지어는 증오하기도 한다. 무엇보다 자기 자신이 선하게 살아오지 않아서다. 반면에 마음이 건강한 사람, 올곧은 삶을 살아온 사람은 선한 인간이 존재한다는 것을 굳게 믿는다. 무엇보다 자기 자신이 선한 사람이기 때문이다. '당신들은 상상할 수 없겠지만, 선한 사람은 존재한다'는 이재명의 말은 악인의 심리에 정통한 동시에 인간의 선함을 굳게 믿고 있는 사람만이 할 수 있는 묵직한 발언이다. 이런 말을 할 수 있는 정치인, 정말 흔치 않다.

④ 즉각적인 반박
제아무리 효과적인 반박일지라도 타이밍을 놓치면 쓸모가 없는 경우가 많다. 누군가가 거짓으로 자신을 공격했는데 몇 주일의 장고 끝에 명문으로 작성된 반박문을 내놓는다고 그게 무슨 소용이 있을까. 이럴 때는 문장이 다소 거칠더라도 즉각적으로 반박을 하는 것이 중요하고 또 효과적이다. 정면 대응, 정면 돌파란, 시간적인 측면에서 말하자면 시간을 끌지 않고 즉각적으로, 기동적으로 대응한다는 것을 의미한다.

이재명은 시간을 끌거나 한참 뜸을 들였다가 반박하지 않는다. 잘못된 발언, 잘못된 행동일 경우에는 그 즉시 반박을 한다. 성남시장 시절 가두에서 즉흥 연설을 하고 있을 때, 한 여성이 이재명의 가슴에 달려 있던 노란 리본을 두고 뭐라고 궁시렁거렸다. 국민들과 갈등하는 장면을 연출하기를 꺼리는 대부분의 정치인들은 이런 상황에서 그 여성의 말을 못 들은 척하며 계속 자기 연설을 이어나갔을 것이다. 그러나 이재명은 연설을 즉시 멈추고는 그 여성을 향해 "뭐라고요?"라고 물었다. 그 여성은 "노란 리본 좀 안 달면 안 돼? 지겨워서 그래"라고 말했다. 이재명이 "우리 어머니, 자식이 죽어도 그러실 겁니까?"라고 물자 그 여성은 "그건 좀 다르죠"라고 대답했다. 그러자 이재명은 격한 어조로 다음과 같이 말했다.

> 내 자식과 남의 자식이 왜 다릅니까? 같은 사람입니다. (그 여성을 손가락으로 가리키며) 우리 어머니 같은 사람들이 나라를 망치는 거예요. 어떻게 사람이 죽었는데 저런 소리를 합니까? 본인의 자식이 그 일을 당하는 날이 있을 겁니다.[13]

이재명은 그 여성을 향해 쓴소리를 했지만, 그녀에게 '어머니'라는 호칭을 계속 사용함으로써 상대방에 대한 존중의 끈을 놓지는 않았다.

이재명은 강연을 하다가도 청중이 딴짓하는 장면을 보면 그냥 넘어가지 않고 그 즉시 지적해 바로잡곤 한다.

> 저기, 우리 수업 중에 그런 엉뚱한 짓 하지 마세요. 자꾸 들고 그런 거 하지 마세요. (엉뚱한 짓을 한 청중을 향해 손바닥을 펴 보이고 웃으면서) 농담! 감사합니다.[14]

이런 식으로 이재명은 강연자에게 무례할 수 있는 행동이나 강연에 방해되는 행동을 방치하지 않고 즉시 제지한다. 화를 낸다거나 공격적인 태도가 아니라 유머러스하게 지적하지만, 잘못된 말이나 행동에 대해서는 즉시 반박하고 제지하는 것이다. 이재명 특유의 이런 '즉각적인 반박'은 정면 돌파라는 대응 방식과 잘 어울린다.


## 규칙으로 제압하기:
## 대중은 페어플레이 선수를 좋아한다

이재명은 모범생과는 거리가 먼, 좋은 의미에서의 불량 학생, 악동을 연상시키는 정치인이다. 즉 원리원칙이나 낡은 규칙 등에 고지식하게 얽매이지 않는 프리 스타일의 정치인이라는 것이다.

경기도지사 시절, 계곡 불법점거물 철거를 반대하는 상인들과 토론할 때의 일이다. 토론 과정에서 한 주민이 정해진 발언 순서를 어기고 먼저 말을 하자 이장이 발언 순서를 지키라면서 제지했다. 그러자 이재명은 웃으면서 "말씀하세요. 괜찮습니다. 뭐, 순서대로 안 해도 돼요. 정해놓은 게 있나 본데, 먼저 하세요"라고 말했다. 그 주민이 "주민들 응어리진 거 풀어주러 오신 거 아녜요?"라고 따지듯이 묻자, 이재명은 "풀어주려고 온 건 아닙니다"라고 대답했다. 분위기가 험악해질 것 같아서였는지, 이장이 다시 그 주민에게 순서를 지키라면서 나중에 발언 기회를 주겠다며 제지했다. 그러나 이재명은 "아니, 먼저 하시라 그래요. 먼저 하면 되지 뭘 그러세요?"라고 이장을 말리면서 그 주민에게 발언 기회를 주었다.[15]

이 장면은 이재명이 다소 무례할 수도 있는 발언조차 제지하지 않고 들으려고 한다는 것, 상대방에게 듣기 좋은 대답만 하는 정치인이 아니라는 것, 정해진 순서 같은 규칙 등에 얽매이지 않는 유연성을 가지고 있다는 것을 보여준다. 사실 주민들과의 난상 토론회에서 발언 순서는 반드시 지켜야만 할 중요한 토론 규칙이라고 할 수는 없다. 실용주의자를 자처하는 이재명은 원활한 토론을 방해할 수도 있는 이런 사소한 규칙들까지 완고하게 지키는 것을 체질적으로 싫어한다.

그렇지만 이재명은 정상적인 토론을 가능하게 해주는 중요한 토론 규칙은 철저히 지키려고 하며, 그 규칙을 상대방의 공격에 대응하거나 상대방을 제압하기 위한 수단으로 잘 활용한다.

(계곡 상인들과의 토론회에서 이재명이 말을 하고 있는데 흥분한 한 주민이 그의 말을 끊으며 자기 말을 하기 시작했다.)

**이재명** : 잠깐만 제가….

**주민** : 우리 나쁜 사람들 아니에요!

**이재명** : 가능하면 제가 말씀드리는 거 하고 하는 게 좋지 않겠어요? 말싸움하자는 거 아니니까.

**주민** : 살짝 불쾌하네.

**이재명** : 당연히 불쾌하지요. 어떻게 안 불쾌해하고 얘기하겠습니까? 저도 불쾌하긴 마찬가지입니다. 그러니까 제가 말씀을 드리고 하실 말씀 더 하도록 하시고, 중간에 끊어버리면 대화가 아니라 싸움이 되죠?

**주민** : 알겠습니다.[16]

이재명은 대놓고 '불쾌하다'고 말하는 주민에게, '남의 말을 끊지 말아야 한다'는 토론 규칙, 나아가 그것이 상대방에 대한 예의임을 주지시킴으로써 진정시켰다. 만일 이재명이 논리적인 말만 앞세워 그 주민을 진정시키거나 자제시키려고 했다면 성공하기 어려웠을 것이다.

국정감사장에서 국민의힘 의원들이 허위 사실로 자신을 공격하자, 이재명은 "이래서 국회의원의 면책특권을 제한해야 됩니다. 이런 명백한 허위 사실을, 이런 데다가, 감히 국민들 앞에 보여서 틀어주고. 정말 국민들이 위임한 권한을 가지고 이런 식으로 음해하고"라고 말하며 강력하게 항의했다. 한 국민의힘 의원이 자신의 말을 끊자, 이재명은 "존경하는 김도읍 의원님, 저한테도 답할 기회를 주시면 좋겠구요. 일방적으로 주장한다고 진실이 되지 않습니다"라고 말했다. 토론 규칙을 상기시켜 상대방을 진정시키려 한 것이다. 그럼에도 상대 의원이 계속 자신의 말을 끊자 이렇게 말했다.

> 의원님, 제가 답을 좀 드릴게요. 자꾸, 그 무슨 학예회 하는 것도 아니고, 답할 기회를 주십시오. 국민이 위임한 권한을 활용해서 이 명백한 허위 사실들을 제시해가지고 명예훼손하고, 선거에 부당한 영향을 미치는 것, 이거 사실 명백한 공직선거법 위반인데, 당연히 저희도 이 점에 대해서는 법적 조치를 안 할 수가 없겠지요.[17]

이재명은 국민의힘이 난장판으로 만들어버린 국정감사장을 '학예회'에 비유하며 토론 규칙조차 지켜지지 않고 있는 상황을 날카롭게 폭로했다. 그러고는 허위 사실에 대해서는 법적 조치를 취하겠다고 아주 예의 바르게 경고했다. 이 장면에서도 확인할 수 있듯이 이재명은 자신에 대한 공격에 대응하는 수단으로 토론 규칙을 적극 활용한다.

모두가 지키기로 합의한 규칙이나 원칙을 적극적으로 활용하는 것의 이점은 무엇일까?

우선 규칙의 수호자를 자기 편으로 만들 수 있다. 토론회의 경우 규칙의 수호자는 사회자다. 사회자는 토론자들이 규칙을 잘 지키도록 이끌어야 하고 규칙을 지키지 않으면 제재를 가해야 할 의무가 있다. 따라서 상대방이 토론 규칙을 지키지 않고 있다는 점을 부각하면 자연히 사회자를 자기 편으로 끌어당길 수 있다.

국정감사장에서 이재명은 소리를 질러대며 자신의 말을 끊는 국민의힘 의원에게 "답하는 중입니다. 혹시 불편하시더라도 저도 1,380만 명을 대표하는 도지삽니다. 답변할 기회는 주시면 좋겠고요"라고 말했다. 그래도 국민의힘 의원들이 계속 웅성대자 고개를 끄덕끄덕하며 잠시 수용하는 듯한 모습을 보여준다. 그러고는 웃으면서 위원장에게 "제가 1분도 말씀을 못 드려서 (국민의힘 의원들, 계속 떠들어댐) 가능하면 저에게도 좀 기회를 주면 좋겠습니다"라고 요청한다. 그러자 위원장이 중재에 나서 국민의힘 의원들을 조용히 시켰다. 사회자는 규칙을 파괴하는 사람을 도울 수는 없다. 토론 규칙으로 상대방을 공격하면 사회자를 내 편으로 만들 수 있다.

다음으로 대중을 자기 편으로 만들 수 있다. 대중은 규칙을 지키는 사람을 좋아하지, 규칙을 파괴하는 사람을 좋아하지는 않는다.

계곡 상인들과의 토론회에서 이재명은 철거를 반대하는 상인들의 답답한 심정을 이해한다고 공감을 표현하고 나서, 자신이 '1,350만 도민'을 대변해야 하는 사람이라는 점을 양해해달라고 말했다. 그 순간 흥분한 한 주민이 이재명의 말을 끊으면서 '위임을 누구한테 받았냐, 우리도 경기도민이다, 결정 다 해놓고 넋두리하는 것 아니냐'고 거칠게 항의했다. 그러자 이재명은 "제가 아까 얘기했는데, 이제 얘기하지 말까요?"라고 물었다. 앞에서 합의했던 '다른 사람의 말을 다 듣고 나서 발언한다'는 토론 규칙을 상기시킨 것이다. 그 말을 들은 다른 주민이 그 흥분한 주민에게 화를 내며 '말을 다 들어보고 끝나면 얘기하라'고 제지했다. 그의 행동에 화답하듯이 이재명은 "여러분이 하신 얘기에 제가 답을 드리는 중이잖아요. O, X로 끝내버릴까요? 그건 아니잖아요. 그러니까 잠깐만 계셔보세요"라고 쐐기를 박았다.

과도하게 흥분한 주민이 반복해서 토론 규칙을 어기며 무례한 말과 행동을 하자 다른 주민들까지 나서서 그를 제지한다. 이것은 규칙이나 원칙을 주지시키고 부각시키면 대중 스스로가 규칙 위반자를 제지하게 된다는 것을 보여준다. 축구 경기를 보면서 반칙을 남발하는 선수를 좋아하고 응원할 사람은 없다. 관객은 페어플레이를 하는 선수를 좋아하고 응원하기 마련이다. 규칙이나 원칙을 활용해 반박을 하면 대중을 내 편으로 만들 수 있다. 심지어는 다른 토론자나 사회자까지 내 편으로 끌어당길 수 있다.

## 사과의 기술:
## 진심 어린 사과의 조건

공익추구형 정치인[18] 이재명은 공적인 영역의 도덕성 문제는 없다. 권력을 남용했다거나 뇌물을 받는 등 권력형 부정부패에서 자유롭다는 것이다. 이 때문에 이재명에 대한 비판이나 공격은 주로 사적인 영역의 도덕성 문제에 집중되어왔다. 가족 갈등 과정에서 발생한 형수에 대한 욕설 파문, 증거가 하나도 없는 여배우 스캔들 의혹 등이 그것이다. 후자는 사실이 아니므로 사과를 할 필요가 없다. 그러나 전자의 경우에는 상당수 사람들이 이유를 불문하고 비도덕적 행동으로 간주할수 있다. 이 때문에 이재명은 대선에 도전하면서 공식적으로 대국민 사과를 했다.

> 있는 사실들을 다 인정하고 제가 부족한 부분은 채우고 잘못한 것은 사과드리고 충분히 설명할 수 있다고 생각합니다. (…) 제가 우리 가족에게 폭언을 한 것은 사실인데, 지금 다시 그 시절로 되돌아가 본다면, 안 그러려고 노력하겠지만 어떨지는 솔직히 잘 모르겠어요. 우리 일곱 남매, 정말 인생을 바쳐 키우신 어머니이신데, 그 어머니가 협박을 받아서 불을 지르겠다는… 뭐, 아시겠지만 저희 형님이 조금, 이렇게 정신적으로 건강하지 못하셔서 (잠깐 눈을 감고는 얼굴을 위쪽으로 향함) 어머니에게 불을 지르겠다고 협박을 하시고 이러니까 집에도 못 들어가시고… 또 제가 했다는 그… 보통의 여성으로서도 견디기 어려운 패륜적 폭언을 들으셨고,

심지어 어머니를 폭행하는 일까지 (목소리가 미세하게 떨림) 벌어졌기 때문에 제가 참기가 어려워서 그런 상황에 이르렀습니다. 여하튼 공직자로서, 당시에는 공직을 그만두는 것도 각오한 상태였는데, 이제 세월도 한 10년 지났고, 저도 많이 성숙했고, 그 사이에 어머니는 돌아가셨고, 또 그 형님께서도 이미 이 세상 사람이 아니기 때문에 앞으로는 그런 참혹한 현장은 다시는 생기지 않을 겁니다. 또 갈등의 최초 원인은 가족들의 시정 개입이나 이권 개입을 막다가 생긴 것이었기 때문에, 우리 국민들께서 그런 점들은 조금 감안해주시고 제 부족함에 대해서는 용서를 바랍니다. 죄송합니다. (허리를 숙여 절을 함)[19]

이재명이 정치 지도자로서 사과한 일은 많다. 정부나 민주당이 잘못한 것이라 하더라도 대선주자인 이재명이 도의적·정치적 책임을 진다는 측면에서 대국민 사과를 한 경우가 많다는 것이다. 그러나 한 개인으로서 자신의 잘못을 인정하고 대국민 사과를 한 경우는 이것이 유일하다. 따라서 이재명이 어떤 마음가짐으로, 어떤 방식으로 사과를 하는지 알고 싶다면 이 영상을 자세히 볼 필요가 있다.

이재명은 다소 억울한 것이 있더라도 자신의 잘못을 깔끔하게 인정한다. 형수 욕설 파문은 사실 형수가 이재명의 어머니에게 한 욕에 대해 '어머니한테 xxx라고 욕을 했는데, 당신 어머니에게 xxx라고 욕을 하면 어떨 것 같냐'고 이재명이 항의하는 말 중에서 형수가 일부만 의도적으로 잘라내 공개한 것에서 비롯했다. 그러나 이재명은 자신이 억울하게 비판당했다거나 공격당했다는 식으로 말하지 않았다. 만일 대국민 사과를 한다면서 이런 식으로 말을 했다면 상당수 국민들이 가짜 사과라고 느꼈을 것이다.

이재명은 만약 지금 과거의 그 순간으로 돌아간다면 어떨지 모르겠다(여전히 침착하게 행동할 자신이 없다)고 자신의 마음을 아주 솔직하게 표현했다. 그는 당시의 상황을 침착하게 설명했지만, 평소와는 다르게 목소리가 떨리는 등 감정적 반응이 많이 나타났다. 즉 평소와는 다른 자신감 없는 모습, 시선조차 잘 마주치지 못하는 모습, 애써 눈물을 참으며 말을 이어나가는 모습을 보여준 것이다. 패륜적 폭언이라는 말을 할 때는 목소리가 떨리기도 했다. 이런 솔직한 말하기, 특히 감정적인 말하기는 사람들에게 인간적인 모습으로 비치면서 이재명이 진실을 말하고 있다고 믿게끔 만드는 데 큰 효과가 있다.

이재명은 마지막 부분에서 '용서해달라, 죄송하다'며 이유 불문하고 자신의 잘못을 인정하는 모습을 보이면서 정중하게 대국민 사과를 했다. 사과를 할 때는 마지막을 분명한 사과의 말로 끝내는 것이 좋다. 사람들의 기억에 가장 잘 남는 것은 마지막 부분이므로, 마지막을 변명하는 말로 끝낸다면 대국민 사과의 목적을 달성하기 어려워질 수 있다. 이재명은 마지막 부분에서 욕설 사건이 공익을 위해 노력하다가 생긴 사건이라는 점을 부각하는 동시에 깔끔하고 분명한 사과의 말로 마무리함으로써 형수 욕설 사건과 관련된 논란을 잠재우는 데 성공했다. 이는 다음의 댓글 반응을 통해서도 확인할 수 있다.

"내가 지사님 입장이라면 아마 말로 안 했을 겁니다. 말보다 행동이 먼저 나왔을 겁니다. 응원합니다. 힘내세요."

"저 질문에 대해 전에도 똑같은 답변을 한 것을 여러 번 들었었다. 그런데도 기자가 잔인하게 이재명이 욕을 한 '이유'보다 이재명이 형수에 욕을 '한 것'에 초점을 맞춰서 똑같은 질문을 한 듯하다. 욕을 한 번도 해본 적이 없는 나로선 이재명이 마주친 상황을 나도 겪어보면 화가 많이 나서 뭐라도 했을 듯하다."

"진짜 솔직한 사람이다. 공식적으로 저런 얘기 힘든데."

"참, 정치 이념과 상관없이 멋집니다."


대부분 정치인은 이런 상황에 놓이면 자기 잘못을 합리화하거나 대충 사과하고 넘어갔을 것이다. 그러나 이재명은 자신의 잘못과 실수를 극복하는 문제에서도 정면 돌파를 선택했다. 자신의 상처를 언론에 공개적으로 드러내고 국민을 향해 허리를 굽혀 절을 하면서 직접 사과를 한 것이다. 이런 정면 돌파가 바로 이재명 스타일이다.

정치 지도자는 자신이 꼭 책임지지 않아도 되는 잘못이나 실수에 대해서도 사과를 해야 하는 경우가 많다. 옛날에는 가뭄 같은 기상이변이 생기면 왕이 사과를 하기도 했다. 요즘에야 기상이변이 발생한다고 해서 대통령이 사과를 하지는 않지만, 대통령이 지도자로서 도의적·정치적 책임을 지고 사과해야 하는 영역은 대단히 많다. 이재명은 민주당의 대선주자가 된 이후부터 지도자로서 사과해야 할 일이 부쩍 많아졌다. 지도자로서의 이재명의 사과에는 다음과 같은 특징이 있다.

첫째, 시간을 끌지 않고 즉시 사과한다. 사과는 타이밍을 놓치면 의미를 상실한다. 실수나 잘못을 한 다음에 즉시 사과를 하지 않고 시간을 질질 끌다가 여론이 악화한 다음에 사과를 하면 국민은 그런 사과를 진짜 사과가 아닌 억지 사과, 가짜 사과로 받아들일 수 있다.

이번 이 일로 인해서 학생들이 억울하거나 피해받았다는 생각 절대 들지 않도록 할 테니까 그런 일이 생기면 바로 연락 주십시오. [예, 부탁드리겠습니다.] 오히려 미안하게 생각합니다. 저희가 학생회하고도 직접 얘기하면 좋겠는데, 우리가 워낙 급하다 보니까 여기(학교 측 관계자를 가리키며)도 어제 통보해가지고 오늘 갑자기 온 거예요. 그런 점을 좀 이해 부탁드립니다. [네, 알겠습니다.] (총학생회장에게 악수를 청함)[20]

경기도지사 시절, 이재명은 코로나 사태로 경기대학교 기숙사를 징발하는 과정에서 이를 반대하는 경기대 학생들과 직접 대화를 했다. 그는 시종일관 학생들을 존중하는 모습을 보여주며 반복적으로 학생들을 안심시키고는 즉석에서 '미안하게 생각한다'며 사과하기까지 했다. 그야말로 조금도 시간을 끌지 않는 따끈따끈한 즉석 사과를 한 것이다. 대화가 끝난 후에는 학생들을 대표하는 총학생회장에게 악수를 청했는데, 이런 행동은 학생들을 존중한다는 것을 공식적인 행동으로 표현한 것이자 친밀감과 연대감을 표현하는 것이기도 하다.

둘째, 때와 장소, 대상을 가리지 않고 사과한다. 이재명은 국민에게 사과를 해야 할 상황, 정확히 말해 본인이 스스로 사과를 해야 한다고 믿는 경우에는 이것저것 재지 않고 용감하게 사과한다. 대선 후보가 된 이후 한동안 지지율이 답보 상태를 보이고 있을 때, 대전 중앙시장을 방문한 이재명은 군중 앞에서 깜짝 사과를 했다. 그는 성남시장, 경기도지사 시절의 성과를 언급하고는 다음과 같이 말했다.

여러분들이 저를 인정해서 집권 여당의 대선 후보, 다시 말하면 이 나라의 미래의 운명을 통째로 맡기겠다고 해주신 것 같습니다. 제가 그걸 충분히 받아안지 못했고 저도 우리 더불어민주당이라고 하는 큰 그릇 속에 점점 갇혀갔던 것 아닌가 하는 생각이 들었습니다. 맞나요? [네!][21]

셋째, 공감을 바탕으로 한 진심 어린 사과를 한다. 상대방에게 공감하면서 사과하면 상대방은 그것을 진심 어린 사과로 받아들인다. 반면에 상대방에 대한 공감이 없는 사과는 그 효과가 반감되기 마련이다.

제가 어릴 때 가슴 아팠던 추억이 하나 떠올라요. 제가 우리 나이로 열세 살 (…) 4킬로미터가량을 매일 걸어 출퇴근하면서 일을 했는데, 어느 날부터 월급이 조금조금 밀리기 시작하더니 (…) 출근했더니 그 회사가 없어져버린 거예요. 여하튼 석 달 치를 떼어먹혔는데, 정말 황당무계했어요. (…) 소위 '열정페이'라는 이름으로 젊은이들의 노동을 착취하는 게요. 우리 사회의 일상이 되어버린 것 같습니다. 저도 기성세대의 한 사람으로서 지금의 이 현실을 만든 것에 대해서 죄송하고, 반성하고, 미안하

게 생각합니다.[22]

이재명은 스토리 텔링을 통해 청년들의 상황, 처지, 마음에 대한 공감을 표현하고, 사과를 했다. 공감에 기초한 진정성 있는 사과는 상대방의 차가운 마음조차 녹이기 마련이다. '자기 이야기를 한다, 그 이야기와 상대방을 연결함으로써 상대방에 대한 공감을 표현한다, 공감에 기초해 반성과 사과를 한다.' 이재명은 마치 '사과는 이렇게 하는 것이다'라고 말하는 것처럼 '공인의 올바른 사과법'의 정석을 보여주고 있다. 그렇다면 공인이 아닌 평범한 보통 사람들이 지켜야 할 올바른 사과법은 어떤 것일까?

쏟아진 물을 다시 담을 수는 없지만, 사과라는 강력한 무기는 쏟아낸 물까지 다시 담을 수 있게 해주는 마법의 도구다. 누군가로부터 피해나 상처를 입은 사람들이 그 무엇보다 간절히 원하는 것은 '진심을 담은 사과'다. 물론 물질적인 보상도 어느 정도는 위로가 되겠지만 진심 어린 사과를 받지 못하면 피해자는 억울한 감정을 풀 길이 없다. 세월이 아무리 흘러도 그것이 가슴에 앙금으로 남고 응어리로 맺혀 정신적으로 고통을 받는다.

한때 국민의힘 윤석열 후보의 '개사과' 논란이 이슈가 되었다. 사과를 거부하고 변명으로만 일관하다가 여론이 악화하자 마지못해 사과를 하고는 국민을 조롱하는 듯한 사진을 개인 SNS에 올려 국민의 상처에 재를 뿌리는 모습은 분노를 넘어 안타까움까지 자아낸다.

나의 실수나 잘못에 대해 표면적으로 드러나는 상대방의 반응은 빙산의 일각일 수 있다. 겉으로는 웃고 있거나 무심하게 괜찮다고 말하더라도 마음속 깊은 곳의 고통이 얼마나 클지는 판단하기 쉽지 않다. 혹시 내가 의도치 않은 실수로 누군가에게 상처를 줬다면, 말실수를 했다면 어떻게 사과하면 좋을까? 변명할 말이 없는 가해자가 어디 있겠는가. 하지만 내 마음이나 입장은 일단 접어두고 상대방의 마음부터 먼저 헤아리며 사과를 해야 한다. 일상에서 개인이 지켜야 할 올바른 사과법은 다음과 같다.

① 사과의 **타이밍**도 신중하게 생각하자.
사과는 빠를수록 좋다는 말이 있다. 맞는 말이다. 상대방의 발을 밟았거나 실수로 상대의 옷에 물을 쏟았거나 대화나 토론 중 상대방이 불쾌할 말을 나도 모르게 했다면 일단 바로 실수를 인정하고 사과하는 것이 맞다. 그러나 사소한 실수가 아니라 치명적인 말실수를 했다면 상대에게 양해를 구하고 반나절이나 하루 정도 충분히 생각을 하면서, 상대방의 마음에 대해 깊이 고민하고 아픔을 느껴보는 편이 좋다. 내가 그 사람의 입장이라면 어땠을지 상대방의 마음을 거울처럼 비춰보자. 내가 툭 뱉은 말 한마디로 상대방이 겪은 고통의 반의 반만이라도 참회하는 마음을 가져보는 것이 상대에게 더 신중함을 느끼게 할 것이다.

② 구구절절 사과하자.
사과는 구체적일수록 좋다. 대신 '변명'이 아닌 '상대방 입장'에서 사

과해야 한다. 얼마나 마음이 아팠을지, 얼마나 내 행동이 무례했는지 또 상처가 됐을지 구체적으로 말할수록 좋다. 사과는 상대방의 마음과 입장에 충분히 공감하는 것이 80%, 내 입장과 간단한 해명 그리고 앞으로 절대로 그런 일이 없을 거라는 재발 방지에 대한 약속이 10~20%의 비율을 차지하도록 해야 한다. 상대방의 마음을 거울처럼 비춰내는 '역지사지'의 입장에서 사과하자.

### ③ 사과하며 두 번 상처 주지 말자.

만약 상대방이 사과의 말을 듣는 것이나 얼굴을 맞대는 것조차 부담스러워한다면 편지나 문자를 통해 사과의 메시지를 남기자. 상대방이 그것조차 받아들일 준비가 되지 않았다면 기다린다. 상대방이 겨우 상처를 치유하고 있는데 사과를 못해 내 마음이 불편하다며 찾아가거나 연락을 해서 두 번 상처 주지 말자. 내 실수로 인해 헤어지게 된 연인에게 찾아가서 매달리는 것도 같은 경우다. '내 감정만 해소하면 된다'는 자기중심적인 태도는 상황을 더욱 악화시킬 뿐이다.

### ④ 충분한 보상을 하자.

이미 물은 엎질러졌는데 말로만 사과한다고 상대방이 충분한 위안을 얻을까? 보상이 더해지면 좋다. 상대방 옷에 물감을 쏟았다면 그 옷과 비슷하거나 상대가 평소 갖고 싶어 했던 옷을 선물하는 것은 당연히 해야 할 일일 것이다. 대체품을 찾기 어렵다면 평소에 갖고 싶어 했던 것을 기억해서 선물하는 것도 괜찮고, 마음을 위로할 수 있는 공연 티

켓 같은 것을 주는 것도 괜찮다. 가급적이면 정서적 위로가 될 만한 선물을 선택하는 것을 추천한다. 사과도 합리적으로 해결해야 할 부분이 있다.

⑤ 앞으로 어떻게 대처할 것인지 명확하게 약속하자.
상대방이 가장 우려하고 있는 부분에 정확하게 초점을 맞춰서, 두 번 다시 그런 일이 발생하지 않을 것이라는 재발 방지 약속을 하자. 이 부분이 빠지면 뭔가 찜찜한 사과가 된다. 앞으로 어떻게 대처할 것인지 명확하게 설명해주고 이를 지키겠다는 약속을 한다. 물론 중요한 것은 두 번 다시 그런 일을 반복하지 않는 것이다.

실수나 잘못을 했는데도 제대로 된 사과를 하지 못하고 주절주절 변명을 늘어놓거나 '아니'라는 말로 자기 책임을 부인하기에 바쁜 사람들이 있다. 사과를 못하는 사람은 정신적으로 미성숙한 유아기에 머물러 있는 사람이다. 사과를 못하면 진정한 반성이 불가능하고, 반성 없이는 인격의 성장과 발전은 없다.

이처럼 사과는 '타이밍에 맞게 → 먼저 상대방이 느꼈을 감정과 상대방의 상황을 이해하면서 구체적으로 말하기(변명이 필요하더라도 나중에) → 상대가 아직 서로 얼굴 보는 것을 불쾌해한다면 메시지를 보내거나 기다려주기 → 합리적인 보상 → 재발 방지에 대한 약속'의 순서에 따라 해야 한다.

기업에도 위기대응팀이 있다. 제품의 품질과 기업 시스템이 아무리 뛰어나도 한두 번의 사고에도 적절하게 대응하지 못해 추락하는 회사가 있고, 시기적절하고 훌륭한 사과로 위기를 잘 극복해 승승장구하는 회사도 있다. 정치인도 마찬가지다. 자신을 알리고 홍보하는 데는 뛰어나지만 위기에 잘 대응하지 못해 한 번의 사고로 추락하는 정치인이 있는 반면, 자신의 잘못이나 실수에서 비롯한 위기조차 현명하고 슬기롭게 극복함으로써 장수하는 정치인도 있다.

'말하기'로 본
이재명의 심리

06

인간심리는 말과 행동, 몸짓, 얼굴 표정 등에서 드러난다. 그리고 사람들은 이러한 것들을 관찰함으로써 타인의 심리를 파악하고 그에 맞게 반응하며 사회적 상호작용을 할 수 있다. 특히 사람의 사상, 감정, 욕망, 흥미 등의 심리 현상은 무엇보다 '말하기'를 통해 표현된다. 지식인과 노동자의 말이 다르고 노인과 청년의 말이 다른 것은 이러한 심리현상이 서로 다르기 때문이다. 그렇다면 '말하기'에서 드러나는 이재명의 심리는 어떤 것일까?

## 노동자 정체성: 그가 말하는 '우리'

노무현 전 대통령은 자신이 노동자를 위해 정치를 시작했다거나 노동자를 위한 정치를 하고 싶다고 말했던 것에서 드러나듯이 친(親)노동자 심리를 가지고 있으며, 그것을 적극적으로 표현했다. 예를 들면 그는 국회의원이었던 1988년 12월 현대중공업에서 노동자들을 대상으로 강연하면서 "나는 근로자 편에 서 있기 때문에 편파적일 수밖에 없다"[1]고 말하기도 했다. 소년노동자 출신인 이재명 역시 친노동자 심리를 가지고 있다. 앞서도 소개한 바 있지만, 그는 처음 대선에 도전했던 2017년 대선 출마 선언을 성남 오리엔트 공장에서 함으로써 노동자를 위한 정치를 하겠다는 의지를 공개적으로 천명했다.

> 국민 여러분, 바로 이곳은 열두 살부터 어머니 손을 잡고 학교 대신 공장에 출근했던, 빈민 소년노동자의 옛 어릴 적 일터입니다. 바로 여기에서 저는 힘겨운 노동에 시달렸던 그 소년노동자의 소망에 따라 대한민국 제19대 대통령선거 출마를 여러분께 고합니다. (…) 그 소년노동자가 오늘 바로 그 참혹한 기억의 공장에서 대한민국 최초의 노동자 출신 대통령이 되려고 합니다.[2]

이재명이 친노동자 심리를 가지고 있다는 것은 박근혜 탄핵을 위한 촛불집회에서 "박근혜는 노동자가 아니라 대리인이기 때문에 해고해도 됩니다"[3]라는 농담을 던진 데서도 확인할 수 있다. 이 말은 곧 '노동자는 해고하면 안 된다'는 의미도 담고 있다. 이렇게 즉흥적인 농담을 통해서도 이재명의 친노동자 심리를 확인할 수 있다.

노무현과 이재명은 '노동자를 위한 정치'를 하고 싶어 한 친노동자 심리를 가지고 있다는 공통점이 있지만, 한 가지 차이도 있다. 노무현은 스스로를 노동자라고 여기지는 않았던 반면, 이재명은 스스로를 노동자로 간주하고 있다는 것이다. 노무현은 진보적 지식인으로서의 정체성을 가진 사람이었다. 즉 그는 진보적 지식인 정치인으로서 노동자와 연대하고, 노동자를 위한 정치를 하려고 했던 것이다. 반면에 이재명은 본인이 의식하고 있든 아니든, 뼛속까지 노동자 정체성을 가지고 있는 독특한 정치인이다.

인간심리의 형성·발전은 청소년기까지 그 뼈대가 완성되고 그 이후부터는 뼈대에 살이 붙는 과정에 비유할 수 있다. 이재명은 정체성이 확립되는 시기인 청소년기까지 노동자로 살았으며 자신이 노동자임을 부끄러워하지 않았다.[4] 당시까지 노동자 정체성을 거부할 만한 특별한 이유가 없었던 만큼 그가 노동자 정체성을 확립하게 된 것은 자연스러운 일이라고 해야 할 것이다. 그는 2016년 12월 3일 박근혜 탄핵 촛불집회에서 다음과 같이 말했다.

> 재벌 체제를 해체하고 노동자들이 존중받고, 뿌린 만큼 거두고, 노동한 만큼 분배받는 합리적이고 공정한 사회를 만드는 것은 그들의 양보를 통해서가 아니라 **우리**의 투쟁을 통해서만 가능한 것입니다, 여러분! [옳소!] **우리**는 너무 오랫동안 참았습니다. 이제는 더 참아서는 안 됩니다. (…) 부당한 재벌 시스템을 해체하고 일하는 사람이 존중받는 그런 나라, 만듭시다, 여러분! [옳소!] 이 나라에 노동자가 2천만 명입니다. 95년 이후로 노동자들의 몫, 즉 **우리** 가계의 몫은, 경제가 성장했음에도 불구하고 전혀 늘어나지 않았습니다. (…) 그래서 **우리 모두**가 가난하게 되었

고, 경제는 죽어가고, 국가는 침체되게 되었습니다. 이걸 고쳐야 됩니다, 여러분! [옳소!] **우리가 노동자임을 잊지 맙시다. 우리는 노동자임을 당당하게 주장해야 됩니다.** 노동자라고 얘기하면 '빨갱이'라고 얘기할까 봐 **우리**가 두려워합니다. 노동은 신성한 겁니다. 선생님도 노동자고, 공무원도 노동자입니다. 경찰도 노동자고, 대기업에 있든 중소기업에 있든, 정규직이든 비정규직이든 다 노동자들입니다. 이 노동을 하는 사람들은 위대한 사람들이고, 그에 합당한 대우를 받을 권리가 있습니다. [옳소!]<sup>5</sup>

대중적 열기가 뜨거운 투쟁 현장에서 연설을 하는 경우에는 청중만이 아니라 연설자까지도 감정적으로 격앙되기 때문에 자기도 모르게 속마음을 드러내게 된다. 만일 그것이 즉흥 연설이라면 더더욱 그렇다. 그런데 위의 연설을 보면 이재명은 자신을 아예 노동자라는 범주에 포함해 일관되게 '우리'라는 주어를 사용하고 있다.

거의 모든 정치인은 자신을 군중과 구분하면서 '여러분'이라고 지칭하거나, 노동자에 대해 언급할 경우에도 '노동자 여러분' 혹은 '우리 노동자' 등으로 표현한다. 예를 들면 '우리 노동자들은 너무 오랫동안 참아왔습니다', '여러분들은 자신이 노동자임을 잊어서는 안 됩니다'라는 식으로 말한다는 것이다. 그러나 이재명은 '우리는 너무 오랫동안 참았습니다', '우리가 노동자임을 잊지 맙시다'라고 말한다. 자신을 노동자와 구분하는 것이 아니라 그 안에 포함시키고 있는 것이다. 이재명은 노동자가 아닌 다른 대상, 예를 들면 청년들을 대상으로 말할 때는 '청년 여러분'이라고 말함으로써 자신과 청년을 구분한다. 그러나 노동자를 대상으로 말할 때는 항상 '우리'라는 주어를 사용한다.

이런 '우리' 화법은 촛불집회의 여러 연설에서 반복적으로 관찰할 수 있다. 예를 들면 그는 2016년 12월 17일 대전 촛불집회에서도 "우리가 노동자임을 자랑스럽게 생각해야 됩니다. 노동자가 없으면 세상이 있습니까?"[6]라고 말하고 있다. 이재명은 감정이 격해지면 손짓, 몸짓까지 동원하면서 '우리' 화법을 사용했다. 손으로 자기 가슴을 치는 무의식적인 동작을 통해 자신의 노동자 정체성을 온몸으로 표현한다. 2016년 12월 3일 촛불집회에서 노동자에 대한 얘기를 하다가 감정이 격해진 그는 자기의 가슴을 손바닥으로 두드리면서 다음과 같이 말했다.

**우리**가 노동자인데, 노동자인 걸 잊고 삽니다. (…) 노동자들의 권리를, 노동자의 권리를 **우리** 스스로 지켜야 나도 잘살 뿐만 아니라 이 나라 경제가 삽니다.

이재명의 노동자 정체성은 그의 말하기에서 지속적으로 드러나는데, 심지어는 유머에서도 나타난다. 그는 2016년 8월 11일, 호주의 시드니대학 강연에서 성남시의 복지 정책을 자랑하다가 중간중간 청중에게 농담을 던졌다.

옛날에는 하루 세끼를 밥을 먹는 게 목표인 시대가 있었어, 그죠? 얼마

안 됐어, 그거 지난 지가. 아직도 세상에는 하루 세 끼를 배부르게 먹는 게 삶의 목표인 사람들이 엄청나게 많습니다. 그런데 우리가, 대한민국 또는 호주, 이런 데 와 있는 분들이 '나 하루에 세끼만 먹겠다', 인생의 목표를, 부의 수준을 그렇게 잡으면 성남으로 오세요. 제가 100프로 이뤄줄 수 있어요, 성남에 오면. 보통은 노숙자들을 위해 음식물 제공하는 데가, 보통은 점심을 줘, 그죠? 보통 점심을 주고, 저녁이나 아침을 주는 데는 별로 없어요. 그런데 성남에 오면 아침을 주는 데가 있습니다. 사랑마루 라고, **메모해놓으세요.** [웃음] 사랑마루라고 있어요, 태평동에. 메모해놓으면 나중에 도움이 될지도 몰라. 사랑마루라고 있는데, 거기는 아침을 줘요. (…) 그러나 중요한 건 그거죠. 성남의 그곳에 오면 하루 세끼는 먹을 수 있다는 사실. 밥을 줘요, 그것도 (밥 먹는 제스처) 그냥 아무거나 주는 게 아니고, 진짜 밥이에요. 그리고 잠도 재워줘요. 노숙자의 집, 그런 거 있어요. **메모해놓으세요.**[7]

이재명은 공감 능력이 뛰어나고 청중의 심리나 눈높이에 맞추어 말하는 기술이 아주 뛰어난 정치인이다. 그렇지만 위의 농담만큼은 청중에게 깊이 공감받기 힘들었을 것 같다. 왜냐하면 대부분 한국인들은 현재의 상황이 제아무리 열악할지라도 자신이 노숙자로 전락해 급식을 받아 먹게 될지도 모른다고 예상하지 않을 뿐만 아니라, 그런 상상조차 못하기 때문이다. 청중에게 별로 호응받지 못했을 법한 위의 농담은 이재명이 노숙자가 되는 최악의 상황을 여전히 남의 일처럼 여기지 않고 있으며, 순간적으로 다른 이들도 그럴 것이라고 착각

했던 무의식의 산물이라고 볼 수 있을 것 같다.


## 인간에 대한 믿음:
## "농부가 밭을 탓하랴"


험악한 세상에서 온갖 험한 일을 다 겪으며 성장했음에도, 이재명은 인간에 대한 믿음을 굳건히 간직하고 있는 듯하다. 지역주의를 깨기 위해 부산에서 연거푸 도전했다가 번번이 낙선의 고배를 마신 노무현 전 대통령도 인간에 대한 믿음을 간직하고 있었기에 "농부가 밭을 탓하랴"라는 유명한 말을 남겼다. 인간에 대한 믿음이 없는 정치인은 선거에서 지면 국민을 탓하는 경우가 많다. '국민들 수준이 이것밖에 되지 않는구나'라고 말하면서 국민 탓, 유권자 탓을 하는 것이다. 이처럼 정치인의 경우 '인간을 믿는가, 믿지 않는가'가 가장 잘 드러나는 순간은 그가 선거에서 패배했을 때일 것이다.

2017년 첫 번째 대권 도전에 나섰던 이재명은 민주당 경선에서 패배한 후, 크게 실망하여 울거나 심하게 화를 내고 있던 열성 지지자들 앞에서 다음과 같은 즉흥 연설을 했다.


동지 여러분! 울지 마십시오. 울지 말고, 탓하지 말고, 세상 사람들을 우리가 충분히 설득하지 못했구나, 우리의 진심을 그 많은 사람들에게 제대로 전달하지 못했구나, 우리가 더 많이 준비해야 되겠구나, 우리의 정성이 아직 부족했구나, 이렇게 생각합시다, 여러분![8]

이 연설은 이재명이, 노무현의 '농부가 밭을 탓하겠는가'라는 심리, 즉 인간에 대한 믿음을 간직하고 있는 정치인임을 잘 보여준다. 또한 이재명은 인간(국민)을 탓하지 않는 정도가 아니라 국민이 능히 세상을 바꿀 수 있다고 믿는다. 그는 정보화 시대의 도래를 국민이 정치의 주인, 민주주의의 주인이 되게 해줄 수 있는 객관적 조건으로 간주한다. 즉 과거에는 독재자가 정보를 독점하고 조작하여 국민을 지배·조종할 수 있었지만 정보화 시대인 오늘날에는 그것이 불가능하기 때문에 국민이 정치의 주인이 되는 것을 막을 수 없다는 것이다. 2016년 8월 호주 시드니대학교 강연은 이런 그의 믿음을 잘 보여준다.

장사가 없죠. 정보에 장사가 없다. 그런데 과거에는 이 정보를 소수의 언론이 독점하고 있었어요. 그래서 자기들한테, 기득권자한테 유리한 정보만 좌악 나눠주는 거예요. 그러면 그 정보를 받은 사람은 그에 따라 판단할 수밖에 없죠. 그래서 통제를 했던 거예요. 그야말로 (국민을) 개돼지로 알았던 거죠. 실제로 그렇게 운영했으니까. 이 개돼지는 내가 한 말 아닙니다. [웃음] 영화 대사야, 영화 대사고, 그 교육부 고위관리가 한 얘기니까. 저한테, 내가 그랬다고 하지 마세요. 그런데 지금은 어떻게 됐냐 하면 이 정보를, 정보가 유통되는 통로가 너무 다양해졌어요. 네트워크가 너무 많이 발전했어요. 온 동네가 정보원이에요. 신문, 방송 아니라도 정보를 접할 곳이 너무 많습니다. 그리고 각각의 개인이 다 그 힘을 갖게 됐어요. 제일 중요한 게 소위 SNS죠. (…) 그래서 세상을 바꾸려고 하면, 과거에는 좀 어려웠긴 했지만, 지금은 이 소수, 행동하는 소수가 모이면 엄청난 영향력을 발휘할 수 있습니다.[9]

이재명은 정보로 대중을 통제하고 조종하던 시대는 끝났다면서, 자신은 국민의 집단지성을 믿는다고 반복적으로 말한다. 그의 인간에 대한 믿음이 국민에 대한 믿음으로까지 이어지고 있다. 위의 강연에서 이재명은 다음과 같이 말했다.

저는 그 대한민국의 그 역동성을 믿어요. 아, 정말 대단한 사람들이에요. 순식간에 나라를, 정말 근본적으로 바꿀 수 있는 힘을, 에너지를 가진, 대단한 국민들이죠. 그러니까 나 같은 사람도 대선 후보로 쳐주고 그러잖아요?[10]

이재명이 인간, 국민을 믿는다는 것은 그의 행동을 통해서도 드러난다. 일부 정치인들은 위기에 빠지면 큰 권위자에게 의존하려 하거나, 무속인이나 점집을 찾아가곤 한다. 반면에 국민을 굳게 믿는 정치인은 위기에 빠지면 국민을 찾아간다. 위기에 빠졌을 때 이재명은 어떻게 했을까? 20대 대선에서 그는 비록 민주당 경선에서는 승리했지만 여론조사 지지율이 정체되고, 마침내 윤석열 후보에게 큰 폭으로 밀리는 위기가 닥쳐왔다. 그러자 이재명은 국민들을 찾아가고 만남으로써 그 위기를 돌파하려 했다.

2021년 11월 20일, 대전 중앙시장을 방문한 이재명은 군중 앞에서 예정에 없던 즉흥 연설을 하기 시작했다. 우선 그는 '이재명이 달라졌다', '민주당이 배불러서 움직이지 않는다' 등 자신과 민주당을 향한 비판의 목소리를 익히 알고 있다면서, 자신과 민주당의 잘못을 과감하게 인정했다. 그러고는 치열한 반성을 발판 삼아 새로운 출발을 하겠다고 선언했다.

이제 완전히 새롭게 시작해야 되겠다, 처음부터 아무것도 없는 상태에서 시작하는 것처럼, 정말로 초심으로 돌아가서 우리가 잘못된 것, 부족한 것, 기대에 어긋난 것 다 챙겨보고, 잘못하면 잘못했다고 하고, 부족한 건 부족했다고 인정하고, 정말로 낮은 자세로 다 버리고 새로 시작해야 되겠습니다. 그렇게 할까요? [네!]<sup>11</sup>

이렇게 이재명은 위기의 탈출구를 국민 속으로 들어가는 것에서 찾았고, 그 출발은 시장통에 모여든 군중 앞에서의 즉흥 연설이었다. 그는 민주당의 이재명이 아니라 이재명의 민주당을 만들겠다는 의지를 표명하고 국민에 대한 믿음을 재차 언급하면서 자신을 도와달라고 호소했다.

새롭게 변화할 민주당이라고 하는 거대한 그릇이 있고, 새로운 민주당을 지지하실 우리 국민들이 있고, 과거가 아니라 미래를 향해 가야 한다는 각오를 다진 우리 국민들의 열정이 있습니다. 그걸 믿고 앞으로 반 발짝이라도, 어떤 억압에도 굴하지 않고 힘주어서 나가겠습니다. 여러분을 믿습니다. (…) 비록 소수일지라도 작은 실천을 해내는 우리 국민들이 이 나라의 운명을 바꿉니다. 여기에 모인 여러분들이 비록 소수일지라도 여러분이 열 명을 설득하고, 그 열 명이 열 명을 설득하고, 다시 그 열 명이 열 명을 설득하는 그런 실천이 일상화되면 무슨 일보, 이 가짜 뉴스 마구 쓰는 거 왜 못 이기겠습니까, 여러분![12]

## 공익추구형 정치인:
## 공동체의 꿈이 곧 나의 꿈

정치인은 공익추구형과 사익추구형으로 구분된다. 당연히 정치인은 공익추구형이어야 한다. 그러나 안타깝게도 공익추구형 정치인을 현실에서 찾아보기는 그리 쉽지 않다. 공익추구형 정치인이 되려면 사적 욕망이 반드시 공적 욕망으로 승화돼야 하기 때문이다. 만일 이 과정이 없다면 '나는 나라와 민족을 위해 정치를 하는 사람이야'라는 말을 늘 입에 달고 살면서 또 본인 스스로 그렇게 믿는다 하더라도, 진정한 공익추구형 정치인이 될 수 없다. 사익추구형 정치인 중에는 자신이 사익을 추구한다는 것을 자각하는 사람도 간혹 있기는 하지만, 대부분은 스스로도 그것을 알지 못하는 경우가 많다.

공익추구형 정치인의 특징은 '① 권력을 잡기 위해 뭔가를 하는 것이 아니라, 뭔가를 하기 위해 권력을 필요로 한다, ② 개인적 손해를 두려워하지 않는다, ③ 대중과의 접촉과 소통이 활발하다, ④ 국민에 대한 연대감이 강하다'는 점이다.[13] 이런 특징은 이재명의 말하기를 통해서도 확인할 수 있다.

이재명은 정치인이 된 후 지금까지 계속 '정치인은 국민의 머슴이다', '정치인은 국민의 대리인, 도구다', '나에게는 권력이 아니라, 일할 수 있는 권한이 필요하다'와 같은 말들을 해왔다. 이런 신념은 국민의 이익, 공적 이익을 위해 정치를 하는 공익추구형 정치인의 전형적인 특징이다. 2021년 9월 〈김어준의 다스뵈이다〉에 출연한 이재명은 다음과 같이 '정치인 도구론'을 설파했다.

역시 결론은, 인력으로 안 되는 일이다, 더 절감하게 됐죠. 작은 계곡에서는 배 타고 노 젓고 이러면 방향도 정하고 내 뜻대로 갈 수 있는데, 정말 큰 강으로 나오고 나니까요, 제가 노를 젓는 게 오히려 배를 뒤집는 결과를 낳을 수도 있다는 생각이 더 들고 있습니다. 사람들이 저라는 도구를 필요로 하면 저를 쓸 것이고, 이 도구는 지금 적절하지 않다고 하면 다른 거 하면 되죠. (너무 공자 말씀을 했나요?) 그게 과거에는 책으로 배우고 남의 얘기로 배웠는데 그게 이제 체감되는 거죠. 과거 왕조시대에도 백성들의 뜻을 무서워했잖아요. 지금은 1인 1표 국민주권 시대인데 집단지성, 국민의 선택이니까 애달파할 것도 없고, 저는 최선은 다하지만 유용한 도구로 준비는 하고 선택을 기다린다, 그렇게 마음먹고 있습니다.[14]

정치인은 국민의 머슴이고 도구여야 한다는 주장은, 정치인은 사적 욕망이 아니라 공적 욕망, 즉 국민의 이익을 위해서 정치를 해야 한다는 것을 의미한다. 공익추구형 정치인의 목표는 국민의 행복이다. 그리고 그 목표를 실현하기 위해 살아갈 때 가장 행복하다. 이 때문에 공익추구형 정치인은 국민 앞에서 당당하게 '나는 나의 행복을 위해 정치를 한다'고 말할 수 있다. 자신의 꿈이 곧 국민의 꿈이고, 자신의 행복이 곧 국민의 행복이기 때문이다. 2017년 이재명은 대선에 도전하면서 다음과 같이 말했다.

잘 사는 것이 저의 행복이기 때문에 저는 저의 행복을 위해 싸웠을 뿐입니다. 저의 판단과 행동과 정책은 제 삶의 경험과 가족과 이웃의 현실에서 나옵니다. 약자의 희생으로 호의호식할 수 없었고, 빼앗기지 않고 누구나 공정한 환경에서 함께 사는 것이 저는 행복이라고 믿었습니다. 저의 행복을 위해 싸웠던 제 삶만큼이나 앞으로도 모든 사람이 행복한 세상을 위해서, 앞으로도 싸워나갈 것입니다. 그렇기 때문에 저의 약속은 제 스스로에게 하는 다짐일 뿐 누군가를 위하여, 누군가에게 하는 제안이 아닙니다. 그래서 그 약속은 거짓일 수도 없고 포기할 수도 없는 것입니다. 저의 다짐인 제 약속은 지금까지 그래왔던 것처럼 반드시 지켜질 것입니다. (…) 저는 압니다. 적폐 청산, 공정국가 건설이라는 저의 꿈이 곧 국민 여러분의 꿈이라는 것을. 지금까지 그랬던 것처럼 저는 최선을 다하고 결과는 국민 여러분께 맡기겠습니다. 국민 여러분이 이재명과 함께해줄 것을, 국민의 꿈이자 이재명의 꿈인 함께 잘 사는 세상을 만들어가는 꿈을 함께 만들어갈 것을 믿습니다. 여러분! 감사드립니다. 최선을

다하겠습니다.[15]

이재명이 공익추구형 정치인이라는 것은 무엇보다 그의 정치 인생을 통해 확인할 수 있지만, 그의 말하기를 통해서도 확인할 수 있다. 다음의 말처럼 그는 자신을, 개인적 손해를 두려워하거나 피하지 않는 특이한 정치인이라고 자주 말해왔고, 실제로도 그렇게 행동해왔다.

정치인들은 원래 적당히 타협을 해야 되거든요, 우리가 아는. 그런데 적당히 타협이라고 하는 것은 존재할 가치가 있는 상대와 적당히 타협을 하는 거지, 존재를 인정해서는 안 될 것들과 타협하면 안 됩니다. 예를 들면 부패와 비리와, 그 다음에 불법과 편법과 특권, 이런 것들. 이런 것들하고 타협을 하면 이 세상이 어떻게 되겠습니까? 그런데 대개는 타협하죠. 그게 편해요. 얻는 것도 많아요. 그런데 타협하지 않고 싸우면 많이 잃습니다. 감옥을 가기도 하고요. 누명을 쓰기도 하고, 상처가 나기도 하고.[16]

공익추구형 정치인은 활발하게 대중과 만나고 소통을 한다. 그 최대 무기는 그가 공익을 추구한다는 사실을 다수의 국민이 알게 되는 것이다. 당연한 말이지만, 다수의 국민이 그렇게 되려면 그가 최대한 많이 국민과 만나고 소통해야 한다. 그렇기 때문에 공익추구형 정치인은 필연적으로 대중과의 만남과 소통을 중시하게 되는 것이다.

공익추구형 정치인은 국민 앞에, 자기 양심 앞에 떳떳하고 당당하기 때문에, 일반 대중은 물론이고 반대자들을 만나는 것도 두려워하지 않는다. 공익을 추구하다 보면 일부 국민들의 개인적 이익을 침해할 수도 있고, 반대자들이 생겨날 수도 있다. 하지만 소수 집단이 아닌 절대다수 국민의 이익을 대변하고자 하는 정치인은 이런 경우에도 소신을 버리지 않으며 반대자들과의 만남과 소통을 피하지 않는다. 이를 잘 보여주는 대표적인 사례가 계곡 불법점거물 철거 과정에서 있었던 상인들과의 대화다. 이재명은 그들이 자기를 싫어할 것이 분명함에도 직접 만나 대화를 시도했다. 적대적이고 냉랭한 분위기 속에서 이재명은 다음과 같이 유머로 운을 뗐다.

> 미안합니다. 안 보고 싶은 인간을 보는 것 같아서 드리는 말씀인데, 그래도 있는 현실이니까 맞닥뜨려야 해서 얘기를 좀 하고 가능한 방법을 찾아보는 게 좋겠죠? 원래 정치인들이 이렇게 나쁜 현장에는 잘 안 나타납니다. 표 떨어질까 봐.[17]

대화가 진행되는 중 한 상인은 당신이 계속 철거를 추진하면 표가 떨어질 거라고 말하며 은근히 이재명을 협박했다. 절대다수의 정치인이 가장 무서워할 만한 얘기를 꺼내 압력을 가하려고 한 것이다. 그러자 이재명은 즉각 다음과 같이 대답했다.

> 표 얘기 하셨는데, 아까도 말씀드렸지만 표 생각하면 안 해야지, 이런 거.

저도 압니다. 정치를 하는 이유는 세상을 바르게, 공정하게 하자고 하는 것이지, 내가 뭐 무슨 도지사 일 년 더 해먹을라고 하는 건 아니죠. 표를 의식 안 하니까 하는 얘깁니다. 그 점은 좀 이해해주시고요.[18]

영리한 한 상인이 표에 목숨을 거는 정치인의 심리를 이용해보려고 했지만, 이재명은 자신이 공익추구형 정치인이라는 점을 분명히 주지시킴으로써 그의 의도를 무력화했다. 이런 즉각적이고 효과적인 대응은 그가 표에 연연해하는 사익추구형이 아니라 공익추구형 정치인이기 때문에 가능했다고 할 수 있다. 이재명은 이후 코로나 방역과 관련해 경기대학교 기숙사를 징발하는 과정에서 학생들이 반발했을 때도 그들과 직접 대화를 통해 문제를 해결했다.

이재명이 공익추구형 정치인이라는 것은 그가 단지 자기 개인의 이익만이 아니라 당파적 욕심도 없다는 것, 즉 민주당만의 이익을 앞세우려고 하지도 않는다는 사실을 통해서도 알 수 있다. 그는 일부 청년들이 청년 정당을 만들려고 하자 그것에 찬성했을 뿐 아니라, 창당 행사에 직접 참석해 축사를 했다. 그는 평소에 엄마들은 엄마당, 청년들은 청년당을 만들어 뭉쳐야 한다고 주장하기도 했다.[19] 국민들이 자기 목소리를 내면서 주인의 역할을 다하려면 다종다양한 정당이나 단체를 만들어 뭉쳐야 한다고 강조한 것이다. 만일 그가 당파적 정치인이었다면 엄마들, 청년들한테 민주당에 입당하라고 권유했을 것이다. 그가 진보정당들에 우호적인 태도를 드러내는 것 역시 같은 맥락에서 이해할 수 있다.

## 솔직성:
## 때로는 유머로, 때로는 격정으로

사실 특별히 언급하지 않더라도, 이미 상당수 사람들은 이재명이 대단히 솔직한 사람이라는 사실을 알고 있을 것이다. 말하는 것 하나만 보더라도 그가 매우 솔직한 사람임은 누구라도 금방 느낄 수 있기 때문이다. 어느 맘카페 회원들과의 대담에서 사회자가, 사람들이 이재명에 대해 '질문하기 편하다', '질문을 피하지 않는다'고 평한다고 말하자 그는 다음과 같이 대답했다.

> 곤란한 질문이 어디 있어요? 있는 게 다 사실인데요, 뭐. 아니면 아니라 그러고, 모르면 모른다 그러면 되잖아요. "아유, 죄송합니다. 제가 아직까지도 부족해서 모릅니다" 그러면 그만이지 뭐, 때릴 거예요?[20]

이재명의 이 유머 섞인 답변 속에는 솔직성의 중요한 요인 가운데 하나가 언급되고 있다. 솔직성에는 어린 시절의 경험이 큰 영향을 미친다. 아이들이 솔직하게 자기 마음을 표현했을 때 처벌을 받거나 매를 맞게 되면 솔직성을 키우기가 어려워진다. 반대로 아이들이 솔직하게 자기의 속마음을 드러냈을 때 세상, 특히 부모가 그것을 수용해주면 솔직성이 강화된다. 한마디로, 솔직하게 말하고 표현하며 행동한다고 해서 손해를 볼 일이 없다면 사람들이 솔직해지지 않을 이유가 없는 것이다. 아마도 이재명은 솔직하게 말하고 행동했을 때 처벌을 받거나 특별히 불이익을 당하지 않았던 어린 시절을 보냈을 것이다.

이재명은 남에게 드러내기 쉽지 않은 섭섭하고 아쉬운 생각이나 감정까지도 솔직하게 표현한다. 다음은 〈김어준의 다스뵈이다〉에서의 대담 중 일부분이다.

> **김어준** : 경선 과정에서 슬프고 외롭다 이럴 때 있잖아요?
>
> **이재명** : 그건 사실 좀 있죠. 예를 들면 윤석열에 대해 문제를 제기하면 야당은 당 지도부가 나서서 방어하잖아요. 우리는 당 지도부에서 경쟁의 일부라고 생각해서 그런지 (…) 그런 건 좀 정리해줬으면 좋겠는데, 여전히 아웃사이더인가 보다, 그런 생각이 들 때 좀 섭섭하죠.[21]

이재명은 예전부터 자신의 가장 큰 약점으로 거론돼와서 회피하고 싶을 수 있는데도 스스로를 '아웃사이더'로 규정하면서 아쉽고 섭섭한 속마음까지도 솔직하게 드러내는, 그야말로 가식과는 거리가 먼 사람이다. 그러니 다음과 같이 즐거운 감정을 솔직하고 유머러스하게 표현하는 건 너무나 당연할 것이다.

> **김어준** : 반면에 신나고 즐거울 때는 뭐냐?
>
> **이재명** : 지지율 많이 나올 때죠 뭐.[22]

때로는 솔직함도 유머가 될 수 있다. 가식적인 사람은 멋지고 과장된 말로 자신을 포장하거나 높이려 한다. 하지만 이재명은 자신을 굳이 포장하거나 높이려 하지 않는데, 그런 심리가 여과 없이 표현되는 과정에서 그것이 솔직함에 기반한 독특한 유머가 되기도 한다. 어쩌면 이런 점이 대중에게 어필하는 그의 매력 중 하나일지도 모른다.

이재명은 감정이 격해졌을 때도 굳이 감추거나 억제하기보다는 그것을 그대로 드러내거나 표현하는 편이다. 물론 그런 솔직한 감정적 표현들 때문에 욕을 많이 먹기도 하지만, 바로 그것 때문에 그는 강력한 에너지를 내뿜는 정치인으로 대중에게 각인될 수 있었다. 그는 광주를, 자신을 다시 태어나게 해준 사회적 생명의 어머니라고 부른다. 그 어머니의 땅 광주에서, 그것도 박근혜 탄핵을 요구하는 촛불집회 무대에서 연설을 하게 되었으니, 감정이 대단히 격해졌을 것이 분명하다. 그는 자신의 격앙된 감정 상태를 그대로 드러내며 다음과 같이 절규했다.

> 광주에서 여러분과 함께 이 순간을 보내게 된 것이 영광스럽습니다. (…) 새누리당이 어떤 당입니까? 36년 전 바로 이 자리에서 그 가녀린 여고생의 가슴팍에 총알을 박아넣고 (…) 쇠심 박힌 몽둥이로 사람들의 머리를 내려친 바로 그자들이 (손가락을 들어올려 공격적인 포즈를 취하면서) 새누리당입니다, 여러분![23]

이재명의 이 연설 영상을 보노라면, 누구라도 그의 말과 표정, 동작에서 광주 시민들을 무참히 살육한 악당들에 대한 분노와 적개심이

뚝뚝 묻어나오는 걸 느낄 수 있을 것이다. 나아가 진심에서 우러나오는 감정 표현이 어떤 것인지도 알 수 있을 것이다. 평소에는 또박또박 발음하던 이재명도 이날은 화가 나서 그것이 흐트러질 정도로 격정적으로 말을 하고 있다. 그를 지켜보던 청중은 강한 에너지를 느꼈을 것이고, 그가 광주민주화운동을 마치 자기 가족의 일처럼 여기고 있다고 느꼈을 것이다. 이런 느낌은 이재명이 자기들, 나아가 국민을 대신해서, 국민을 위해 싸우는, 뜨거운 심장을 가진 진정성 있는 정치인이라는 강한 인상으로 귀결되지 않았을까.


## 인간심리에 대한 통찰:
## '욕망'을 읽어내는 힘


이재명은 오늘날 한국 사회에서 살아가고 있는 인간들의 심리에 정통하다. 물론 정확히 말하자면, 인간심리에 대한 그의 견해가 학문적으로 옳다거나 정확하다고 말할 수는 없다. 그러나 분명한 것은, 인간심리에 대한 그의 통찰력이 처절한 삶의 경험을 통해 획득한 산지식에 기초하고 있으며, 적어도 현실적인 인간의 심리에 대해서만큼은 그가 둘째가라면 서러워할 정도로 잘 알고 있다는 점이다.

인간심리 중에서 가장 중요한 역할을 하는 것을 하나만 꼽으라면 단연 '욕망'을 들 수 있다. 인간의 삶이란 본질적으로 욕망을 실현하기 위한 과정이라고 할 수 있기 때문이다. 놀랍게도 이재명은 이런 심리학의 핵심을 정확히 이해하고 있다.

인간은 욕망의 동물이잖아요. 가만 놔두면 막 끝없이 가지고 싶어요. 꼭 소금물로 갈증을 해소하는 것처럼, 꼭 소금물 먹는 것처럼 자꾸 먹으면 먹을수록 갈증이 커져요. 제가 경험한 바에 의하면, 재산이 많으면 많을수록 욕심이 커지더라고요. 많이 가지면 욕심이 적어지는 게 아니고요, 가질수록 더 많이 가지고 싶어 해요. 아흔아홉 석 가지고 있으면, 그 한 되박 가지고 겨우 먹고사는 사람들 것 뺏어가지고 백 석 채우고 싶은 거예요, 사람 마음이. 근데 그거는 개인이 나빠서가 아니라, 인간의 본연이죠. 동물들은 원래 자기가 살아남아야 되니까 많이 갖고 싶은 것이 자연스러운 거예요. 그건 개인을 비난할 바가 아닌데, 문제는 우리가 같이 모여 살면서 사회의 정치구조라고 하는 걸 만들지 않습니까. 그걸 만들면 그 정치라고 하는 것이, 사회 시스템이라고 하는 것이 하는 본질적 역할이 바로 그런 개인의 원초적 욕망을 절제시키는 거예요.[24]

무제한으로 커지는 돈에 대한 욕망이 인간 본성(이재명의 표현에 의하면 인간 본연)은 아니다. 그렇지만 그것이 오늘날의 자본주의 사회에서 살아가고 있는 절대다수 사람의 주요한 심리라는 것은 분명한 사실이다. 비록 자본주의 사회의 강요에 의해 생겨난 비정상적 욕망을 인간 본성으로 간주하고 있다는 결함이 있기는 하지만, 적어도 이재명은 인간심리에서 차지하는 욕망의 중요성 그리고 현실 속 살아 있는 인간들의 심리만큼은 아주 정확하게 꿰고 있다.

욕망의 중요성을 이해하고 있기에 이재명은 건전하지 않은 욕망을 아예 없애지 못하면 결국에는 사달이 난다면서, 그런 욕망들을 싹부터 짓밟아버려야 한다고 강조한다. 성남시장 시절 시청 직원들을 대상으로 한 강연에서 그는 다음과 같이 말했다.

지위가 높아지는 것이 꼭 좋은 것만은 아니에요. 점점 그 지위가 높아지는 만큼, 권한이 커지는 만큼, 책임도 커지고 위험도 그만큼 커져요. 위험. 인생을 망칠 위험, 연금이 날아갈 위험, 그 위험들을 미리 막으세요. 작은 것부터 출발한단 말입니다, 작은 것. 처음부터 크게 사고 치지 않아요. 작은 것부터 시작된다. 그 작은 것의 근원은 마음이에요, 마음. 나의 마음에서 그걸 없애버려야 작은 것조차도 막을 수 있어요. 그런데 마음은 있는데 절제를 하잖아요? 그 절제는 어느 순간 무너집니다. 소위 마인드, 마음 자체를 아예 그렇게 만들어놔야 돼요.[25]

위의 말을 요약하자면, 크고작은 사고는 다 건전하지 않은 욕망에서 비롯되기 때문에 그 욕망 자체를 없애야지 그것을 억제하는 것만으로는 한계가 있다는 것이다. 예를 들어 출세 욕망이 있는데 그것을 아예 없애지 못하고 억제만 하다 보면, 언젠가는 기어이 사고를 치게 된다는 것이다(참고로, 건전하지 않은 욕망을 없애려면 심리치료가 필요할 수도 있다).

지금까지 살펴보았듯이 이재명은 연설이나 대담에서 인간심리, 대중심리와 관련된 주제를 자주 다루고 있는데, 그 내용이 대단히 정확하고 수준이 상당히 높다.

## 일관성: 시간의 재구성

일관성은 말에 대한 신뢰, 나아가 그 말을 하는 사람에 대한 신뢰 여부를 결정하는 중요한 요인 중 하나다. 어떤 정치인이 제아무리 말을 잘하더라도, 과거에 한 말과 오늘 하는 말이 다르고 저기에서 한 말과 여기에서 하는 말이 다르다면, 사람들은 그의 말뿐만 아니라 그 사람 자체를 믿지 않을 것이다. 이재명의 말하기를 시간의 흐름을 따라가며 관찰해보면 그에게 일관성이 있다는 것을 확인할 수 있다.

20대 대선에 출마하면서 이재명은 지역화폐 형태로 지급하는 기본소득을 공약으로 내세웠는데, 다음의 발언을 통해 확인할 수 있듯이 그는 일찍이 성남시장 시절부터 지금까지 일관된 입장을 고수해왔다.

예산 집행을 수반하는 어떤 정책은 가급적이면 중첩적인 정책 효과를 갖는 게 바람직합니다. 청년배당에 대해서 왜 상품권을 줘서 깡이라고 하는 일이 벌어지게 하느냐고 집중적인 공격이 있습니다. 의원 여러분께서도 상당수 거기에 동의할 것으로 생각됩니다. 그러나 현금으로 지급할 경우에 그 돈이 우리 지역사회에 쓰이지 않거나 또는 대형 유통점이나 술집 또는 복권방 등에서 사용되지 않도록, 상품권을 지급해서 우리 지역 영세 상인들이 살아갈 수 있도록 하는 것이 훨씬 낫다는 판단이 들었습니다. 그래서 우리 의회에서도, 의원 여러분께서도 현금이 아닌 지역화폐, 성남사랑상품권을 지급하는 조례에 동의해주셨습니다.[26]

대선주자가 된 이재명이 '공정 성장'을 첫 번째 공약으로 내세우자, 일부 사람들은 그가 '과거에는 공정, 평등을 강조하더니 대선주자가 되자 갑자기 성장을 언급한다'면서 일관성이 없다고 비판하기도 한다. 그러나 2016년의 한 강연 내용을 보더라도 단지 '공정 성장'이라는 표현을 사용하지 않았을 뿐이지, 당시에도 그가 '기회의 총량'을 늘리는 문제, 즉 '성장'을 중시하고 있었음을 확인할 수 있다.

> 기회라고 하는 게 줄어들고 있는 거죠, 기회. 기회라고 하는 거는 우리의 삶의 환경 같은 거죠. 이 환경이 점점점 나빠지고 있는 거죠. 그러니까 이 나빠지는 환경 속에선 개인적인 노력을 아무리 기울여도 거기서 벗어나기 어렵죠. 거기서 벗어날 수 있는 길은 이 환경을 바꾸는 거예요. 기회의 총량을 늘리는 거죠.[27]

이재명은 자신이 꿈꾸는 세상, 자신의 최종 목표가 '대동세상'이라고 반복적으로 말해왔다. 즉 그는 정치인이 된 시기부터 촛불항쟁 시기를 거쳐 지금까지도 일관되게 자신의 최종 목표가 대동세상이라고 강조해왔다. 예를 들면 2017년 대선 경선에서 패배했을 때 그는 지지자들에게 다음과 같이 말했다.

우리가 지금 비록 소수여서 지금은 당장 발길을 되돌리지만, 우리 가슴 속에 깊이 간직하고 있는, 변화하는 세상 속에서 모든 사람이 행복하게 살아가는 제대로 된 대동세상, 공동체의 꿈은 결코 사라지지 않을 겁니다, 여러분![28]

지금까지 살펴보았듯이, 이재명의 말하기를 시간순으로 따라오며 관찰해보면 그가 일관성 있는 정치인임을 알 수 있다. 물론 그가 민주당의 대선 후보로 확정되고 수많은 정치세력과 사람들이 그 주변에 모여들면서, 그가 기존 입장에서 약간 후퇴하거나 동요하는 모습을 보이고 있기는 하다. 하지만 그렇다고 해서 그가 일관성을 상실했다거나 원래부터 일관성이 없는 정치인이었다고 평할 수는 없을 것이다.

# 윤석열의
# 말과 심리

# 방어적 말하기

세상에 대한
공포에서 비롯

01

윤석열의 말하기에서 가장 큰 특징은 '방어적 말하기'다. 그의 말하기에서 드러나는 여러 가지 특징이 대부분 이 '자기방어'와 관련이 있다.

사람들이 세상을 대하는 태도와 심리를 크게 두 가지로 구분하자면 '개방' 대 '방어'일 것이다. 개방적인 태도로 세상을 대하는 사람은 세상을 두려워하지 않기 때문에, 외부에서 오는 자극을 열린 자세로 받아들이고, 세상을 향해 자기를 드러내는 것에도 적극적이다. 개방적인 태도는 세상이 자기를 좋아하고 수용할 것이며, 인정하고 존중해줄 것이라는 일련의 긍정적인 믿음을 바탕으로 한다. 한마디로 세상이 자기를 우호적으로 대할 것이라고 믿는, 세상을 사랑하는 사람의 특징이다.

반면 방어적인 태도는 세상에 대한 공포에 기초한다. 방어적인 태도로 세상을 대하는 사람은 세상을 두려워하기 때문에, 마음의 문을 꽁꽁 걸어 잠그고 외부의 자극을 거부하며, 세상을 향해 자기를 열어

보이거나 드러내지도 않는다. 나아가 외부 자극에 과민반응하고 과잉대응을 하며, 흔히 공격적인 대응을 하는 경향이 있다. '겁 많은 개가 더 크게 짖는다'는 속담처럼, 방어적인 태도와 적대적이고 공격적인 반응은 본질적으로 세상을 두려워하는 것에서 비롯한다.

개방적인 태도와 방어적인 태도에는 자신감이나 자존감 같은 심리적 요인도 영향을 미친다. 자신감 넘치는 사람, 자존감 높은 사람은 세상을 향해 자신을 드러내는 데 거리낄 것이 없으므로 개방적인 태도를 가진다. 반면에 자신감이 부족하거나 자존감이 낮은 사람은 세상이 자신의 초라한 모습을 알게 될까 봐 전전긍긍하므로 방어적인 태도를 가진다.

개방적인 태도는 대문을 열어놓고 사는 집, 방어적인 태도는 대문을 닫아걸고 사는 집에 비유할 수 있다. 대문 밖에 도둑이 있을 리 없다고 믿는 집은 대문을 활짝 열어놓고 살겠지만, 대문 밖에 도둑이나 강도가 바글댄다고 믿는 집은 대문을 꽁꽁 걸어 잠그고 살아갈 것이다. 마당이 깨끗하고 정갈한 집은 보란 듯이 대문을 열어두겠지만, 마당이 엉망진창인 집은 남들이 흉이라도 볼까 봐 걱정되어 대문을 닫아놓을 것이다. 이렇게 개방적인 태도와 방어적인 태도를 가르는 것은 '외부 세계를 두려워하느냐 아니냐'와 자신감·자존감 같은 '심리적 요인'이다.

윤석열의 방어적인 말하기 역시 세상에 대한 방어적인 태도와 심리의 직접적 표현이다. 그렇다면 강한 이미지를 풍기는 윤석열이 사실은 세상을 무서워하는 겁이 많은 사람일까? 답은 '그렇다'이다. 윤석열은 사실 겁이 많은 사람이다.

2020년 10월 대검찰청 국정감사에서 박범계 의원은, 남들한테 거만한 자세로 비치기 쉬운 다소 비딱한 자세로 앉아 있던 윤석열을 향해 "총장님, 자세를 똑바로 해주세요! 수감기관입니다!" 하고 외쳤다. 순간 신기하게도 윤석열은 화들짝 놀라며 "네"라고 대답하고는 자세를 똑바로 했다.¹ 뒤에서 자세히 다루겠지만, 이런 식으로 윤석열은 갑자기 혼이 나거나 강한 공격을 받으면 깜짝 놀라거나 긴장을 하며, 마치 착한 모범생처럼 얌전해지는 모습을 자주 연출한다.

의도적이었든 아니었든, 윤석열을 졸지에 착한 학생으로 만들어놓은 박범계 의원이 "그날 삼성과 무관하다고 할 수 없는《중앙일보》사주를 만나셨습니까?"라고 묻자 그는 예의 그 동문서답을 했다. 박범계 의원이 다시 단호하게 "만났습니까? 안 만났습니까?"라고 추궁하자 윤석열은 "선택적 의심 아니십니까? 과거에는 안 그러셨지 않습니까. 과거에는 저에 대해서 안 그러셨지 않습니까?"라고 말했다. 이 장면을 보노라면 드라마의 한 등장인물이 눈물을 흘리면서 "예전에는 절 좋아하셨잖아요? 그런데 지금은 저한테 왜 이러시는 거예요?"라고 하소연하는 장면이 떠오른다.

아무튼 윤석열이 겁이 많은 사람, 세상을 무서워하는 심리를 가진 사람이라는 의견에 동의하든 동의하지 않든, 부정할 수 없는 것은 그가 방어적인 말하기를 한다는 사실이다.

## 자기를 표현하지 않는다:
## 비정서적 말하기

방어적인 말하기의 특징 중 하나는 자기를 표현하지 않는 것, 자기를 드러내지 않는 것이다. 상대방이 자기를 좋아한다고 믿는 사람은 마음을 활짝 열고 있는 그대로의 자기를 보여주기 마련이다. 반면 상대방이 자기를 싫어한다고 믿는 사람은 상대방에게 자기의 모습, 특히 본모습은 절대로 보여주지 않는다.

나를 보여주지 않는 말하기는 스토리 텔링의 결여는 물론이고 자기 표현, 특히 자기 감정을 표현하지 않는 것에서 드러난다. 윤석열의 말하기를 들여다보면, 그가 자기 감정을 인식하고 표현하는 능력이 매우 부족하다는 것을 알 수 있다. 윤석열의 말하기는 감정이나 정서가 배제된, 차갑고 건조하며 딱딱한 느낌을 주는 전형적인 '비정서적' 말하기다.

> **표창원** : 작년 서울중앙지검 국감 때 윤 총장님의 당시 가족 얘기를 거론하시던 국회의원님이, 지금은 막 대단한 보호자가 되어 계시는 상당한 아이러니를 목격하고 계시고 있는데요. 간단하게, 가능하다면 소회나 국민들께 메시지 부탁드려도 되겠습니까?
>
> **윤석열** : (양손을 모아 앞으로 내짚으며) 글쎄 뭐, 저와, 그, 또, 저와 함께 그 일을 했던 수사팀 모두 대한민국의 공직자입니다. 저희들이 어떤 일을 할 때 또 저희를 비판하시는 그 여론에 대해서는, 저희들이 또 겸허히 그

비판을 받아들여서 저희들 일하는 데 반영하고, 또 저희를 응원해주시는 분들에 대해서는 또 감사한 마음으로, 또 이렇게 생각을 하면서 일할 뿐이고, 저희는 뭐 국가의 공직자로서 저희들이 맡은 그 직분을 다할 뿐이라고 저는 그렇게 생각을 합니다.[2]

표창원 의원이 질문한 핵심은 '소회'다. 쉽게 말해 작금의 이 아이러니한 상황에서 느끼는 기분이나 느낌과 같은, 자신의 감정에 대해 얘기해달라는 것이다. 대부분 사람들은 이런 질문을 받으면 '앗싸' 하면서 아주 편하게 대답할 것이다. 감정을 묻는 질문에는 정답이 있을 수 없으므로, 자기의 주관적 느낌이나 기분 등을 표현하면 그만이기 때문이다.

그렇지만 윤석열은 자기의 마음, 특히 감정이나 정서를 표현해야 하는 질문을 받으면 매우 곤혹스러워하며 그에 맞는 적절한 답변을 하지 못한다. 이것은 그가 자기 감정을 정확히 파악하지도 못하고 그것을 잘 표현하지도 못한다는 것을 의미한다(한편 이 대화를 보면 윤석열은 특이하게도 '저희'라는 주어를 많이 사용하는데, 이 문제는 뒤에서 다시 논하기로 한다).

**원희룡** : (대선 선거운동을 거론하면서) 그 과정에서 많은 국민들을 만나면서 목소리를 들었을 것입니다. 그중에서 가장 가슴에 크게 남은 국민의 목소리, 그리고 인생을 걸고 정치를 하면서 본인만이 느끼는 가장 큰 소회, 어떤 것인가요?

**윤석열** : 쫍(헛소리) 뭐 코로나도 있고, 이 정부의, 그, 이념에 갇힌 정책 때

문에, 에, (잠시 침묵) 힘들어하시는, 일단, 그, 자영업자들의 목소리가 제일 많이 들려왔고요. (…) 그리고 국민들께서 가는 곳마다 열렬히 지지도 해주고, 격려도 해주셨지만. 아, 이게 잘못하면, 이것이 분노로 바뀌었을 때, 에?, 정말 어떻게 이걸 감당할 수 있겠나 하는, 그런 두려움도 많이 느꼈습니다.[3]

또 소회다. 윤석열에게는 답변하기 어려운 난처한 질문을 받으면 헛소리를 내는 버릇이 있다. 그는 여기서도 자신의 감정, 정서를 표현해야 하는 질문을 받자 동문서답, 횡설수설로 일관할 뿐 그 질문에 대해 적절한 답변을 하지 못하고 있다.

대답하기 어려운 질문을 받았을 때 가장 흔하게 나타나는 윤석열의 반응은 '긴장'이다. 반면에 자기 마음, 특히 기분이나 느낌과 같은 감정을 표현해야 하는 질문을 받았을 때의 특징적인 반응은 '당황' 혹은 '곤혹스러움'이다. 이것은 윤석열이 자기를 표현하는 것을 두려워하기 전에 일단은 매우 힘들어한다는 것을 시사해준다.

2021년 11월 5일, 국민의힘 경선에서 윤석열 후보의 당선이 확정된 후 기자들과의 질의응답이 있었다. 윤석열은 다른 질문에는 그럭저럭 답변을 했지만 "경선 과정에서 제일 보람 있었던 것, 가장 가슴 아팠던 일"이 무엇이었냐는 질문을 받자 당황스러워하는 표정으로 한동안 침묵을 지키다가 어렵게 답변을 시작했다.

제가 정치 신인이지만 에, 흠, 우리 당에 또 어~, 또, 인제 소위, 그 정치

원로들, 이런 많은 분들이 에~, 참, 크게 도와주시고 밀어주셨기 때문에, 제가 뭐 신인이라고 하고, 또 이, 에, 정치, 여의도와 정계에 대해서 모르는 게 많다고 해도, 에~, 라이트를 켜고 잘 인도해주시는 분들이 많아서 여기까지 온 거 같습니다. 그리고 아~, 국민의힘에, 그 조속한 입당을 결정해서 입당한 것이, 제가 참, 지금 생각해도 그게 아주 잘한 결정이 아니었나, 역시 정치라고 하는 것은 당에 들어가서, 당을 통해서 하는 것이고, 또 민주주의라는 거 역시 당의 민주화를 통해서 국가 민주화를 이루어나가는 것이기 때문에 제가, 저한테, 그 정치 시작할 때, 에, 좀, 바깥에 오래 있으라고 권하는 분들도 많았지만, 그래도, 에, 국민의힘을 선택해서, 이, 당에 들어가서 많은 걸 배우고 경험한 것이, 에, 제가 아주 후회 없이 잘한 일이라고 생각이 됩니다, 네.[4]

윤석열은 자기 이야기를 해야만 하는 질문, 그리고 자기 마음, 특히 자기 감정을 들여다보고 그것을 표현해야 하는 질문을 받으면 당황해서 심하게 버벅거리고 횡설수설하며 동문서답을 한다. 게다가 '가장 가슴 아팠던 일'에 대해서는 아예 패스해버렸다. 기자가 다시 '경선 과정에서 가슴이 아팠던 부분은 말씀이 없으셨다'고 지적하며 두 번째 질문에 대한 답을 요구하자, 그는 어색하게 웃으며 다음과 같이 대답했다.

글쎄 뭐, 제가 좀 국민들께, 저런 소리를 하냐 하는, 그런 좀, 에, 비판이나 그런 거에 봉착을 했을 때, 에~, 참, 그, 정치라고 하는 거는 자기 마음과 또 그것이 표현돼서 국민들께, 에~, 그, 들릴 때 받아들이는 그것과 굉장한 차이가 있다는 엄연한 현실을 알아야 되는데, 그런 거를, 이제 배우는 과정들이, 에~, 좀, 어려운 과정이었고, 에, 하여튼, 뭐, 소중한 시간이었던 거 같습니다, 네.[5]

윤석열은 어떻게 해서 '아팠던 마음'에 대한 질문에 '소중한 시간이었다'는 답을 하는 메마른 사람이 된 것일까? 모름지기 그는 어려서부터 자기 마음을 들여다보고 그것을 솔직하고 활발하게 표현하기 어려운 환경에서 성장했을 것이다. 그리고 그 결과가 바로 자기 표현이 거의 없는 비정서적 말하기다.

## 잘못을 인정하지 않는다:
### 비판에 대한 두려움 또는 책임 회피

윤석열은 자기의 잘못을 인정하지 않는 것으로 유명하다. 사실 정확히 말하자면, 그는 자기 잘못을 인정하지 않는 사람이 아니라 비판 자체를 거부하는 사람이다. 비판 자체를 거부하니까 당연히 잘못을 인정하지 않게 되고, 반성도 하지 않게 되는 것이다. 비판 그 자체를 거부하고 자기 잘못을 인정하지 않는 것은 방어적인 심리의 대표적인 특징이다. 비판 자체를 거부하는 심리는 비판에 지나칠 정도로 민감하게 반응하며 과잉대응하는 것으로 표현된다.

윤석열은 우선 비판을 받으면 때로는 극단적인 단어까지 동원하면서 아주 강도 높게 부정하고 항의한다. 2020년 대검찰청 국정감사에서 검찰 개혁과 관련해 비판을 받자, 그는 "검찰은 검찰 구성원들의 비리에 대해서는 절대 용납하지 않습니다"[6]라고 강하게 항의했다(물론 검찰이 검찰 구성원들의 비리를 절대 용납하지 않는다는 그의 항변은 사실과는 전혀 맞지 않는 거짓말이다). 윤석열은 또 대선 출마 후 '주 120시간 노동' 논란과 관련된 질문을 받자 "그건 일고의 가치도 없는 얘기고요"[7]라며 아주 강하게 부정하기도 했다. 이런 식으로 그는 비판을 받으면 '절대로', '왜곡', '일고의 가치도 없다', '치사한' 같은 극단적인 표현을 동원해 아주 강도 높게 부정하고 항의한다.

윤석열은 또한 비판을 받으면 과도하게 흥분해, 감정적인 표현과 격렬한 분노감정을 여과 없이 분출한다. 그는 일부 인터넷 언론의 의혹 보도와 관련된 질문을 받자 화가 난 표정으로, "이런 괴문서를 가지고 치사하게 숨어서 하지 말고"라고 말한 다음 갑자기 굵은 목소리로 톤을 높이면서 "저를 국회로 불러주십시오!"[8]라고 소리를 질렀다. 이런 식으로 윤석열은 비판을 받으면 상당히 거친 목소리와 말투로 '치사하게'와 같은 감정적인 표현을 사용하면서 분노를 표출한다. 마음의 여유를 찾아볼 수 없는, 비판에 대한 과민반응과 과잉대응은 그가 비판을 매우 두려워하여 거의 동물적으로 거부하는 사람이라는 것을 시사해준다.

윤석열은 비판을 받아 구석으로 몰리면 갑자기 벌컥 화를 내기도 하는데, 이것 역시 비판에 대한 전형적인 과잉대응이다.

**유승민** : 그저께 토론에서 사흘 전에 주택청약 가점, 국민연금 크레딧 관련 자료 주신다고 했는데, 왜 자료를, 왜 안 주십니까?

**윤석열** : 아, 그 자료를, 이렇게 말씀하시지 않으셨습니까? 우리가 이거를 젊은 사람들하고.

**유승민** : 그러니까 저하고 공약이 똑같이 된 거를 인터뷰에서 발표를 했다고 했는데, 그 공약이 똑같이 된 거를, 인터뷰에서, 그 자료가 안 왔습니다.

**윤석열** : 인터뷰 대상자하고 인터뷰 자료를 저희가 다 보내드렸지 않습니까.

**유승민** : 아이 그러니까 대상자만 잔뜩 보내주시고, 오픈채팅방에 이런 사람들하고 인터뷰했노라.

**윤석열** : 그렇게 하면은 사람들 이름이 다 나오기 때문에, 곤란하고.

**유승민** : 아니 아니, 사람 이름이 아니고, 사람 이름 다 지우고, 증거를, 자료를 달라니까. 아니 검찰총장까지 하신 분이.

**윤석열** : 아니, 그럼 인터뷰를 안 하고 조작했단 얘깁니까? 제가 그걸 유후보님한테, 굳이 유 후보님한테. 제가 공개할 필요도 없는 거지만, 굳이 이렇게 했기 때문에 궁금하면 보내드리겠다고 한 것이고, 그 정도면 된 거지. 세상에.[9]

유승민 후보가 인터뷰 자료를 보내주기로 해놓고 왜 보내주지 않았냐고 따져 묻자, 윤석열은 갑자기 벌컥 화를 내면서 뜬금없이 '나한테 인터뷰를 조작했다고 말하는 거냐'며 유승민 후보를 공격했다. 이런 장면 역시 윤석열이 비판이나 추궁에 과도할 정도로 예민하게 반응하고 공격적으로 대응한다는 것을 잘 보여준다.

윤석열은 왜 자기 잘못을 한사코 인정하지 않으려 하는 것일까? 잘못을 인정하지 않는 것은 책임을 지기 싫어서이고, 책임을 지기 싫어하는 것은 혼나거나 비판받는 것이 무서워서다. 어려서부터 많이 혼나며 성장한 사람은 당연히 혼나는 걸 몹시 무서워한다. 혼나는 걸 피하려면 자기한테는 책임이 없다고 발뺌을 해야만 하고, 그러려면 절대로 잘못을 인정하면 안 된다. 윤석열은 대답하기 곤란한 질문을 받으면 절대로 딱 부러지는 답을 하지 않는다. 만약 딱 부러지게 대답을 했다가 틀리면 망신스럽기도 하거니와 혼(비판)이 날 수 있다고 두려워해서일 것이다.

**최재형** : 지난 대선에 나온 공약인데요. 최저임금을 2020년까지 만 원으로 올리겠다, 또 기업의 비정규직 고용을 제한하고 법인세를 인상하겠다, 소득세 인상하고 재산세를 올리겠다, 외고·자사고 폐지하고, 신규 원전 짓는 거 자제하고 단계적으로 탈원전 추진하겠다. 이거 누구 공약인지 혹시 아시나요?

**윤석열** : 글쎄 뭐, 저 민주당 공약 같기도 하지만, 또 우리 당의, 그, 저, 자유한국당 후보의 공약도 일부 있는 거 같고, 좀 그렇습니다. 정확히는 잘 모르겠습니다.[10]

모르면 그냥 모른다고 말하면 되는데, 윤석열은 이리저리 중언부언하다가 결국에는 모른다고 인정했다. 그러면서도 그냥 모른다고 하지 않고 굳이 '정확히는 잘 모르겠다'고 말했다. 정확하게 알지는 못하지만 대충은 알고 있다는 뜻인가? 이런 장면은 윤석열이 '자신이 모른다'는 사실을 인정하기 대단히 힘들어하는(본질적으로는 두려워하는) 사람임을 보여준다.

> **유승민** : 윤석열 후보님의 복지 정책은 뭡니까? 한마디로 하자면.
>
> **윤석열** : (한동안 침묵) 복지라는 게 굉장히 포괄적이긴 한데, 저는, 에, 크게 두 가집니다. 아주 어려운 사람에게 두툼하게 해주자 하는 거하고요. 그다음에, 이, 복지라는 것을, 좀, 규모의 경제라든가, 보편적인 복지로 할 만한 것들을, 에, 그, 사회서비스로 해가지고, 거기서, 복지 자체에서 일자리를 좀 많이 만들어주자.
>
> **유승민** : 복지에, 복지에. 지금, 방금 규모의 경제라 그러셨는데, 그게 무슨 뜻입니까?
>
> **윤석열** : (빠른 속도로 대답) 아니 그러니까, 예를 들어서 이런 거죠.
>
> **유승민** : 복지에 무슨 규모의 경제가 있습니까?
>
> **윤석열** : 어, 이걸, 개별적으로 하는 거보다, 어, 전체 국민이 다, 이, 그, 소위 말하는 서비스가 필요하다고 하면….
>
> (어이없어하는 표정으로 윤석열을 바라보고 있던 유승민이 "알겠습니다, 알겠습니다"라고 말하며 끊음)[11]

사실 당신의 복지 정책을 '한마디'로 요약해달라는 요청은 윤석열에게는 너무 어려웠을지도 모른다. 하지만 이런 경우에도 '한마디라? 한마디로 요약하기는 힘든데요', '제가 간단히 요약하는 재주가 없어요'라고 농담 식으로 답변하면서 슬기롭게 상황을 돌파할 수 있었을 것이다. 그렇지만 윤석열은 자기 과오나 잘못, 결함 등을 절대로 인정하지 않는 사람이기에 조건반사적으로 주절주절 이 말, 저 말 늘어놓다가 그만 '규모의 경제'라는 엉뚱한 말을 끄집어내 망신을 자초했다.

타인과 대화하는 과정에서 나타나는 윤석열의 말하기 습관 중 하나는 '아니'라는 단어로 말을 시작한다는 것인데, 이것 역시 방어적인 말하기와 관련이 있다. 물론 사람들이 상대방과 논쟁 중에 '아니'라는 단어로 말을 시작하는 모습은 흔하다. 그러나 윤석열은 그 빈도가 매우 높다. 유승민 후보가 전두환 관련 망언에 대해 추궁하자 윤석열은 다음과 같이 답변을 시작했다.

> **윤석열** : 아니, 제가 얘기한 거랑 다 듣고서 그런 식으로 곡해를 해서 계속 말씀을 하시면은.
> **유승민** : 윤 후보님은, 윤 후보님은 말을 너무 함부로 하시고는 계속 여기 나와서는 상대방한테, 잘라서 얘기한다, 오해한다, 계속 그러세요.
> **윤석열** : 아니, 계속 잘라서 얘기를 하시지 않습니까?[12]

'아니'라는 부정하는 단어로 말을 시작하는 습관은 어른들한테 혼나는 상황에서 아이들이 "아니, 제가 안 그랬어요", "아니, 저는 몰라요"라고 말하는 것에서 알 수 있듯이, 즉각적으로 빨리 부정부터 함으로써 자기를 방어해야 했던 환경, 쉽게 말해 그렇게 하지 않으면 일단 한 대 맞게 되는 환경 속에서 성장했을 때 생겨나는 경우가 많다.

타인과 대화하는 과정에서 나타나는 윤석열 말하기의 또 다른 특징은 '들었다', '알고 있다'는 식의 표현을 자주 사용한다는 것이다. 그는 '나는 이렇게 생각한다', '그건 이런 것이다'라고 명확하게 자기 의견을 말하기보다는, '그건 이런 거라고 들었다', '그렇게 알고 있다'는 식의 표현을 많이 사용한다.

**유승민** : (일명 '개사과' 사진을 보여주며) 이 사진, 이거 누가 찍었습니까?

**윤석열** : 제가 듣기로 우리 집이 아니고요. 그, 우리, 뭡니까, 캠프의 SNS 담당하는 직원이 와서 찍었다고, 저도 들었습니다.

**유승민** : 집이 아니고요? 캠프에서 찍었습니까?

**윤석열** : (잠깐 눈을 감았다가 뜨며) 캠프는 아니고 아마, 뭐, 저희 집 말고 집 근처에 있는 사무실에서 찍은 것 같습니다.

**유승민** : 그럼 윤 후보님이 키우는 반려견을 그 캠프 직원이 데리고 가지고, 어디 데리고 가가지고, 이 야심한 밤에 사진을 찍었다는 겁니까?

**윤석열** : 글쎄, 그렇게 들었습니다.

**유승민** : 사과를 준 사람도 윤 후보님이 아닙니까?

**윤석열** : (잠시 머뭇거리다가) 저는 그 시간에 에~ (잠시 침묵) 대구 토론을 마치고 제가 서울에 올라온 시간이 새벽 한 시 반쯤 됐거든요. 그러니까 그, 오기 전인 거 같습니다.

**유승민** : 그럼 이 사과를 준 사람은 누굽니까?

**윤석열** : 사과를 준 사람이 아마 그 직원으로 알고 있습니다.

**유승민** : 캠프의 직원이요?

**윤석열** : 네, 제가 뭐, 어차피 말씀을 하시고, 저도 여기에 대해서 얘기를 좀 하겠습니다.

**유승민** : 그러니까 제가 질문만 좀 드리고요. 그러니까 캠프의 직원이 그 강아지를, 반려견을 밖에 데리고 나가서 사과를 주는 사진을 찍고 그걸 캠프 직원이 올린 겁니까?

**윤석열** : 아뇨, 반려견을 데리고 간 거는 아마 제 처 같구요. 제 처로 생각이 되고. 그리고 찍은 것은, 그, 우리 캠프의 직원분이 찍었다고 제가 들었는데.[13]


왜 윤석열은 '이렇다, 저렇다'가 아니라 '그렇게 들었다, 그렇게 알고 있다'는 식으로 말하는 것일까? 면피, 발뺌을 위해서다. '나는 단지 그렇게 들었을 뿐이다' 혹은 '그렇게 알고 있을 뿐이다'라고 말하면 나중에 자기 말이 틀렸다고 판명되더라도, 그 잘못은 나에게 있는 것이 아니라 나에게 잘못된 말을 들려준 사람, 내가 잘못 알게끔 잘못된 말을 한 사람에게 돌아가게 된다. 한마디로 책임을 회피하기 쉽다는 것이다. 말 끝에다 '-만', '-마는' 등을 덧붙이는 습관도 같은 맥락에서 이해할 수 있다.


**홍준표** : 박근혜 대통령과 MB의 자택조차 이 검찰에서 경매해가지고. 그래 한 건 좀 너무한 것 아닙니까?

**윤석열** : 글쎄요, 그거는, 마, 제가 핑계 대는 건 아닙니다마는.[14]

이 대화를 통해 알 수 있겠지만, 핑계를 대는 게 맞으면서도 핑계를 대는 게 아니라고 주장하고 싶다면, 윤석열처럼 말 끝에다 '-마는'을 덧붙여서 핑계 대는 말을 하면 된다.

**유승민** : 혹시 직접 주택청약 같은 거, 이렇게 통장 만들어보신 적 있습니까?

**윤석열** : 아니, 저는 뭐, 집이 없어서 만들어보지는 못했습니다마는.

**유승민** : 집이 없으면 만들어야죠, 오히려.

**윤석열** : 네, 아니, 한 번도 해본 적은 없습니다마는.[15]

주택청약통장을 만들어본 적이 없으면 '없다'고 대답하면 그만이다. 그러나 자신의 실수, 잘못, 결함을 인정할 줄 모르는 윤석열은 만들어보지 못했다는 말 뒤에 굳이 '-마는'을 덧붙인다. '만들어야죠, 오히려'라는 유승민 후보의 지적에 대해서도, '없습니다'로 말을 깔끔하게 끝내는 게 아니라 굳이 '-마는'을 덧붙인다. 왜 굳이 '-마는'을 덧붙였을까? 비록 만든 적도 없고 해본 적도 없지만 자신이 주택청약통장에 대해 모르는 건 아니라고 주장하고 싶어서였을 것이다.

추측건대 윤석열은 자신의 실수, 잘못, 결함, 무지 등을 인정하기를 너무 싫어하다 보니 말 끝에다 굳이 '-마는'을 덧붙이는 이상한 습관을 갖게 되었을 것이다. 윤석열에게 특유한 이런 잘못된 말하기 습관 역시 그의 방어적인 심리에서 비롯한 것이다.


## 빙빙 겉도는 화법:
## 안전을 위한 '모범답안 말하기'

방어적인 심리를 가진 사람은 말을 직선적으로 명쾌하게 하기 힘들다. 왜냐하면 잘못 말했다가는 혼이 날 수도 있고 비판을 받을 수도 있기 때문이다. 그냥 욕 안 먹게 두루뭉술하게 말하거나 최소한 욕 먹을 일은 없는 뻔한 모범답안을 말하는 것이 안전하다고 생각한다. 방어적인 심리를 가진 사람이 본질과 핵심에 접근하지 못하고 변죽만 울리거나 겉으로만 빙빙 도는 말, 너무나 뻔한 모범답안 같은 말, 구체성을 결여한 추상적인 말을 하는 것은 이 때문이다. 원희룡 후보가 대표적인 비전이 뭐냐고 묻자 윤석열은 다음과 같이 말했다.

> 저는 공정과 자유를 통해서 우리나라를 다시 한번 도약시켜야 된다, 그래서 다시 도약하는 대한민국이라는 캠페인 슬로건을 가지고 있는데요. 지금 우리 사회가 가지고 있는 많은 문제점들이 고질적이고, 계속 지속적인 저성장의 늪에서 빚어지는 것들이 많기 때문에 우리가 다시 도약을 해야 되고, 그러기 위해서는 과거에는 국가 주도의 산업 발전과 대화를 통해서 있었지만 지금은 국가가 민간 주도로 제2의 도약을 할 수 있도록 만들어야 된다, 그런 게 제 생각입니다.[16]

윤석열의 말을 듣다 보면 '윤석열 번역기'가 절실히 필요하다는 느낌이 들 때가 있다. 그는 칼날처럼 본질로 파고드는 방식으로 말을 하는 것도 아니고, 구체적으로 친절하게 설명해주는 방식으로 말을 하지도 않는다. 그저 좋은 단어들, 추상적인 단어들을 정교한 논리적 연결 없이 병렬식으로 나열할 뿐이다. 이런 식의 말하기로 사람을 설득하기란 대단히 힘들 수밖에 없다. 윤석열은 "왜 윤석열이어야 합니까?"라는 질문을 받자 다음과 같이 대답했다.

> 저는 지금 우리 국민들께서 현재 나라의, 그, 문제를 진단을 하신다면, 어떤 세부적인 정책 하나하나가 잘못되고 잘되고의 문제가 아니라 국정을 운영하는 철학, 이 기본이, 그, 일반 국민들이 생각하는 상식에 너무 반하기 때문에, 그 법이라고 하는 것은 국민들보고 지키는 것이 아니고 권력을 가진 쪽에서 먼저 지켜야 하는 것인데, 법이 제대로 지켜지지 않는다 하는 그런 데서 우리 사회의 여러 가지 문제들이 발생한다고 국민들께서 보시기 때문에, 아마 이런 법치라든가 공정, 상식, 이런 거를 현실에 구현하기 위해서, 어, 저도 어쩔 수 없는 그런 상황이었을 수도 있지만, 하여튼 그런 것을 제가 몸소 겪으면서 원칙을 지키려고 노력을 하려는 모습을 보시고 국가의 기본을 세워야 한다, 그렇게 해서 어떤 지지와 성원을 해주신 것이 아닌가, 그래서 저 또한 아주 중요하게 생각하고 있습니다.[17]

사실 '왜 윤석열이어야 합니까?'라는 질문은 대선주자라면 당연히 예상할 수 있고 또 예상해야만 하는 가장 기본적인 질문이다. 분명히 윤석열도 이런 질문을 받게 될 것임을 예상하고 있었을 것이다. 그럼에도 그는 '말을 정말 못하는구나'라는 말밖에 할 수 없을 정도로 형편 없는 대답을 하고 있다. 만약 면접을 보면서 이런 식의 뭉뚱그려진 이야기, 누구나 할 수 있는 뻔한 이야기를 하면 '묻지 마' 탈락일 것이다.

윤석열은 '가짜 모범생', 즉 양심에 기초해 자발적으로 규칙을 지킨다기보다는 처벌의 공포, 혹은 사랑 상실의 공포로 인해 억지로 규칙을 지키는 사람이다. 그래서 그의 대답은 늘 뻔한 대답이 된다. 국정감사에서 질문을 받으면 그는 "저희는 대한민국의 공직자로서 어떠한 경우에도 흔들림 없이 법과 원칙에 따라 일을 해왔고 그렇게 하겠습니다"[18]라거나, "저에게 부여된 일에 대해서 제가 법과 원칙에 따라 충실히 할 따름입니다"[19]라는 식의 너무나 뻔한 모범답변을 했다. 모범답변을 들으면, 그걸 틀렸다고 생각할 사람은 별로 없을 것이다. 하지만 그런 말을 듣고 감동하는 사람 역시 없을 것이다. 앞에서도 지적했듯이 윤석열이 천편일률적이고 뻔한 모범답안에서 벗어나지 못하는 것은, 그런 말이 훌륭해서가 아니라 안전해서일 것이다. 방어적 심리가 강한 사람의 전형적인 말하기가 바로 '모범답안 말하기'다.


## 자기통제력 부족:
## 방어막이 깨지는 위기 상황


방어적인 태도와 심리로 세상을 대하는 사람이 가장 끔찍하게 여기는 것은 자기방어가 불가능해지는 상황이다. 그 원인이 외부의 공격이 너무 강력해서든, 자기 문제 때문이든 간에 말이다. 이들이 상대방의 비판이나 공격이 효과적이고 강력할수록, 또 그것에 자신이 적절히 대응을 못할수록 과도할 정도로 흥분하거나 화를 내는 것은 이 때문이다. 자기방어에 목숨을 거는 사람은 자기를 지켜주던 방어막이 곧 깨질 수도 있는 절체절명의 위기 상황에서 자기통제력을 유지하기란 매우 어렵다.

유승민 후보는, 지난번 토론이 끝난 뒤 윤석열이 자신에게 '정법은 미신이 아니다, 정법 유튜브를 보라'고 하기에 그걸 봤더니, 자기 (정법) 손바닥이 빨간 이유가 암을 낫게 해서 그렇다는 따위의 엄청 황당한 말들을 하더라면서, 윤석열에게 '정법 발언을 어떻게 보느냐, 정법을 어떻게 알게 됐느냐'고 따져 물었다. 윤석열은 잠시 멍해진 듯한 표정을 하더니 손으로 뭔가를 가로막으려는 제스처를 취하며 "아니, 자, 이분이 올린 게 한 만 개가 되었다 하던데, 그러면 그런 것들도 있을 수 있겠지만"이라고 웅얼거리다가, 별안간 화난 목소리로 "지금 말씀하시는 걸 제가 믿을 거라 생각하십니까? 저는, 제가 26년 동안 또 1년간, 27년간 법조계 생활을 했고 그야말로 칼 같은 이성과 합리적인 증거에 의해 의사결정을 한 사람인데"[20]라고 말하며 버럭했다.

방어막이 깨질 것 같은 위태로운 상황에서 윤석열이 과도하게 흥분하고 화를 낸다는 것은 그 순간 자기통제력을 상실한다는 걸 의미한다. 자기통제력은 기본적으로 감정 혹은 충동 통제 능력을 의미한다. 즉 화가 나서 화를 내고 싶더라도 그것을 꾹 누르고, 슬퍼서 울고 싶어도 눈물을 애써 참는 식으로, 이성의 힘으로 감정을 잘 통제하는 것을 자기통제력이라고 하는 것이다.

일반적으로 자기통제력 발달에 가장 큰 영향을 미치는 것은 신뢰할 만한 환경과의 상호작용이다. 아버지가 놀이공원에 가자고 조르는 아이에게 돌아오는 일요일에 가기로 약속을 했다고 가정해보자. 아버지가 일요일에 약속을 지켰다면 아이는 놀이공원에 가고 싶은 충동을 억제하고 통제한 것에 대한 적절한 보상을 받았기 때문에 자기통제력을 계속 발달시켜나갈 것이다. 반면에 아버지가 일요일이 되었는데도 모른 척하고 약속을 지키지 않았다면 아이는 자신의 감정이나 충동을 억제하면 오히려 손해를 보게 될 거라고 믿게 되므로 자기통제력을 발달시키기 어려워진다. 쉽게 말해 무엇보다 어린 시절부터 자기통제를 하는 것이 자신에게 이익이 된다는 경험이 반복되어야 자기통제력이 강해질 수 있다는 것이다.

그런데 윤석열의 자기통제력 부족은 신뢰할 만한 환경과의 상호작용이 부족한 탓도 있겠지만 그보다는 혼이 나는 상황과 관련된 두려움과 더 큰 관련이 있는 것 같다. 윤석열은 주로 비판을 받거나 추궁을 당할 때, 혹은 강도 높은 공격을 당할 때 자기통제력을 상실하는 모습을 보여주기 때문이다.

유승민 후보가 윤석열 아내의 도이치모터스 관련 의혹을 계속 추궁하자 윤석열은 화가 난 표정으로 계속 엉뚱한 답변만 늘어놓았다. 그러자 제대로 된 답변을 들을 수 있으리라는 기대를 포기해서였는지 유승민 후보는 윤석열에 대한 질문을 마치고는 원희룡 후보에게 시선을 돌려 그에게 질문하기 시작했다. 그러나 이미 흥분한 윤석열은 유승민 후보가 전혀 듣고 있지 않는데도 계속 혼자서 떠들어댔다. 결국 유승민 후보는 "아니, 제가 질문하는데 지금 계속 방해를 하시는 겁니까?"라고 역정을 냈다.[21]

이런 장면들은 윤석열이 비판, 추궁, 공격 등을 받는 상황에서는 자기통제력을 상실하여 자기가 무슨 말을 하는지 알 수 없을 정도로 중언부언하거나 횡설수설하고, 심하게 흥분하거나 화를 내며, 주변의 청중이나 상황을 완전히 놓침으로써 토론 규칙을 지키지 못하게 된다는 것을 잘 보여준다.

그렇다면 자기를 보호해주던 방어막이 깨질 것만 같은 위태위태한 순간이 아니라 아예 방어막이 깨져버린 상황이라면 어떨까? 즉 더 이상 방어를 할 수 없다고 판단될 때, 혹은 방어가 완전히 불가능한 상황에 놓일 때 윤석열은 어떻게 행동할까? 얼어붙는다! 이를 잘 보여주는 것이 바로 그 유명한 '프롬프터 사건'이다.

글로벌 리더스 포럼에서 국가 정책 비전을 발표하는 연설자로 나섰던 윤석열은 예상치 못한 돌발 상황을 맞이하게 되었다. 주최측의 실수였겠지만, 그가 연설을 위해 무대에 섰는데도 약 1분 30초 동안 프롬프터에 연설문이 올라오지 않았던 것이다. 윤석열은 어떻게 했을까? 잔뜩 긴장하고 당황해하는 표정을 지으며 1분 30초 내내 침묵한 채 그 자리에 그대로 멍하니 서 있었다.[22] 사실 이런 상황에서는 "어? 프롬프터가 안 나오네요. 여러분, 준비될 때까지 조금만 기다려주세요"라고 말하거나 유머를 던지는 식으로 대처하면 좋았을 것이다. 그러나 돌발 상황에 대한 능숙한 대응은 세상을 개방적인 태도로 대하는 여유만만한 사람에게는 전혀 어려운 일이 아니지만 세상을 두려워하는 사람에게는 너무나도 힘든 일일 수밖에 없다. 공포영화에 흔하게 등장하는 일부 겁 많은 인물들은 공포 상황에서 얼음처럼 얼어붙어 전혀 대응을 못한다. 왜 그럴까? 극심한 공포감정으로 인해 사고력이 마비되고 머릿속이 하얘지는 일종의 백지 상태가 되기 때문이다.

원래 윤석열은 '가짜 모범생'과여서, 정해진 규칙에 잘 적응하고 예상된 상황에는 비교적 잘 대응하지만, 정해진 규칙이 없거나 예상치 못한 상황에는 잘 대응하지 못한다. 쉽게 말해 객관식 문제풀이에는 강하지만 주관식 문제풀이에는 젬병인 것이다. 이런 가짜 모범생 성향에 방어적인 심리까지 더해졌으니 방어막이 완전히 파괴되는 순간 자기통제력을 상실하거나 일종의 멘붕 상태에 빠지는 것은 당연한 일일지도 모른다. 방어막이 해체되어 더 이상의 방어가 불가능해지면 그가 갑자기 순한 학생처럼 얌전해지고 의기소침해져서 '네'만 연발하는 것이나, 딱딱하게 얼어붙어서 반응 자체를 하지 못하곤 하는 것은 이 때문이다.

방어적인 말하기는 가장 나쁜 말하기 중 하나다. 특히 열려 있는 사고와 유연하고 순발력 있는 대응이 절실한 외교 무대에서는 심각한 문제를 유발할 수 있다.

## 자기중심적 말하기

청중이나 상황을
고려하지 못한다

02

단지 똑똑하거나 말하기 기술이 뛰어나다고 해서 말을 잘하는 것은 아니다. 독백의 경우를 제외한다면, 말하기는 항상 듣는 사람을 전제로 한다. 더욱이 말하기의 중요한 목적 중 하나는 상대방을 설득하는 것이다. 따라서 말하기를 잘하려면 반드시 듣는 사람, 청중의 존재를 고려해 그에 맞게 말을 해야 한다. 한마디로 자기중심적으로 말하는 것은 절대 금물이라는 것이다. 윤석열이 말하기에 취약한 것은 그의 말하기가 전형적인 자기중심적 말하기라는 것과 관련이 있다.

## 공감의 결여: 갑질 화법과 인신공격까지

자기 자신의 감정을 잘 파악하고 잘 표현할 줄 아는 능력은 공감 능력의 전제조건이다. 자신의 감정조차 제대로 읽지 못하는 사람이 어떻게 남의 감정을 알 수 있겠는가. 앞에서도 지적했듯이, 윤석열은 무엇보다 자기 감정조차 잘 파악하지 못하는 사람이다. 그러니 그가 타인의 마음이나 처지, 주변 상황 등에 제대로 공감하지 못하는 것은 당연하다고 해야 할 것이다.

공감 능력이 부족한 윤석열은 공감 능력을 활용해야만 하는 질문을 받게 되면 당황해서 제대로 된 답변을 하지 못한다. 원희룡 후보가 "혹시 평생 살면서 스스로 가난해본 경험이 있으세요?"라고 묻자, 윤석열은 양손을 모아 깍지를 끼고 책상 위로 몸을 수그리면서 "저야 뭐, 아버지가 교직에 계셨기 때문에, 그렇다고 뭐 그렇게 잘살지는 못했습니다"라고 말했다. 가난해본 경험은 없지만 잘산 것도 아니라는 희한한 대답(나는 중산층이다?)을 한 것이다.

가난을 경험해본 적이 없더라도 공감 능력이 있으면 능히 가난한 사람의 마음에 공감할 수 있다. 왕족 출신이었던 싯다르타가 구도의 길로 나서게 된 것은 가난한 이웃에게 공감할 수 있어서였다. 그러나 공감 능력이 부족한 윤석열로서는 자신에게 가난의 경험이 없다는 것을 가난한 국민들에 대한 이해 부족이라는 약점과 등치시킬 수밖에 없었을 것이다. 공감에 워낙 자신이 없어서겠지만, 윤석열은 자신이 경험해보지 못한 사람들에 대한 이야기가 나오면 무조건 당황한다.

윤석열이 명쾌한 대답을 안 한 채 자신의 초등학교 시절에 관한 얘기를 주절주절 꺼내자 원희룡 후보가 다시 "스스로 가난해본 경험이 있으세요, 없으세요?"라고 다그치듯이 물었다. 그러자 윤석열은 마지못해 "스스로야 뭐, 그렇게 이재명 지사처럼, 그렇게 하지는 않았지만"이라고 말하고는 굳이 "저희가 자랄 때는 나라가 어려웠기 때문에, 학교고 뭐고 도처에 가난한 사람"이라는 사족을 달았다. 분명 자신이 가난을 경험해본 적은 없지만 가난의 고통이 뭔지는 안다고 우기고 싶어서였을 것이다. 중언부언하는 윤석열의 말을 무시하고 원희룡 후보가 "만약에 대통령이 되시려고 하면, 가난한 국민들의 마음을 어떻게 이해하시려고 합니까?"라고 묻자, 윤석열은 "뭐, 하여튼, 저희가 클 때는 주변에 가난이라는 게 일상화되어 있었습니다. 그래서 늘 보고, 느끼고 자랐습니다"라고 대답했다.[1]

만일 윤석열이 자신의 문제를 인정할 줄 알고 공감 능력이 무엇인지 정확히 아는 사람이었다면 다음과 같은 대답을 했을 것이다.

"맞다. 나는 가난을 겪어보지 못했다. 그래서 가난한 이웃의 어려움과 고통을 잘 모를 수도 있다. 그렇지만 가난한 사람을 많이 보고 겪으면서 자랐기에 어느 정도는 그분들의 아픔을 이해하고 있다. 중요한 것은 내가 가난한 이웃들을 위해 정치를 할 의지가 확고하다는 것이다. 가난한 국민들을 지속적으로 만나고 소통함으로써 그들의 마음을 들여다보고, 그들을 위한 정치를 하기 위해 최선을 다하겠다."

다시 한번 강조하지만, 상어에 물려본 사람만이 상어한테 물린 사람의 마음에 공감할 수 있는 것은 아니다. 상대방의 처지와 상황을 상상할 수 있는 사고 능력, 즉 역지사지의 입장에서 상대방이 생각하는 것과 느끼는 감정이 무엇인지를 상상할 수 있는 사람은 꼭 상대방과 똑같은 처지와 상황을 경험하지 않더라도 그에게 공감할 수 있다는 것이다.

가난한 국민들 얘기가 나오자 윤석열이 당황해서 초점을 빗나간 답변을 늘어놓은 것은 그가 공감이 무엇인지 정확히 알지 못하기 때문이다. 특히 자신의 감정을 파악하는 능력, 그리고 그것에 기초해 타인의 감정을 느낄 수 있는 능력이 부족한 사람이어서다. 배달 라이더 문제가 제기되자 윤석열이 크게 당황하는 모습을 보였던 것 역시 같은 맥락에서 이해할 수 있다.

> **유승민** : 배달 노동자들 있지 않습니까? 이분들을 오토바이 타고 다니는 라이더라고 그러지 않습니까? 이분들의 안전이나 처우에 관한, 소위 말하는 플랫폼 노동자죠, 거기에 대해서 어떻게 생각하십니까?
>
> **윤석열** : (긴장하고 당황해하는 표정) 하~ (손을 깍지 낌) 이분들이 그런, 에~, 일반 근로자들에 비해서 너무 열악하기 때문에, 저는 스으~ (한동안 침묵, 눈을 잠깐씩 감음) 처우도 뭐, 배달 한 번 하는 데 뭐 얼마, 이렇게 하다 보니까, 아~ 소득도 일정하질 않고, 그래서 에~, 지금 이분들에 대해서, 에~ 그~ (한동안 침묵) 고용, 그, 저 고용보험을 이분들에게까지 좀 (유승민, 찡그린 얼굴 표정) 좀 확대하는 방안도 한번 좀 생각을 해봐야 할 것 같고요.[2]

이 장면에서도 자신이 잘 알지 못하는 사람들에 대한 얘기가 나오자 윤석열이 크게 당황하는 것을 확인할 수 있다. 라이더 문제에 대해서 잘 모르거나 생각을 깊이 해본 적이 없다면 '모른다'거나 '그 문제에 대해서는 생각을 못 해봤다'고 솔직히 말하고 나서, 그들에 대한 공감을 표현하는 것이 최선이다. 공감의 위력은 대단해서, 사람들은 단지 공감받는 것만으로도 상처가 치유될 수 있다. 그러나 공감을 잘 할 줄 모르고 따라서 공감 표현에 둔감한 윤석열은 당황해서 억지로 말을 짜내느라 아무 의미 없는 말만 나열하고 있다. 그는 코로나 피해를 입은 국민들을 만나본 소회에 대해 질문을 받았을 때도 어떤 스토리가 있는 공감을 표현하거나 자기 감정을 구체적으로 표현하는 대답이 아니라, 그야말로 영혼이 없는 뻔한 대답을 했다. 말을 잘하려면 상대방의 마음이 어떤지부터 알고 그에 공감할 줄 알아야 한다.

윤석열의 갑질 화법 역시 공감 능력의 부족과 관련이 있다. 자신을 무의식적으로 '갑'의 위치에 놓고 상대방을 마치 '을'을 대하듯 말하는 윤석열의 화법에는 그의 권위주의적 성격, 엘리트 의식, 분노와 공격성, 관료주의 성향 등 여러 가지가 영향을 미친다. 공감 능력의 부족 역시 그 중요 원인 중 하나다. 공감 능력이 취약한 사람은 자신이 갑질을 했을 때 상대방의 마음이 아플 거라는 사실을 이해하거나 고려하지 못한다.

윤석열은 자기는 말을 똑바로 잘했는데 남들이 잘못 알아들어서 괜히 사달이 났다는 말을 자주 한다. '내가 제대로 말을 했는데, 왜 못 알아듣고 딴소리야. 왜 못 알아듣고 난리냐고?'라는 대응은 전형적인 갑질 화법이다. 나아가 그것은 자기가 말을 한 이상 상대방은 무조건 알아들어야 한다는 식의 자기중심적 심리의 발로다. 이런 사람은 상대방이 다시 한번 말해달라고 부탁하면 친절하게 구체적으로 설명해주는 것이 아니라, 언성을 높이고 화를 낸다. 즉 상대방이 자기 말을 잘 알아듣지 못하면 자기의 설명이 부족했다고 여기는 것이 아니라 상대방한테 '귀 먹었냐?'고 화를 내는 것이다.

한 토론회에서 유승민 후보의 질문을 제대로 이해하지 못한 윤석열은 "아니, 이게 뭐 말이 섞여서, 정확하게 다시 좀 물어보죠? 포괄적으로 이야기하시는 것보다"라고 무례한 말을 했다. 질문을 이해하지 못한 건 자신이면서 상대방 탓을 하며, 다시 제대로 물어보라고 요구하는 전형적인 갑질 화법을 구사한 것이다. 이렇게 윤석열은 말하기에서 '어디 질문을 다시 해봐. 내가 윗사람이니까 넌 질문을 다시 해야만 해. 그러면 답해주마'라는 식의 고압적인 태도를 자주 드러낸다.

윤석열이 타인에게 상처를 주는 거친 인신공격을 예사롭게 하는 것 역시 그의 공감 능력 부족에서 비롯한다.

**유승민** : (대통령이 모든 걸 알아야 할 필요는 없다, 사람을 잘 쓰면 된다는 윤석열의 주장을 두고) 대통령이 사람만 잘 쓰면 된다? 구시대적 발상이다, 대통령이 꼭 해야, 해결해야 될 시대의 문제가, 뭐 여러 가지 있을 수 있겠죠? 그중에 제일 중요한 문제가 뭐고, 우리 윤 후보님은 그걸 어떻게 해결해야 된다고 생각하십니까?

**윤석열** : 그러니까 지금까지 정책 토론을 제대로 안 하시고 딴생각만 하셨기 때문에 이런 얘기를 하시는데, 저는 이미 십여 차례의 토론을 통해서 제일 중요한 거는 임기 초기에, 이 코로나, 그, 피해 구조를 제일 먼저 해야 되고, 제 임기 5년 동안에 내내, 그, 가장 중요한 어젠다로 잡는 게 청년들, 또, 에, 그, 미래 세대를 위한 일자리 창출이라고 수도 없이 말씀

을 드렸습니다. 모든 국가 정책을 팔리시 믹스를 해가지고 일자리 창출에 전부 맞출 생각이고, 뭐, 미래 산업이니 뭐니 다 거기에 맞춰서 해야된다.

**유승민** : 그 얘긴 제가 많이 들었고요.[3]

유승민 후보한테 따끔하게 비판을 받자 윤석열은 '지금까지 정책 토론을 제대로 안 하고 딴생각만 했다'는 막말을 하면서 상대방을 모욕했다. 자기는 상대방 질문의 요지도 잘 파악하지 못하면서 그야말로 거친 인신공격을 퍼부은 것이다. 윤석열은 수많은 카메라가 본인을 찍고 있는데도 고압적인 자세로 직원들을 대하는 모습이 포착되기도 했고, 실내에서 대기하던 기자들에게 갑자기 밖에 나가서 기자회견을 하겠다고 말해 그들을 당황하게 만들기도 했다. 그는 또한 상대방과 눈을 마주치지 않거나 시선도 주지 않은 채 손가락질을 하기도하는데, 이런 동작들 역시 상대방이 모멸감을 느끼게 만드는 무례한행동이다. 이런 여러 사례는 윤석열이 타인을 마치 '을' 대하듯이 하며, 타인의 마음에 공감하지 못한다는 것을 확인시켜준다.

## 규칙 무시하기: 방어의 또 다른 측면

운동경기 도중에 불리해지거나 화가 나면 규칙을 마구 무시하면서 반칙을 남발하는 철없는 아이들이 있다. 이런 아이들처럼 윤석열은 말하기 과정에서 아주 빈번하게, 합의된 규칙이나 원칙을 지키지 않는 모습을 보여준다. 토론자들은 사전에 토론회의 규칙에 동의하고 참여하는 것이므로 마땅히 기본적인 토론 규칙을 지켜야 한다. 이는 토론회를 특정 개인에게 유리한 것이 아니라 모두에게 공정하게 진행할 수 있게 해주는 전제조건이다. 동시에 토론회에 참석한 다른 토론자들에 대한 최소한의 예의이고 존중이자 배려다. 그런데 윤석열은 상대방이 말을 하고 있을 때 토론 규칙을 무시하며 그의 말을 끊고 끼어드는 행동을 자주 한다.

(윤석열은 토론회 규칙상 자기 발언 시간이 끝났고, 홍준표에게는 1분 10초 정도가 남아 있는 상황)

**홍준표** : 참, 윤석열 후보 처음 들어오실 때는, 참, 우리 당의 많은 사람들이 윤 후보만 유일하게 쳐다봤어요. 저도 윤 후보만이 정권교체를 할 수 있지 않나, 유일하게, 생각을 했고.

**윤석열** : (고개를 가로저으며 상대방을 비웃는 듯한 웃음) 에이, 그런 생각 안 했을 거 같던데, 처음부터 수류탄 막 던지시던데. (비웃는 듯한 웃음)

**홍준표** : 정책 능력도 안 되고, 도덕성도 문제가 크고.

**윤석열** : 정책은 물어보지도 않고 인신공격만 하시고. (과도한 제스처) 정책 토론을 하시자 이 말씀이에요. 아니, 이게 무슨 검증입니까? 여기서 인신공격하시는 게 검증입니까?

**홍준표** : 토론을 인신공격이라고 하시면 안 되죠. 본선 가면 더한다니깐요.

**윤석열** : 자료를 놓고 하셔야지, 이걸 검증이라고 얘기하시면 대한민국의

국어가 오염이 되는 것이지. (강한 척하기 위해서인지 어색하게 웃으며 하하하)[4]

 

토론 규칙상 홍준표 후보에게 발언권이 있는데도 윤석열은 그가 말하는 도중에 계속해서 끼어들었고 심지어는 언성까지 높였다. 상대방의 말이 끝나지 않았는데 끼어드는 것은 물론이고 언성을 높이는 것은 토론 규칙 이전에 예의 없고 품격 없는 수준 낮은 행동이다. 윤석열의 이런 행동이 계속되어서였겠지만, 한 토론회에서는 홍준표 후보에게 발언권이 있는 주도권 토론 과정에 윤석열이 자꾸 끼어들자 짜증이 날 대로 난 홍준표 후보가 역정을 내기도 했다.

**홍준표** : 아, 가만 있어 보세요.

**윤석열** : (의기소침해져 작은 목소리로) 네.

**홍준표** : 그래 하지 말고.

**윤석열** : 네.

**홍준표** : 제가 주도권 토론입니다.

**윤석열** : 아니, 그러니까, 말씀하시고⋯.

**홍준표** : (버럭 화를 내며) 꼭 말씀하실 때 그런 식으로 끼어들고 그러니까 토론이 잘 안 돼요.

**윤석열** : (두 손을 들어올려 깍지를 끼며 어색하게 웃음)

**홍준표** : 그래 하지 마시고.[5]

상대방의 말을 차분하게 듣고 있지 못하고 자꾸만 끼어드는 광경을 보고 있노라면 윤석열은 확실히 참을성이나 인내심과는 거리가 먼 사람인 것 같다는 생각이 든다. 다른 사람이 말할 때 끼어드는 것도 문제지만 더 큰 문제는, 그가 사회자에게 제지를 받아도 그런 잘못된 행동을 계속한다는 것이다.

한 토론회에서 '복지를 위해 재정에서 얼마를 확보할 수 있느냐'는 질문을 받은 윤석열은 자신에게 주어진 답변 시간이 끝나 마이크가 꺼졌는데도 아랑곳하지 않고 계속 발언을 했다. 보다 못한 사회자가 제지를 했지만, 그는 그조차 무시한 채 계속 발언을 했다. 그러고도 분이 풀리지 않았는지, 자기가 질문할 차례가 되었는데도 질문은 하지 않고 앞에서 하던 답변만 계속했다. 물론 그렇게 난폭하게 규칙을 무시하면서 계속 말을 했음에도 그 답변 내용은 동문서답이었다. 다시 한번 사회자가 윤석열에게, 답변은 그만하고 질문을 해달라고 요청했다. 그럼에도 윤석열은 한동안 자기 얘기만 했다.[6]

윤석열은 이처럼 토론 규칙을 마구잡이로 무시하는 장면을 자주 연출한다. 평소에 입만 열면 '원칙'과 '상식'을 반복적으로 강조하면서도 정작 본인은 말하기나 토론을 할 때 원칙이나 상식을 무시한다. 간단한 토론 규칙조차 지키지 않으면서 원칙과 상식을 강조한다면, 과연 그런 정치인을 국민이 믿을 수 있을까?

윤석열은 토론 규칙의 난폭한 파괴자일 뿐만 아니라, 청중이나 상황을 거의 고려하지 못하거나 무시한 채 자기 말만 하는 데 달인이기도 하다. 농담 차원에서 좋게 말하자면 무아지경 상태에서 말하는 것이겠고, 정확히 말하자면 자기중심적 말하기라고 해야 할 것이다. 그는 난처한 질문을 받으면 자주 '쯧', '쯥'과 같은 혀 차는 소리를 낸다. 만일 그가 청중 나아가 국민들이 자기를 지켜보고 있다는 사실을 뚜렷이 인식하고 그것을 고려할 줄 아는 사람이었다면 이런 행동도 최소화할 수 있었을 것이다. 이렇게 청중을 의식하지 않는 말하기는 전형적인 자기중심적 말하기다.

윤석열의 말하기를 잘 관찰해보면, 그가 이렇게 자기중심적으로 말하고 행동하는 경향은 방어나 변명을 해야 하는 상황에서 특히 심해진다는 것을 알 수 있다. 한 토론회에서 유승민 후보의 날카로운 공격에 힘겹게 변명을 하던 윤석열은, 자기 발언 시간이 끝났는데도 유승민 후보를 계속 쳐다보면서 변명조의 발언을 이어갔다. 사회자가 "예, 윤 후보님, 윤 후보님, 그만해주시지요. 시간이 다 됐습니다. 죄송합니다"라고 말하며 그를 제지했다. 하지만 윤석열은 마이크가 꺼진 상태에서도 계속 떠들어대면서 토론회를 어수선하게 만들었다.[7] 이런 장면에서 확인할 수 있듯이 윤석열은 주로 방어나 변명을 해야 하는 상황에서는 청중이나 상황을 놓치곤 한다.

일반적으로 자기중심성은 애정결핍 등으로 인해 타인과 세상에 관심을 기울이기 어려운 사람에게 전형적이다. 너무 배가 고파 고통스러운 사람이 타인에게 눈길을 주기 어려운 것처럼, 너무 사랑이 고파 괴로워하는 사람은 좀처럼 타인을 고려하지 못한다. 그런데 윤석열의 자기중심성에는 결핍보다는 방어적인 심리가 더 큰 영향을 미치는 것 같다. 세상을 두려워하는 사람의 최대 관심사는 자기방어다. 자기방어에 목을 매는 사람에게는 공격자가 아닌 주변 사람이나 상황 등을 고려할 마음의 여유가 없다. 어떻게든 방어 혹은 변명을 해야만 한다는 절박함으로 인해 다른 것들을 생각하기가 힘들기 때문이다. 여기에 더해 윤석열이 성인기부터 패밀리를 구축해 그 대장 노릇을 하는 삶(이 주제는 뒤에서 다시 논할 것이다)을 살아왔고 그런 삶에 익숙해져 있다는 점 역시 그의 자기중심적 말하기에 영향을 미쳤을 것이다.

# 말하기 기술의
# 부족

'고장 난 축음기'

03

단지 말하기 기술이 훌륭하다고 해서 말을 잘할 수 있는 것은 아니다. 그러나 말하기 기술이 형편없으면 절대로 말을 잘할 수 없다는 것도 분명한 사실이다. 윤석열은 말하기 기술의 측면에서 보더라도 심각한 결함이 있다. 그가 말하기에 취약한 것은 기본적으로 그의 철학, 신념, 심리 등에서 기인한다. 그렇지만 만일 그가 효과적인 말하기 기술을 습득하기 위해 열심히 노력해왔다면 지금보다는 훨씬 더 말을 잘하는 사람이 될 수 있었을 것이다.

## 의미 없는 말의 남발: 긴장과 강박의 산물

말을 할 때는 내용의 핵심을 간결·명료하게 표현해야 하고, 불필요한 말은 최대한 줄여야 한다. 사람들을 대상으로 하는 말하기에서 무엇보다 중요한 것은 자신이 전달하고자 하는 내용을 상대방이 잘 이해할 수 있게 하는 것이기 때문이다. 2019년 대검찰청 국정감사에서 윤석열은 검찰 개혁을 촉구하는 질문을 받자 다음과 같이 대답했다.

네, 뭐, 의원님 말씀, 뭐, 저희도 공감을 하고 있고요. 감찰, 에, 저희 뭐, 그, (약간 침묵) 그런 윤중천 사건 같은 게, 사실은, 뭐, 실제 벌어진 게 한 십몇 년 된 일들인데요. 지금은 그때하고는 검찰 문화도 많이 바뀌었다고 생각을 합니다. 그러나 또 감찰은 또 더욱 강화되고, 에, 이를테면, 에, 저희들이 감찰을 하는데, 그 법무부가 일차 감찰권을 환수한다고 하면 저희는, 뭐, 내드릴 용의가 있고, 얼마든지, 그러나, 에, 법무부는 수사권이 없기 때문에 강력한 감찰을 위해서는, 에, 수사권을 가지고 있는, 에, 대검의 감찰부와 또 법무부의 그 감찰관실이, 마, 서로 협력을 해야 되지 않는가, 이래 생각을 합니다.[1]

그다지 길지 않은 답변을 하면서 윤석열은 '뭐'(5번), '에'(6번), '또', '그', '마'와 같은 불필요한 말을 남발하고 있다. 어떤 단어나 문장을 말할 때 '뭐'와 같은 불필요한 말을 끼워 넣으면 그 단어나 문장을 그다지 중요하지 않은, 대수롭지 않은 것으로 전락시킬 수 있다. 따라서 '에', '저', '뭐'와 같은 불필요한 말은 반드시 빼야 한다.

불필요한 말의 남발은 듣는 사람에게 비호감적인 태도를 유발한다. 어떤 아이에게 질문을 했을 때 "에, 또, 그, 저, 제가…"라고 대답을 시작한다면 어떨까? 어른들은 답답해서 아이의 머리를 한 대 쥐어박을 수도 있고, '얘야, 일단 생각을 정리하고 나서 말을 시작하거라'라고 충고를 할지도 모른다. 불필요한 말을 남발하면 상대방은 말하는 사람이 자신감이 없다, 거짓말을 하고 있다, 성의 없이 말한다, 준비 없이 말을 한다, 말을 정말 못한다 등을 느끼기 마련이고, 그것은 비호감적인 태도로 귀결되기 마련이다.

뒤에서 다시 살펴보겠지만, 윤석열이 의미 없는 말을 남발하는 근본 원인은 그가 공적인 상황에서 말을 할 때는 긴장을 많이 한다는 것과 관련이 있다(물론 친구들과의 술자리 같은 사적인 곳에서는 말을 잘할 수도 있다). 이것은 윤석열이 바짝 긴장하거나 난처한 상황에서 불필요한 말이 더 많아지는 것을 통해 확인할 수 있다. 그는 한 토론회에서 장모와 아내에 관련된 질문을 받자 평소보다 불필요한 말을 더 많이 했을 뿐만 아니라 예의 그 혓소리까지 냈다.

쯥(꽤 큰 혓소리), 글쎄, 뭐, 어, (어이없다는 투로 웃으며) 워낙, 그, 말이 안 되는 얘기라서 제가 대응할 필요 자체를 못 느끼고, 뭐, 지금까지, 뭐, 뭐, 가족에 대한 거, 지금 일 년 육 개월을 했는데, 에, 뭐, 쯧(혓소리), 이런 정치공작이나 불법적인, 이런 선거 개입을 계속 하게 되면은, 쯧(혓소리), 뭐, 거기에 따르는 상응하는 책임을 져야 되지 않겠습니까? 네.[2]

윤석열이 의미 없는 말을 남발하는 또 다른 이유는 '어떻게든 말을 빨리 시작해야 한다' 혹은 '말을 잘해야만 한다(그래서 혼나지 말아야 한다)'는 강박감과 관련이 있는 것 같다. 머릿속에서 할 말이 떠오르지 않왔거나 문장이 충분히 숙성되지 않았음에도 조급하게 억지로 말을 하려다 보면 필연적으로 불필요한 말을 많이 하게 된다. 그 원인이 무엇이든, 윤석열은 불필요한 말을 최대한으로 줄이기 위한 훈련을 필사적으로 해야 할 것이다.

### 병렬 화법:
### 자유로운 단어들의 연상과 나열

말을 잘한다는 것은 일반적으로 말의 내용에 잘 짜인 구조와 논리성이 있다는 것을 의미한다. 간단한 말을 하더라도 서론-본론-결론이 있어야 하고, 그 연결이 논리적이고 매끄러워야 한다는 것이다. 이런 식의 말하기 기술을 '종적 화법'이라고 할 수 있는데, 아주 기초적인 말하기 기술이다. 반면 친구들을 만나서 수다를 떨거나 술자리 등에서 잡담을 할 때는 굳이 말을 구조적으로 논리정연하게 할 필요가 없다. 이럴 때는 머릿속에 생각이 떠오르는 대로 자유분방하게 말을 하면 된다. 예를 들어 한 고등학교 동창생에 대한 얘기를 하다가 문득 그의 고향이 부산이라는 것이 연상되면 부산에 대한 얘기를 하는 식이다. 이런 식의 말하기를 '병렬적 화법'이라고 할 수 있다.

　공적인 자리에서 병렬적 화법을 사용하는 것은 금물이다. 병렬적 화법은 두서없는 말하기 혹은 횡설수설하는 말하기가 될 수밖에 없고, 그 극단이 바로 논리적 연결을 완전히 상실한 조현병 환자의 말하기다. 윤석열은 국민통합에 관한 질문을 받자 다음과 같이 대답했다.

기본적으로 자유민주주의라는 것에 공감을 한다면은, 저는, 에, 그, 많은 분을, 제가, 또, 만나서, 그, 현실의 어려움도 들어야 하겠지만, 에, 한분 한분 만나서 설득하는 문제가 아니고, 그, 우리가, 이, 우리 헌법정신을 한 번, 다시, 우리가 되새겨서, 우리가 지금 헌법을 87년에 만들었지만, 에, 과거에 이제, 뭐, 선거도 제대로 못하면서, 어?, 이, 그, 권위주의, 그, 정권도 우리가 거쳐왔고, 또 이제는 민주적인 선거제도로, 그, 민주화가 됐습니다마는, 우리가 선거가 전부다라고 늘 생각을 하고, 다수결이 전부다라고 생각을 하는데, 우리 헌법정신에 대해서, 에, 저를 비롯해서 우리 국민들께서 다시 한번, 도대체 이 헌법이 지향하는 바가 뭐냐 하는 것에 대해서 다 같이 한번 성찰을 해보고, 그렇게 해서 우리가 현재의 문제점을 짚어나가고 향후 우리 한국 사회가, 아, 번영과 풍요를 이루는 데, 마, 이러한 성찰이, 우리 헌법정신에 대한 성찰이, 에, 기초가 돼야 되는 것이 아닌가, 그래 저는, 마, 그런 점을 좀 강조를 하고 싶습니다, 네.[3]

윤석열은 왜 이런 식으로 말을 하는 것일까? 아마 그는 국민통합을 자유민주주의에 기초해 이루어야 한다는 말을 하고 싶었을 것이다. 그런데 머릿속에서 '자유민주주의'를 떠올리자 문득 '헌법'이라는 단어가 연상되고, 헌법은 '87년'을 연상시키고, 87년은 '권위주의 정권'과 '민주화운동'을 연상시키고, 민주화는 '선거'와 '다수결'을 연상시킨다. 이런 연상의 고리를 그대로 따라가면서 말을 하다 보니 결과적으로 횡설수설하게 되었던 것이다.

병렬적 화법은 '원숭이 엉덩이는 빨개, 빨가면 사과, 사과는 맛있어, 맛있으면 바나나, 바나나는 길어, 길면 기차, 기차는 빨라, 빠르면 비행기, 비행기는 높아, 높으면 백두산'이라는 동요처럼 하나의 말이나 단어가 연상시키는 흐름을 그대로 따라가며 말하는 것이다. 그러나 아이들 동요라면 몰라도 적어도 공적인 자리에서 성인은 이런 병렬적 화법을 사용하면 안 된다. 자유민주주의에 기초한 국민통합을 해야 한다고 주장하고 싶었다면 윤석열은 다음과 같이 말했어야 한다.

> **서론** : 나는 국민통합이 무원칙하게 이루어지는 것이 아니라 자유민주주의에 기초해야 한다고 생각한다.
> **본론** : 자유민주주의의 핵심은 이러저러한 것이다, 이것에 기초하는 것이 왜 중요하며 왜 그것이 진정한 국민통합인가.
> **결론** : 따라서 자유민주주의에 기초한 국민통합을 이루어야 한다.

이런 종적인 흐름을 견지하면서 약간씩 옆으로 샜다가 제자리로 돌아오는 것은 괜찮지만, 종적인 구조나 연결 없이 병렬식으로 나열하는 것은 횡설수설 이상이 될 수 없다. 이렇게 윤석열은 사석에서나 어울리는 병렬적 화법에 특화되어 있는데, 이것은 그가 아주 기본적인 말하기 기술조차 습득하고 있지 못하다는 것을 의미한다.

병렬적 화법 때문이겠지만, 윤석열에게는 이미 한 말을 또 하고 또 하는 식으로 엇비슷한 말을 계속 반복하는 안 좋은 말버릇도 있다.

이 때문에 한 토론회에서는 윤석열이 마치 술 취한 사람처럼 같은 얘기를 반복하자 원희룡 후보가 나서서 "잠깐요, 지금 같은 얘기를 계속하시기 때문에 제가 조정 들어가 끊겠습니다"[4]라고 말하기까지 했다. 주사가 있는 아버지 밑에서 자라난 사람들은 대부분 잘 알 것이다. 이미 했던 말을 또 하고 또 하는, 술이 거나하게 취한 아버지의 말을 듣고 있는 것이 얼마나 짜증 나고 고통스러운 일인지를. 윤석열이 병렬적 화법을 고치지 못한다면 국민들은 그의 말을 이해하지 못하는 것은 물론이고 상당한 스트레스까지 경험하게 될 것이다. 주사가 있는 아버지로 인해 '고장 난 축음기 트라우마'를 갖게 된 사람들은 과거의 악몽이 되살아나는 듯한 고통에 시달릴 수도 있다.

윤석열의
대응법

04

윤석열은 대응 방식에서도 여러 문제점을 드러내고 있다. 그중에서도 대표적인 것은 방어적이고 수세적이고 회피적인 태도, 자기 문제를 인정하지 않고 사과할 줄 모르는 것, 저열한 방식으로 상대방을 공격하는 것이다.

## 방어적·수세적 대응: 동문서답 또는 회피

'공격이 최고의 수비다'라는 진리는 말하기에서도 그대로 적용된다. 상대방의 공격이나 비판에 위축되지 않고 정면으로 맞서며, 공격적으로 대응해야 위기를 돌파하고 전진할 수 있다. 인정할 것은 과감히 인정하면서 공세적 태도로 대응하는 것은 토론에서 주도권을 잃지 않고 사기가 떨어지지 않게 해준다. 계속 방어로만 일관하다 보면 주도권을 잃고 상대방에게 끌려다니게 되며, 심리적으로 위축되어 자기 능력을 충분히 발휘할 수 없게 된다. 이런 점에서 윤석열의 방어적·수세적 대응 방식은 매우 비효율적일 뿐만 아니라 자기파괴적인 것이라고 할 수 있다.

검찰총장 시절만 해도 윤석열은 상대방의 공격에 정면 대응하는 모습을 보여주기도 했고, 그 때문에 인기가 오르기도 했다. 2019년 국정감사에서 채이배 바른미래당 의원이, 감사원 홈페이지에도 올라와 있는 자료를 검찰이 말도 안 되는 근거 규정을 빌미로 제출하지 않는다고 추궁했다. 그러자 윤석열은 즉시 "제출하겠습니다. 제출 안 하면 예산으로 잘라주십시오. 제출하겠습니다"라고 말했다. 이것저것 재지 않고 시원시원하게 대답하는 모습을 보여준 것이다. 그러나 대권에 도전한다고 공개 선언한 뒤부터는 심적 부담 때문이었는지 예전 같은 공세적인 대응은 사라지고, 방어적·수세적 대응으로 일관했다. 이 과정에서 그는 질문을 받으면 웃으면서 여유 있게 대응하기보다는 긴장하거나 당황하는 모습을 자주 보여주었다.

윤석열이 방어적·수세적으로 대응한다는 것은 난처한 질문을 받았을 때 그가 명쾌한 답변을 하지 않고 애매모호하거나 두루뭉술한 답변을 하는 것에서 나타난다.

**원희룡** : (비트코인, 가상화폐 수익에 대한 과세 문제를 토론하는 도중에) 윤 후보께서는 과세에 대해서 찬성하십니까? 반대하십니까?

**윤석열** : 소득이 있는 곳에 과세가 있기 때문에 기본적으로 이익을 본 사

람한테 과세하는 건 맞습니다마는, 정부가 이 과세법을 행사하려고 하면은, 먼저 이런 소득이 발생하는, 그, 기저를 잘 만들어줘야 되고, 제도를 먼저 잘 만들어주는 게, 저는 우선이라고 생각합니다.[2]

상대방이 찬성·반대를 물어볼 경우, 특별한 이유가 없다면 '찬성한다' 혹은 '반대한다'로 명쾌하게 답해야 한다. 그러나 윤석열은 처음에는 마치 찬성하는 듯한 발언을 하다가 끝에 그의 주특기인 '-마는'이라는 말을 덧붙여 전적으로 찬성하지는 않는 듯한 냄새를 풍기고는 쓸데없는 사족을 덧붙였다. 이런 식으로 대답하면 질문자는 물론이고 청중도 그가 찬성한다는 것인지 반대한다는 것인지를 알기 힘들고, 토론이 생산적으로 진행되기도 힘들다.

자기 소신을 용감하게, 솔직하게, 명쾌하게 말하지 못하는 것이 한두 번의 실수가 아니라 윤석열의 고질적인 말하기 습관이라는 것은 그가 지속적으로 추궁을 당하는 상황에서도 끝까지 버티며 자기 소신을 밝히지 않는 모습에서 확연하게 드러난다.

**유승민** : 곽상도 의원 아들이 50억 받은 데 대해서 당이 제명 조치를 하기 전에 본인이 탈당했습니다. 여기에 대해서 어떻게 생각하십니까? 제가 아까 모두발언에서, 이거는 제명을 해야 된다, 이렇게 저는 분명히 말씀드렸는데, 어떻게 생각하십니까?

**윤석열** : 저는 뭐, 하여튼, 제명이든, 뭐, 출당이든, 응? 또, 지금, 본인이, 저도, 이, 당 생활을 얼마 안 해봐가지고.

**유승민** : 어떻게 생각하시는지만 좀 이야기해보세요.

**윤석열** : 아, 저는, 어쨌든, 그, 국민의힘 당에서 나가는 게 맞다고 생각합니다.

**유승민** : 나가는 게 탈당, 나가는 게, 탈당이 맞다고 생각하시나요? 탈당은 나가는 거잖아요?

**윤석열** : 네.

**유승민** : 탈당이 맞다?

**윤석열** : 탈당계를 접수해서 받아줘야 나가는 거 아닙니까?

(…)

**유승민** : 그러니까 지도부가 한 데 대해서 어떻게 생각하시냐고 묻잖아요.

**윤석열** : 글쎄 뭐, 지도부가 지금 미국에 계시니까.

**유승민** : 미국에 있으면, 다른 대리하는 사람도 있죠. 알겠습니다.

**윤석열** : 사람마다 의견이 좀 다를 수 있지 않겠습니까?[3]

유승민 후보가 먼저 '나는 제명을 해야 된다고 생각한다'고 자기 소신부터 당당하게 밝히며 윤석열의 의견을 물었지만, 그는 웅얼거리다가 뜬금없이 '당 생활을 얼마 안 해봐서'라고 대답했다. 유승민 후보가 용감하게 대답하기를 어려워하는 윤석열을 어루만져주기 위해 친절하게도 '그냥 본인의 생각을 얘기하시면 된다'고 해설까지 해주었지만, 윤석열은 또다시 '나가는 게 맞다고 생각한다'는 식으로 두루뭉술하게 대답했다. 유승민 후보가 '나가는 게 탈당이니까 탈당이 맞다고 생각하는 거냐'고 몰아붙이자 할 말이 없어진 윤석열은 마지못해

'네'라고 대답했다. 그래놓고는 아차 싶었는지, 유승민 후보가 '탈당이 맞다고 생각하는 것이냐'고 재확인하자 '탈당계' 같은 엉뚱한 소리를 했다.

질의응답이 조금 더 이어지면서 유승민 후보가 지도부의 결정에 대해서는 어떻게 생각하느냐고 묻자, '지도부가 지금 미국에 있다'는 그야말로 자다가 봉창 두드리는 대답을 한다. 그러고는 굳이 '사람마다 의견이 다를 수 있다'는 하나마나한 말을 한다. 당연히 사람마다 의견이 다를 수 있다. 그러나 유승민 후보가 물어본 것은 사람들이 어떻게 생각하는지가 아니라, 윤석열이 어떻게 생각하는지가 아닌가.

이런 식으로 윤석열은 민감한 질문, 잘못 대답했다가는 논란에 휩싸일 수도 있는 곤란한 질문을 받으면 절대로 명확한 대답을 하지 않고 악착같이 얼버무린다. 이것은 그가 오답을 말하는 것에 두려움이 크고 자신감이 부족한 사람임을 의미한다. 윤석열이 동문서답의 달인으로 등극하게 된 것 역시 비슷한 맥락에서 이해할 수 있을 것이다.

윤석열의 애매모호하고 두루뭉술한 말하기가 사람들을 얼마나 답답하게 하는지는, 국민의힘 대선 후보들한테 지적을 받은 것만 보더라도 능히 알 수 있을 것이다. 하태경 후보가 윤석열에게, 황교안의 4·15 부정선거 주장과 관련해서 '부정선거인지 아닌지 검토를 했느냐'고 물었다. 그러자 윤석열은 "아뇨, 검토를 할 수는 없는데, 지금 우리 황교안 후보께서, 그, 동의를 구하는 말씀을 하셨기 때문에, 저는, 나도 좀 이상하긴 했지만 명확한 증거가 없지 않느냐, 그렇게 말씀을 드린 것이거든요?"라고 알아듣기 난해한 대답을 했다. 그러자 하태경 후보는 짜증을 내면서 "그러니까 그런 식으로 애매하게, 두루뭉술하게 하면 리더 자격이 없어요!"라고 말했다.[4]

윤석열은 어려운 질문을 받으면 애매모호한 대답을 한다. 그렇다면 아주 더 부담스러운 질문을 받으면 어떻게 할까? 아예 회피한다. 대검찰청 국정감사 영상을 보면, 윤석열이 대답하기 어려운 질문에 답을 해야 할지 아니면 회피해야 할지를 고민하는 것처럼 한참 동안 뜸을 들였다 말하거나, 아예 대답을 회피하는 모습을 확인할 수 있다.

**이은재** : 더구나 조 전 수석 자택 압수수색에 동행한 한 여검사는 얼굴까지 공개되면서 인권유린은 물론 무차별 사이버 테러를 당했습니다. 이를 두고 한 인사는 조 전 장관과 가족이 두 달 동안 당한 게 그 여검사의 수백 배에 달할 것이라고 조롱까지 했습니다. 총장님은 수사를 받고 있는 피의자와 직무를 수행하는 공무원이 받는 압박을 동일선상에 두고 비교하는 것이 과연 옳다고 보십니까? 어떻습니까?

**윤석열** : 양해해주신다면 이 부분에 대해서는 제가 답변을 좀 안 하도록 하겠습니다.

**이은재** : 아니 근데, 그 검사가, 그 여검사가 그렇게 당했는데, 답변을 안 하시면 어떻게 해요? 누가 겁나가지고 그렇게 할 수 있겠습니까? 그러면.

**윤석열** : (몹시 당혹스러워하며 손가락으로 책상을 가볍게 한번 두드리고는 미소를 지으며 계속 머뭇거림)

**이은재** : 이거 굉장히 중요한 얘깁니다.

**윤석열** : 아, 제가 이 자리에서 그렇다는 말씀이고, 아, 그 검사는, 에, 또,

선배들이나 주변의 동료들이, 또, 많이, 좀, 격려를 해주고, 많이 위로를 해줘서 지금 현재에는, 에, 자기 일을 잘 하고 있는 것으로 알고 있습니다.[5]

이 외에도 그가 답을 아예 회피하거나 거부하는 모습은 심심찮게 관찰된다. 윤석열은 노무현 전 대통령에 대한 조사가 정치보복이냐 아니냐는 질문을 받았을 때도 답을 하지 않고 회피했다.[6] 또 대선 후보가 된 후 CBS 기자가 '첫 일정이 뭐냐, 광주에 방문할 의향이 있느냐, 청년들 지지율이 낮은 이유와 극복 방도가 뭐냐'는 세 가지 질문을 하자, 그는 앞의 두 가지 질문에 대해서만 더듬더듬 대답하고는 세 번째 질문은 패스해버렸다.[7]

토론 과정에서 주도권을 쥐려면 '예, 아니오'를 분명히 하고, 그에 기초해 자기 논리를 펼치면서 상대의 허점을 공격해야 한다. 상대방의 질문이나 공격에 방어적·수세적 대응을 하는 것이야말로 윤석열이 토론을 두려워하고 어려워하는 약점에서 벗어나지 못하게 만드는 주요 원인이다.

### 윤석열의 사과법:
### '누가 감히 나한테?' 남 탓과 적반하장

윤석열은 대선에 도전하기 전까지만 해도 사과를 할 줄 아는 모습을 보였다. 2019년 검찰총장 후보 청문회에서 장제원 당시 자유한국당 의원이, 검찰 개혁 문제와 검찰의 수사를 받다가 자살한 고 변창훈 검사의 사례를 언급하며 강도 높게 비판하자, 윤석열은 다음과 같이 말했다.

제가 부족한 부분이 많지만, 위원님 말씀 유념해서 전체 검찰 구성원들을 잘 화합할 수 있도록 노력하겠습니다. 그리고 변창훈 검사, 불행한 일은, 제가 연수원 동기이기만 한 것이 아니라 검찰 안에서도 굉장히 아끼고 사랑한 후배입니다. 제가 가족들 생각해서 상가는 못 갔지만, 저도 이 일 있고 나서 한 달 동안 앓아누울 정도로 마음이 괴로웠습니다. (…) 변명 같지만 드릴 말씀은, 수사 과정에서 불행한 일을 겪으신 분들에 대해 드릴 말씀은 아닐 것 같고, 앞으로는 불행한 일이 일어나지 않도록 잘 관리를 하겠습니다.[8]

이때만 해도 윤석열은 '한 달 동안 앓아누울 정도로 마음이 괴로웠다'고 나름대로 자기 감정을 표현하기도 했고, '앞으로는 불행한 일이 일어나지 않도록 잘 관리하겠다'며 사과할 줄도 알았다. 이런 장면은 윤석열이 원래부터 적절한 사과 방법을 모르는 것도 아니고 절대로 사과를 하지 않는 사람도 아니라는 것을 보여준다.

그러나 윤석열은 검찰총장이 된 후, 특히 대선에 도전한 이후부터는 어떤 경우에도 악착같이 사과를 하지 않으려는 모습을 보여주었다. 과거와는 180도 달라진 것이다. 이를 가장 잘 보여주는 것이 바로

'개사과' 사건일 것이다. 윤석열은 전두환 찬양 발언으로 여론의 비판이 빗발치자 처음에는 완강히 버텼지만 결국 대국민 사과를 했다. 그러고는 12시간 후에 자신의 인스타그램에 개에게 사과를 주는 사진을 올려 국민을 우롱했다.

**유승민** : (개사과 사진을 지목하며) 인스타그램 이 사진, 누가 찍었습니까?

**윤석열** : 그 뭡니까, 우리 캠프에 SNS 담당하는 직원이 찍었다고 들었습니다. 캠프는 아니고 저희 집 말고 집 근처에 있는 사무실에서 찍었습니다.

(…)

**유승민** : 그럼 부인이 안 계신 장소에서 캠프 직원이 그렇게 했다?

**윤석열** : 어찌 보면 제가 했다고도 볼 수 있다는 건데, 제가 어릴 때 돌 사진을 보고 설명을 하라고 해서, 사과를 화분에다 올려놓고 매일 여기 사과가 열리는구나 그러고, 그 사과를 먹고, 이런 이야기를 좀 했습니다. 그랬더니 인스타에 이걸 하라고 했기 때문에.

**유승민** : 페이스북은 직접 쓰십니까? 유감 표명 직접 하셨나요? 국민들에게 이거 정말 잘못했다고 사과를 하시고 불과 12시간 지나가지고 인스타에서는, 그것도 두 번을, 캠프 관계자가 국민을 완전 개 취급을 하는 사진을 올린다는 말입니까. 어찌 생각하십니까?

**윤석열** : 제가, 그, 강아지한테, 그, 사과를 준 장면에 나오는 강아지는, 제가 9년 동안 자식처럼 생각하는 가족이고, 그, 그걸, 제가, 그, 그렇게 생각하신다면, 그, 생각이 틀렸다기보다 제 불찰입니다. 그 사과 관련된 스토리를 인스타그램에 올리도록 한 것도 일단 저 아니겠습니까.

(…)

**유승민** : 당초 전두환 발언에 대해서는 사과를 하시는 겁니까?

**윤석열** : 그렇습니다.

**유승민** : 저한테는, 그때는 사과 안 하셨어요.

**윤석열** : 제가 그때는 제가 한 발언에 대해서, 당시에 그 상황을 겪었던 분들께, 이분들을 더욱 따뜻하게 보듬고 위로하고 챙기겠다는 그 말 자체가 사과라는 표현으로 한 건데, 사과나 송구라는 표현이 없다, 제가 광주, 그, 가깝게 지내는 사람들에게 물어봤습니다. 제가 다른 분들에게 상처를 줬다는 말을 한다면, 저기에, 그, 어떻게 입장을 표명해야 하는지 여러분의 말씀을 다 듣고.

**유승민** : 처음에 이야기했을 때는 발언의 취지가 왜곡됐다, 이렇게 계속 말씀하셨거든요.

**윤석열** : 제 취지는 정확하게 말씀을 드리고, 다만 국민들이 거기에 대해서, 저에 대해서 생각할 수 있는 부분에 대해서 제가 말씀을 드리기 전에 제 뜻을 말씀을 드려야죠.[9]

윤석열은 전두환 관련 망언에 대해 처음에는 한사코 사과를 하지 않고 버텼다. 그러다가 국민 여론이 크게 악화하자 마지못해 사과를 했다. 그러나 강제로 등 떠밀려 사과를 하게 된 것이 너무 분하고 억울해서였는지 개에게 사과를 주는 사진을 인스타그램에 게시해 국민을 충격에 빠뜨렸다. 윤석열은 유승민 후보와의 토론에서도 자기 잘못을 인정하고 깔끔하게 사과하기보다는 설득력이 전혀 없는 변명만 늘어놓고 있다.

대선주자가 된 후부터 윤석열은 자기 잘못에 대해 사과를 하기보다는 남 탓, 상대방 탓을 하는 적반하장식 대응으로 일관했다. '나는 말을 정확하게 잘했는데 사람들이 제대로 알아듣지 못했다, 오해를 했다'는 식으로 계속 남 탓을 하는 윤석열의 태도는 국민의힘 대선 후보 토론회에서도 논란을 일으켰다.

(유승민 후보가 전두환 관련 망언에 대해 추궁하자)

**윤석열** : 아니, 제가 얘기한 거랑 다 듣고서 그런 식으로 곡해를 해서 계속 말씀을 하시면은.

**유승민** : 윤 후보님은, 윤 후보님은 말을 너무 함부로 하시고는 계속 여기 나와서는 상대방한테, 잘라서 얘기한다, 오해한다, 계속 그러세요.

**윤석열** : 아니, 계속 잘라서 얘기를 하시지 않습니까?[10]

이렇게 윤석열은 잘못을 했을 때 적절한 사과를 하기는커녕 '내 잘못이 아니다. 다 너희 잘못이다', '나는 제대로 말했다. 너희가 제대로 알아듣지 못한 것이다'라는 식으로 남 탓을 하며 적반하장으로 대응한다. 사과와 관련해 대선 후보 윤석열이 보여주고 있는 일관된 태도는 과거에 했던 그의 사과조차 진정성을 의심케 한다. 윤석열은 강한 자에게는 약하고 약한 자에게는 강한, 전형적인 '강약약강'의 심리를 가지고 있다(이 문제는 뒤에서 언급할 것이다). 그가 자기보다 강한 권력이나 힘 앞에서는 머리를 조아리며 사과를 하지만, 자기보다 약한 권력이나 힘에 대해서는 절대로 사과를 하지 않는 것은 이 때문이다. 비록 대통령은 아니지만 제1야당의 대선 후보라는 자리는 권력의 최고 정점이라고 할 수 있다. 윤석열로서는 '누가 감히 나한테 사과를 요구해?'라고 생각할지도 모른다. 한마디로 자신에게는 더 이상 사과를 해야 할 이유도, 대상도 없다고 믿는 것이다.

### 저열하고 유치한 공격:
### 물귀신 작전, 인신공격, 말꼬리 잡기

윤석열의 대응 방식, 특히 상대방의 비판이나 공격에 대응하는 방식에서 드러나는 뚜렷한 특징은 그것이 저열하거나 유치하다는 것이다.

윤석열은 비판이나 공격을 당하면 그것을 자기 내용, 논리적인 말로 돌파하려고 하기보다는 상대방을 깎아내림으로써 모면하려 한다. 한 토론회에서 홍준표 후보가 '26년간 검사만 했는데, 대선 후보가 되면 과연 정책으로 대결이 가능하겠느냐'고 물었다. 그러자 윤석열은 "아니, 제가 지금 여덟 번을 우리 홍 후보님하고, 이, 토론을 했는데. 글쎄요, 저는, 뭐, 그, 그렇게 하시면서 정책이 얼마나, 그렇게 탄탄하신지 아직 느끼질 못했습니다. 그거 더 보여주십시오, 앞으로"[11]라고 응수했다. 정책 능력이 있냐는 공격을 받자 '너는? 너도 정책 능력 없잖아'라고 대응한 것이다.

또 다른 토론회에서는 홍준표 후보가, 한국의 대선이 도덕성 문제가 있는 후보들 때문에 '오징어 게임'처럼 되었다고 평하는 외신을 거론하며 "어떻게 생각하십니까?"라고 물었다. 그러자 윤석열은 "뭐, 저는 읽지는 않았습니다마는, 그게, 뭐, 홍 후보님도 해당되는 거 아니겠습니까?"[12]라고 말했다. 마치 물귀신처럼 상대방을 붙잡고 진흙탕 속으로 끌고 들어간 것이다.

'너 정말 축구 잘하냐?'라는 질문을 받으면 자신에게 축구 실력이 얼마만큼 있는지를 설명해주는 것이 상식이다. 그렇지만 윤석열은 자신의 축구 실력에 대해서는 언급하지 않고 '너도 축구 더럽게 못하더라'고 공격한다. 상대방이 '너 나쁜 놈이지?'라고 공격할 때 '너도 나쁜 놈이잖아'라고 대응하는 것은, 국민에게 '우리는 다 나쁜 놈들이에요. 그래도 제가 조금 덜 나쁘니 절 선택해주세요'라고 말하는 것과 같다. 정치인들이 이런 저질스러운 공방을 벌이면 국민은 정치에 대한 무관심과 혐오가 심해질 수밖에 없다.

윤석열은 단지 상대방을 깎아내리는 것에 그치지 않고, 거친 인격 모독적 공격을 예사로 퍼붓는다.

**윤석열** : 4선입니까? 5선입니까? 거기다 지사도 하시고 했으면은, 좀, 격을 갖추십쇼, 네.

**홍준표** : 윤 후보님.

**윤석열** : 네.

**홍준표** : 내가 여태 토론하면서 윤 후보님 궁지 몬 적 한 번도 없어요.

**윤석열** : 아니, 무슨 말씀을.

**홍준표** : 아니, 한 번도 없어요.

**윤석열** : 아니, 저는 궁지라고는 생각을 안 하는데, 토론의 격을 좀 높이시죠.

**홍준표** : 예, 예, 예. 격을 높여서 지금 하려고 하는 겁니다.

**윤석열** : 격을 높이시죠.[13]


격을 높이라는 말은 곧 격이 낮다는 말이다. 상대방에게 격이 낮은, 수준 낮은 말을 한다고 비판하는 것은 '너는 격이 낮은 인간이다'라고 말하는 것과 같은 명백한 인신공격이다. 윤석열이 거칠게 인신공격하는 모습을 가장 잘 보여주는 것은 2021년 10월 23일의 토론회다. 유승민 후보가 윤석열에게 '준비된 후보가 맞느냐'는 질문을 하자 그는 인격 모독적 공격으로 말문을 열었다.


**윤석열** : 제가, 우리 유 후보님이 경제학 박사시고, 어?, 본인도 또 경제 전문가라고 늘 말씀을 하시기 때문에, 제가 한 십여 차례 이 토론을 하는 과정에서 좀 지켜봤는데요. 유 후보님이 과연 경제 전문가인지, 응?, 제가 좀, 아직, 입증을 못하신 것 같고, 어?

**유승민** : (다소 화난 목소리로) 저는 뭐, 그렇게 생각…. 뭐라고 하셔도 좋습니다마는.

(…)

**윤석열** : 아니, 그러니까 유 후보님이 제 얘기를 하기 전에 본인의, 그, 이, 경제 역량을, 이, 토론에서 한번 보여주셨어야 되는데, 저는 뭐, 무슨, 인

신공격이나 했지, 정책에 대한 어떤, 이런 것을 제대로 보지를 못했어요.

**유승민** : 제가 정책에 대해서 이야기하니까 방금 저를 인신공격을 하시네요.

**윤석열** : (흐흐하하) 아니, 정책에 대해서, 지금도 보세요. 20분의 시간에 13분 이상을 갖다가.

**유승민** : 아니, 그러는 시간에, 그러는 시간에, 제가 정책에 대해서 물었으니까 정책에 대해서 답을 하십시오.

**윤석열** : 아니, 이게 뭐, 말이 막 섞여서, 아니, 좀 정확하게 다시 한번 물어보세요. 포괄적으로 얘기하시기보다.[14]

윤석열은 질문에 대한 답은 제대로 하지 못하면서 상대방에게 '경제 전문가라더니 실력이 형편없다'는 식의 인신공격을 했다. 앞서도 언급했지만 이 토론회에서 그는 '대통령이 꼭 해결해야 될 시대의 여러 가지 문제 중 제일 중요한 문제가 뭐고, 그걸 어떻게 해결해야 된다고 생각하느냐'라는 질문을 받자, "그러니까 지금까지 정책 토론을 제대로 안 하시고 딴생각만 하셨기 때문에 이런 얘기를 하시는데"[15]라고 말하기도 했다. 또다시 상대에게 '정책 토론은 제대로 안 하고 딴생각만 했다'는 인신공격을 한 것이다. 토론회에서 윤석열은 궁지에 몰리자 느닷없이 상대방의 경제학 박사학위를 문제 삼기도 했다.

**윤석열** : 아니, 경제, 그, 박사학위 하실 때 전공을 뭐로 하셨어요? 거시를 하셨어요? 뭐를 하셨어요?

**유승민** : (웃으면서) 윤 후보님한테 굳이 설명 안 드려도 될 것 같습니다. 네이버 검색해보시면 다 나오니까요.

**윤석열** : 어떤 분야를 전공하셨는지 모르겠는데, 아니, 무슨 정책이 나오면은, 거기에 대해서 가장 필수적인 얘기들이 나와야 되는데, 그냥 막연하게 던져놓고, 에? 쯧(혓소리).[16]

자신의 무지를 감추기 위해, 혹은 궁지에서 벗어나기 위해 상대방의 전문성을 폄훼하는 것은 그야말로 저열하고 유치한 대응이 아닐 수 없다. 나아가 '너 경제학 박사 맞냐? 경제학 전공했다면서 왜 그 정도밖에 말을 못하냐'는 발언은 상대방의 인격을 심하게 모독하고 난폭하게 짓밟는 야만적 행위다.

윤석열은 상대방을 깎아내리고 모욕하기에만 능한 것이 아니라 말꼬리 잡기, 트집 잡기에도 능한 것 같다. 다음의 공방을 보노라면 마치 아이들 싸움을 보는 것 같은 느낌이 든다.

**유승민** : 윤석열 후보, 한 가지만 좀 부탁하겠습니다. 지난번에 제가 대장동 게이트, 이거, 판검사, 연루된 판검사에 대해서 '정말 썩어빠졌다' 이렇게 이야기했더니, '판검사를 욕하지 마라' 그러면서 저의 돌아가신 아버지하고 저의 형 이야기를 하고, 또 윤 후보 캠프에서 제 딸 이야기를 하던데, 가족은 좀 건드리지 맙시다.

**윤석열** : 아니, 다른 사람도 다 가족이 있는 사람입니다.

**유승민** : 아니, 아니, 진짜, 제가 윤 후보님 부인하고 장모, 예? 그 수많은

비리가 나와도 제가 말 한마디 안 했습니다.

**윤석열** : 아니, 벌써 이렇게 얘기하시네요.

**유승민** : 아뇨 아뇨, 진짜 이야기해볼까요?

**윤석열** : 아, 하세요.[17]

　　또 한 토론회에서는 윤석열이 계속 억지를 부리자 홍준표 후보가 "아니, 윤 후보님, 검찰총장까지 하셨습니다. 그런 식으로 억지 부리지 마십시오"라고 점잖게 훈계했다. 그러자 윤석열은 상대방의 말이 채 끝나기도 전에 "아유, 정치 26년 하시고 왜 그렇게 하십니까?"라고 외치고는 '하하하하' 웃었다.[18] 대북정책의 기조를 축약해서 말해달라고 해도 윤석열이 계속 딴소리만 하자, 홍준표 후보는 "지금, 뭐, 윤 후보님 대북정책 기조를 보면, 저는 무슨 말씀을 하시는지 잘 이해가 안 돼요"라고 말했다. 그러자 윤석열은 "아니, 저는 홍 후보님 말씀이 좀 이해가 안 되는 게…"[19]라고 반격했다. 정말 보는 사람을 민망하게 만들 정도의 유치한 대응이 아닐 수 없다. 윤석열의 치졸한 대응과 말싸움은 국민의힘 대선 후보 토론회의 격을 떨어뜨린 주범이다.

　　정치검찰 혹은 정치검사는 공격 대상을 탈탈 털어 약점을 찾아내고는, 그것을 쥐고 흔들며 자기 목적을 달성하는 것으로 악명이 높다. 상대방의 약점을 들춰내 입을 틀어막거나 제압하고, 나아가 지배하고 조종하려는 윤석열의 대응 방식을 보노라면 그야말로 정치검사가 연상되지 않을 수 없다.

**윤석열** : (유승민 후보가 전두환 망언을 비판하자) 제가 이 얘기를 누구한테, 에, 비판을 받는 건 다 좋은데, 적어도 유 후보님한테 이런 얘기 들을 일은 저는 아니라고 생각합니다.

**유승민** : (웃으며) 아휴, 그거는 말씀이, 너무 심한 말씀이시고. 부산에 가서는 이렇게 말씀하시고 광주에 가서는 5·18 묘비를 잡고 울컥하는 사진을 찍고, 예? 이게 지역감정 이용하는, 이, 그런 발언 아닙니까, 이게. 지금 경선을 앞두고 우리 당 지지자들에게….

**윤석열** : (유승민 후보의 말을 끊으며) 아니, 유 후보님이야말로, 허, 아니, 유 후보님이야말로 선거 때 되면은, 2017년 대선 때는 이런 소리 하고 또 이번에는 또 이런 소리 하고.

**유승민** : (화가 난 듯이) 아니, 잠깐만요, 윤 후보님. 2017년 대선 때 무슨 이야기를 했다는 겁니까?

**윤석열** : (당황스러워하는 듯한 웃음) 제가 지금부터 이제 차차 말씀을 드릴게요.

**유승민** : 아니, 무슨 얘기 했는지 말씀을 해보십시오.[20]


    윤석열은 자신을 비판하는 유승민 후보의 입을 틀어막기 위해 '너도 과거에 전두환 두 번 칭찬한 적 있지 않냐'며 약점을 들춰냈다. 유승민 후보가 그런 적 없다고 단호히 부인하자 윤석열은 '2017년 대선 때와 지금 하는 말이 다르다'며 다른 약점을 끄집어냈다. 유승민 후보가 근거를 대라고 하자 제대로 답변을 못하는 바람에 큰 효과는 보지 못했지만, 윤석열은 이런 식으로 상대방의 약점을 집요하게 들춰내 공격을 저지하려고 한다.

마지막으로 한 가지 더 언급하고 싶은 점은, 윤석열이 단지 말로만 상대방을 공격하는 게 아니라 비언어적 메시지를 통해서도 상대방을 조롱하고 모독한다는 것이다. 그는 마지막 토론회에서 "팩트를 가지고 이야기를 하시죠?", "또 뭐 가지고 오셨네~", "수준을 좀 높여서 하시죠, 에~? 마지막 날인데"[21]와 같은 말들을 했는데, 그런 말을 할 때면 마치 상대방을 깔보는 듯한 비웃는 표정을 하고 상대방이 모욕감을 느낄 수 있는 손짓, 몸짓을 했다.

윤석열의 대응 방식, 특히 상대방의 공격에 대한 반격 방식은 합리적이고 논리적인 것과는 한참 거리가 먼, 저열하고 유치한 대응 방식이다.

# '말하기'로 본
# 윤석열의 심리

05

윤석열은 왜 공적인 자리에서 말을 할 때면 긴장하고 얼어붙기까지
할까? 왜 '아니'라고 먼저 부정부터 하며 인정하지 않으려 할까? 윤석
열의 말하기에는 그의 심리가 고스란히 반영되어 있다. 그는 말하기
와 심리가 아주 밀접한 관련이 있다는 것을 너무나 잘 보여주는 산증
인이다.

　　윤석열에 대한 심리분석 결과는 이미 여러 유튜브 매체를 통해 발
표되었다.[1] 이를 요약하면, 권력 지향성과 '강약약강'의 심리가 특징인
권위주의적 성격, 마음속에 화가 많이 나 있고 타인에게 인색하고 몰
인정하며, 급격한 일탈이나 타락에 취약하고 융통성 없는 '가짜 모범
생', 제 식구 감싸기와 내로남불·이중기준으로 표현되는 패밀리 의식,
스스로를 대중 위에 군림하는 존재처럼 여기는 엘리트 의식 등이다.
여기에서는 말하기에 국한해서 그의 심리를 들여다보고자 한다(좀 더
자세한 내용에 관심이 있는 독자들은 위 링크를 참고해도 좋다). 이 글을 읽으면서

혹시 나에게는 문제가 없는지 자신의 심리도 돌아보는 계기가 되길 바란다.



## 과도한 긴장:
## 맞고 자란 아이


윤석열의 말하기에서 드러나는 가장 특징적인 심리는 '과도한 긴장'이다. 잘 알려진 것처럼 그는 토론을 회피할 정도로 말하기에 대한 자신감이 없는데, 그 가장 큰 이유가 바로 이 '긴장'과 관련이 있다. 일반적으로 적정 수준의 긴장은 수행 능력을 높여준다. 그러나 과도한 긴장은 사고력을 저하시키고 수행 능력을 떨어뜨린다. 윤석열은 질문, 특히 대답하기 어렵거나 예상치 못했던 질문을 받거나 난처한 상황에 놓이면 단번에 얼굴 표정이 굳어지고 '그, 뭐, 어'와 같은 불필요한 말이 현저하게 증가한다.

그는 한 대선 후보 토론회에서 장모와 아내와 관련된 질문을 받자 꽤 큰소리로 '쯥' 하는 헛소리를 냈다. 그러고는 '글쎄, 뭐, 어'라는 불필요한 말을 나열하며 답변을 하기 시작했다.

워낙, 그, 말이 안 되는 얘기라서 제가 대응할 필요 자체를 못 느끼고, 뭐, 지금까지, 뭐, 뭐, 가족에 대한 거, 지금 일 년 육 개월을 했는데, 에, 뭐, 쯧 (헛소리), 이런 정치공작이나 불법적인, 이런 선거 개입을 계속 하게 되면

은, 쯧(혓소리), 뭐, 거기에 따르는 상응하는 책임을 져야 되지 않겠습니까? 네.[2]

쉽게 목격할 수 있는 이런 장면들은 윤석열이 난처한 상황에 놓이면 지나칠 정도로 긴장해 불필요한 말이 많아지고 혓소리를 내며 원활하게 사고하지 못한다는 것을 보여준다. 물론 그의 전매특허인 '도리도리' 역시 긴장 정도가 높아지는 데 비례해 심해진다.

그런데 말하기에 취약한 윤석열이 그나마 상대적으로 말을 유창하게 하는 때가 있다. 익숙하고 편안한 분위기 속에 있거나 감정적으로 격앙되었을 때다. 2021년 10월 31일 국민의힘 대선 후보 토론은 특이하게도 둥그런 회의 테이블을 가운데 놓고는 네 명의 후보가 빙 둘러앉아 마주 보면서 토론을 진행했다. 이 토론회에서 윤석열은 다른 토론회에 비해 덜 긴장하는 모습이었고, 그래서인지 상대적으로 말을 더 잘했다. 아마도 식당이나 술자리 등에서 흔히 경험할 수 있는 익숙한 자리 배치 방식 덕분이었을 것이다.

또 윤석열이 흥분 상태, 쉽게 말해 기분이 좋을 때나 화가 날 때 상대적으로 말이 유창해지는 것은 그런 감정들이 긴장 상태를 잊게 해주거나 압도해서일 것이다. 영남 지역을 방문한 윤석열이 한 지구당 사무실에 들어서자 그곳에 있던 열혈 지지자들이 열렬한 환호와 박수를 보냈다. 이에 기분이 좋아지고 감정적으로 고양된 윤석열은 다른 때와는 다르게 '상대적으로' 유창하게 말을 했다.[3] 후에 그를 곤혹스럽게 만든 전두환 찬양 발언은 이런 흐름 속에서 튀어나온 것이다. 이렇게 격정적인 감정 상태, 기분이 좋거나 화가 났을 때 오히려 말이 상대적으로 유창해진다는 것은 그가 평소에 말을 버벅거리는 것이 긴장 상태와 관련이 있음을 강하게 시사해준다.

윤석열이 남들 같으면 별로 긴장하지 않을 것 같은 자극이나 상황에서도 과도할 정도로 긴장하는 것은 그의 어린 시절 경험과 관련이 있는 것 같다. 대학 시절에 그는 친구들과 장난삼아 콩서리를 하고 집에 들어갔다가 아버지한테 들키는 바람에 마당에 있던 고무호스로 종아리를 엄청 맞았다고 한다. 또한 어지간해서는 술에 잘 취하지 않던 그가 술에 만취해 친구들 등에 업혀 집에 들어가자 아버지는 그를 마당에 엎드려뻗치게 하고는 고무호스로 볼기를 때렸다. 윤석열은 최근에 한 언론 인터뷰에서, 자신은 대학생 때까지 원칙주의자였던 아버지한테 맞으면서 자랐다고 말하기도 했다.

요즘과는 달리 1970~80년대에 대학생은 사회는 물론이고 부모로부터 성인 대접을 받았다. 어렸을 때라면 몰라도 대학생인 자식을 체벌로 훈육하는 부모는 거의 없었다. 더욱이 대학생인 아들을 고무호스로 때리는 윤석열의 아버지도 별나거니와, 그런 체벌을 묵묵히 받아들인 윤석열은 더 별나다. 한마디로 두 사람은 훈련 조교와 병사처럼 너무나 익숙하게 때리고 맞았다. 이런 점들로 미루어볼 때 그가 어려서부터 일상화된 체벌 속에서 성장했다고 판단하는 것이 무리한 일은 아닐 것이다.

잘못을 하면 가차 없이 체벌을 가하는 무서운 아버지 밑에서 윤석열은 항상 긴장 상태였을 것이다. 즉 그는 체벌이나 꾸지람을 최대한

피하기 위해, 마치 포식동물을 두려워하는 연약한 초식동물이 풀을 뜯다가도 수시로 고개를 들어 주변을 두리번거리듯이 최대의 긴장 상태에서 살아야만 했을 것이다. 윤석열이 난처한 질문이나 비판, 예상치 못한 상황 등에 여유 있게 대처하지 못하고 과도할 정도로 긴장하고 얼어붙는 것은 이 때문이다.

흥미롭게도 윤석열에게는 말을 끝낼 때 '네'를 덧붙이는 버릇이 있다. 이런 말버릇은 그가 수세에 몰리거나 곤경에 빠질 때 특히 심해지는데, 이것 역시 긴장과 관련이 있다. 말 끝에 '네'를 덧붙이는 버릇 역시 무서운 아버지와 상호작용하는 과정에서 생겨났을 것이다. 이런 버릇은 윗사람, 특히 무서운 윗사람과의 대화에서 전형적으로 관찰할 수 있기 때문이다(물론 윗사람과 대화한다고 해서 모두가 '네'를 덧붙이는 것은 아니다).

2019년 대검찰청 국정감사에 출석한 윤석열은 국회의원들로부터 호된 추궁을 당했다.

오늘, 이, 여야 의원님들께서, 그, 패스트트랙 사건과 또 조 장관 관련 사건에 대해서 많은, 저, 말씀을, 저희들에게 주셨는데, 에, 아마, 이, 저희가, 아, 혹시나 이 수사를 좀 제대로 하지 못할까 하는 걱정 때문이 아니신가 싶습니다. 에, 제가 오늘 드릴 수 있는 말씀은 그런 걱정 마시고 저희가 하여튼, 뭐, 어떤 사건이든지 간에 저희가 그 법과 원칙에 따라서 엄정하게 수사하고 거기에 따라서 드러난 대로 결론을 내드리겠습니다, 네. 네, 더 다른 말씀은 제가 드릴 말씀이 없습니다, 네.[4]

윤석열은 '결론을 내드리겠습니다'라고 말한 뒤에 '네'를 두 번 덧붙였고, '드릴 말씀이 없습니다'라고 말한 뒤에도 '네'를 덧붙였다. 이런 식으로 그는 추궁을 당하는 분위기, 수세적인 상황에서는 말 끝에 '네'를 덧붙이는데, 이것은 그의 말버릇이 권위주의적인 환경에서 성장하면서 만들어진 것임을 시사해준다.

윤석열은 또한 비판(혼나는 것)을 매우 두려워한다. 일반적으로 살벌한 환경에서 성장한 사람은 비판의 타당성과 상관없이 그것을 무조건적으로 거부하거나 싫어하는 경향이 있다. 실제로 윤석열의 말하기를 관찰해보면 그가 비판에 적절한 대응을 잘 못해서 그것을 두려워한다기보다는, 비판 그 자체를 두려워하고 싫어한다는 것을 알 수 있다. 어쩌면 상대방이 자기를 비판할 때 그의 머릿속에서는 아버지한테 꾸지람을 듣거나 매를 맞는 고통스러운 장면이 되살아나는 것인지도 모른다.

윤석열이 비판에 매우 민감하고 취약하다는 것은 유승민 후보가 화천대유 비리에 연루된 판검사들을 강도 높게 비판했을 때 과민반응을 보인 데서 확인할 수 있다. 윤석열은 자기 발언 차례가 아닌데도 굳이 30초 찬스를 요청하더니 다음과 같이 유승민 후보를 공격했다.

**윤석열** : 이 자리가 선거를 위한 공간인 것도 좋습니다. 그리고 화천대유라는 초유의 일에 대해서 하시는 것도 좋은데, 에, 일반적으로 판검사를 지칭해서 그렇게 말씀을 하시면, 정말, 그, 응, 묵묵하게, 정말, 자기를 희생해가면서 법과 원칙을 지켜나가는 사람들에게 하실 말씀이 아니고. 또

유승민 후보님도 부친과 형님이 다 법관 출신, 변호사 아니십니까? 그렇게 말씀하시는 거는 좀 적절하지 않은 것 같습니다.

**유승민** : (윤석열이 자신의 아버지와 형을 거론해서인지 화가 나 목소리를 높이며) 아니, 화천대유 사건에 연루된 판검사 출신을 이야기하던 건데, 뭘 그러세요?[5]

이 장면은 윤석열에게 특유한 패밀리 의식, 제 식구 감싸기, 이중 기준을 유감없이 보여주고 있다. 나아가 유승민 후보가 단지 비리 판검사를 비판한 것임에도 과도하게 발끈하는 모습은 그가 비판에 얼마나 민감하고 취약한지도 잘 보여주고 있다. 유승민 후보로서는 마음속으로 "너, 도대체 왜 그러는 거야?"라고 묻지 않을 수 없었을 것이다.

## 권위주의적 성격:
## 무력감은 힘을 갈망한다

아버지가 시시비비를 정확히 가려 체벌을 했든 아니면 무원칙하게 체벌을 했든, 매를 맞는 아이로서는 고통스러울 수밖에 없다. 여기에 더해 만일 사랑까지 받지 못한다면 아이의 고통은 말로 표현할 수 없을 정도로 심해지기 마련이다.[6] 아이로서는 당연히 아버지의 체벌, 폭력을 중지시키거나 그것으로부터 도망치기를 원할 것이다. 그러나 어린 아이에게는 그럴 만한 힘이 없다. 그 결과 아이의 마음속에는 무력감이 자리 잡게 된다.

무력감이 심해지면 힘(권력)을 갈망하게 되기 마련이다. 엄청 목이 마른 자가 물을 애타게 찾듯이, 자기에게 상황을 통제할 힘이 없다는 무력감에 시달리는 사람은 힘을 갈망한다. 이 갈망은 현실에서 상반된 태도와 경향을 낳는다.

무력감이 심한 사람은 강한 힘, 강자 앞에 굴종할 뿐만 아니라 그에 의존하며, 나아가 강자를 찬양·숭배·동일시한다. 그렇게 함으로써 강자의 힘을 자신이 나눠 받는다는 착각, 즉 자신에게 힘이 있다는 착각에 빠질 수 있어서다. 반면 무력감이 심한 사람은 약한 힘, 약자를 짓밟고 학대하고 싶은 병적인 충동에 사로잡힌다. 그렇게 하면 역시 자신에게 힘이 있다는 착각에 빠질 수 있어서다. 이런 두 가지 태도·경향으로 인해 무력감이 심한 사람은 강자 앞에선 약하고 약자 앞에선 강한, 전형적인 '강약약강'의 심리를 갖게 되는데, 이를 '권위주의적 성향(성격)'이라고 한다.

무력감의 화신인 윤석열은 전형적인 권위주의적 성격자다. 이는 그의 말하기를 통해서도 확인된다. 흥미롭게도 윤석열이 강자에게는 비굴하고 약자는 잔인하게 물어뜯는 권위주의적 성격자라는 것을 공개적으로 지적한 이들은 국민의힘 대선 후보들이다(비록 이 표현을 사용하지는 않았지만). 홍준표 후보는 검사 시절의 윤석열이 살아 있는 권력에는 대들지 못하고 약해진 권력만 공격했다고 신랄하게 비판했다.

**홍준표** : 살아 있는 권력에 대해 수사한 거, 물론 그거 좋은 이야기죠, 총

장한테. 그런데 박근혜, 이명박은 죽은 권력이에요. 죽은 권력을 어떻게 이래 잔인하게 수사를 합니까? 거기에 대해 한 말씀만 하시죠.

**윤석열** : 아니, 그 사건이, 그분들이, 에, 형사사건이라는 걸, 아무래도, 저, 사건이 있었을 때와 수사할 때라고 하는 차가 있을 수밖에 없는 것이고.

**홍준표** : (짜증 난다는 듯이) 아, 됐습니다.[7]


권위주의적 성격자는 세상을 아주 단순하게 흑과 백으로만 구분한다. 즉 힘을 기준으로 세상을 포식자와 먹이, 혹은 힘센 자와 힘없는 자로 구분하는 것이다. 권위주의적 성격자에게 철학, 신념, 이론 등은 별 의미가 없다. 그에게는 오직 힘, 힘을 상징하는 것들인 크기나 규모, 주류, 대세, 상류층 등이 중요할 뿐이다. 윤석열은 부지불식간에 대형 언론사는 높게 평가하는 반면 군소 인터넷 매체를 깔보는 말을 한 적이 있다. 하태경 후보는 이를 물고 늘어지면서 윤석열이 희한하게도 언론사를 큰 것과 작은 것으로 구분하고 있다고 질타했다.


**하태경** : (윤 후보는) 언론을 덩치로 평가하더라구요? 메이저 언론과 그 인터넷 매체를 구분하고, 인터넷 매체 이용하지 말고 메이저 언론을 통해서 나를 공격해라. 근데 이렇게 덩치로 언론을 평가하는 잣대, 머릿속 잣대가 공정한 언론관이라고 생각하십니까?

**윤석열** : 아, 그거는 인터넷 매체를 비하한 게 아니라 정치공작을 하는 데에 그런 매체들을 사용하지 말아라, 그런 뜻이죠.

**하태경** : 그때 KBS, MBC에서 차라리 내라. 지금 KBS, MBC가 가장 불공

정한 언론 중 하나예요.

**윤석열** : 아니, 그러니까요. 제가 그런 시녀 매체를 즉시 동원을 하지, 왜 그렇게 자그마한 그런 매체들을 공작에 활용하느냐.

**하태경** : 아니, 그러니까 매체를 크고 작고 구분하는 거 자체가, 제가 볼 때에는 이거 불공정한 생각이에요. 그래서 고치셔야 돼요.[8]

하태경 후보가 적절히 지적했듯이, 언론 매체를 규모가 크고 작은 것으로 구분하는 것 자체가 잘못된 생각이다. 그러나 힘을 기준으로 흑백으로 가르는 권위주의적 성격자는 언론사를 큰 것과 작은 것으로 구분하는 것을 너무나 당연하게 여긴다.

### 분노와 거친 공격성:
### '패죽인다'의 함의

학대를 당한 개가 사람에게 공격적이며 사람을 문다는 사실은 누구나 알고 있을 것이다. 사람도 비슷하다. 일반적으로 학대받고 자란 사람일수록 분노가 심하고 타인에게 공격적이다. 영화를 보면 매를 맞는 사람이 이를 악물며 주먹을 으스러지게 쥐는 장면이 자주 나온다. 매를 맞는 사람은 당연히 화가 날 수밖에 없는데, 그 화를 표출할 수 없기 때문에 이를 악물거나 주먹을 꽉 쥐는 것이다. 어려서부터 많이 혼나면서 성장한 사람, 매를 맞으면서 성장한 사람의 마음속에는 표출

되지 못한 분노가 가득 쌓여 있다. 겹겹이 쌓여 있는 마음속 분노는 무엇보다 거친 말에서 드러나기 마련이다. 분노가 심한 사람은 말과 행동이 거친 법이다. 윤석열은 '탈탈 턴다', '패죽인다'와 같은 거친 언어를 사용하는 경우가 많다.

> **장제원** : 자꾸만 검사 비위 문제 가지고 사과하라, 사과하라 그러는데, 이 거 보고 받으신 적이 있습니까?
>
> **윤석열** : 아까 우리 소위원님께서 말씀하신 2002년도는 서울지검의 가혹행위 치사 사건입니다. 그거하고 이거하고는, 물론 이것도 검찰이 결과가 나오면 검찰에서 수사하다가 사람을 패죽인 것하고 또 이게 경우는 좀 다르지 않나 생각합니다.[9]

윤석열이 '패죽인다'는 거친 말을 사용하자 국정감사장의 국회의원들이 "패죽인 게 뭐야!"라고 고함을 쳤다. 그러자 윤석열은 "아니, 때려죽이고 패죽인 거 아닙니까?"라고 응수했다. 그는 국민의힘 장제원 의원에게 "패죽인다는 표현이 적절합니까?"라는 거듭된 지적을 받고서야 자기의 잘못을 시인했다.

윤석열의 마음속 분노 수준이 상당하다는 것은, 화가 나면 일종의 멘탈 붕괴 상태가 되어 자기가 한 말이나 행동조차 제대로 인지하지 못하는 모습에서도 확연히 드러난다.

> **송기헌** : 그러면 구체적인 사안에 있어서는 법무부 장관과 총장 사이에는

상급자와 하급자가 됩니다.

**윤석열** : 그렇지 않습니다.

**송기헌** : 그렇다구요, 그건 총장 생각이고.

**윤석열** : 검사를 해보셨는데, 그걸 그렇게 말씀하시면 안 되죠.

**송기헌** : 법을 보세요.

**윤석열** : 아니, 그렇지 않습니다. (과도한 손 제스처) 그럼 검사가 사법 경찰관. 왜 그렇게 자꾸 화를 내시고 합니까. 아니, 그럼 제가 검사 26년 한 사람인데, 그럼 검사가! (손으로 책상을 내리침) 아니, 그렇게 자꾸 억지 논리를 갖다가. 하하, 나 참.[10]


윤석열이 책상을 치자 더불어민주당 송기헌 의원이 "아니, 왜 책상을 칩니까?"라고 항의했다. 그러자 윤석열은 "아니, 제가 언제 책상을 쳤어요. 하이 참, 김용림 의원이 치셨지"라고 대답한다. 자신이 방금 책상을 내리치고도 그것을 다른 사람이 친 것이라고 우기는 이 장면을 보고 어떤 이들은 윤석열이 정말 뻔뻔한 거짓말쟁이라고 생각할지도 모른다. 그러나 이것은 윤석열이 의도적으로 거짓말을 했다기보다는, 과도한 분노로 인해 자기 행동을 인지하지 못했을 가능성이 더높다. 즉 분노가 격해지면 윤석열이 자기 인식조차 정상적으로 하지못할 정도로 자기통제력을 상실하는 것과 관련이 있을 거라는 말이다. 속된 말로 윤석열은 심하게 '빡치는' 경우 합리적인 사고 능력, 이성을 상실하는 사람이라는 것이다.

## 전의 상실과 의기소침:
## 강자 앞에선 약해지는

약자에 대한 무자비한 폭력이나 공격에만 초점을 맞추다 보면 권위주의적 성격자를 굉장히 힘이 센 사람이라고 착각할 수 있다. 그러나 권위주의적 성격자는 사실 겁 많고 무력한 사람이다. 이것은 상대방이 자기보다 더 힘이 세다는 걸 알게 되었을 때, 상대방에게 거칠게 덤비다가 공격을 당해 궁지에 몰리게 되었을 때, 갑자기 전의를 상실하고 의기소침해지는 모습을 통해서 확인할 수 있다. 윤석열은 대체로 논쟁 과정에서 상대방을 거칠게 공격하는 쪽이지만, 더 이상 싸울 수 없을 정도로 구석으로 밀리거나 패색이 짙어지면 갑자기 의기소침해져서 얌전한 학생처럼 '네, 네'만 연발한다.

> **유승민** : 부가세 증세에 대해서 윤석열 후보께서 많이 잘못 알고 계시는 데요.
>
> **윤석열** : (들릴 듯 말 듯한 작은 소리로) 네.
>
> **유승민** : 그, 지금 부가세를 올리면.
>
> **윤석열** : (갑자기 끼어들며) 아니, 저는 유 후보님의 지금 입장을 물어보는 겁니다.
>
> **유승민** : 아니, 제가 입장 말씀드립니다. 부가세를 올리면 자영업자가 곤란해진다라는 말씀은 틀린 말씀입니다. 세금은, 부가세는 소비세의 일종이기 때문에.

**윤석열** : (유승민 후보의 말을 듣지 않고 책상 위의 종이만 보다가 갑자기 말을 끊으며) 알겠습니다. 다음 질문하겠습니다, 네.[11]

패색이 짙어지자 윤석열은 잽싸게 다른 화제로 바꿔보려고 시도했다. 하지만 그에 아랑곳않고 유승민 후보가 설명을 계속하자 윤석열은 의기소침해져서 "그건 뭐, 제가 잘못 아는, 뭐, 네. 알겠습니다, 네"라고 말했다. 확실하게 꼬리를 내린 것이다. 이렇게 윤석열은 논쟁 중 패색이 짙어지거나 자신감이 떨어지면 표가 날 정도로 목소리가 작아지고 저자세를 취하며 '네, 네'를 연발한다.

**유승민** : 문재인 정부가 해왔던 복지 수준에, 전반적으로 비교하면, 우리 윤석열 후보님의, 이 복지 정책은 문재인 정부에 비해서 복지를 올릴 겁니까, 내릴 겁니까, 아니면 동결할 겁니까?

**윤석열** : (어려운 질문을 받자 '흡' 하고 숨을 들이킴) 저는 그런 접근이 아니고요.

**유승민** : 아니 그래도, 그래도. 아니 내가 대통령이 되고, 내가 대통령이 돼서 국정 운영을 맡으면, 복지 정책에 대해서는 문재인 정부가 해왔던 거하고 비교하면, 그러면 어떻게 된다, 그 생각은 있을 거 아닙니까?

**윤석열** : (다시 '흡' 하고 숨을 들이키고는 두 손을 포개어 책상 위에 올리고 몸을 앞으로 숙임) 거의 저는, 제가 늘 말씀드린 것은 이 복지 지출을 조금 더 체계화하고 효율화하고, 불필요한 그, 저, 기본소득 같은 거를 없애고 어려운 사람에게.

**유승민** : (손을 저으면서) 기본소득 지금 없죠.

**윤석열** : 네, 아니, 그러니까 인제, 왜, 그, 재난지원 같은 거, 막 주는 거 있지 않습니까?

**유승민** : 그러니까 소상공인, 자영업자나, 지금 코로나 대책이고. 복지의 전반적인 수준이 올라가냐 내려가냐 이걸 묻는 겁니다. 거기에 대한 방향이 없으십니까?

**윤석열** : 일단은 코로나, 그, 긴급구조를 위해서는.

**유승민** : 코로나 말고요!

**윤석열** : (갑자기 의기소침해짐) 네.

**유승민** : 코로나 말고. 코로나는 그거는 코로나 대책을 이야기할 때 따로 하시고.

**윤석열** : 네.

**유승민** : 내가 대통령이 되면 나는 어떤 복지 정책을 하는데, 그게 문재인 정부하고 비교하면 어떻다, 복지 정책 아까 말씀하셨고, 수준을 비교할 순 없다, 이거죠?

**윤석열** : (당혹스러운 표정을 지으며) 문재인 정부하고 비교하기는 어렵지만, 국민들이, 국민들이, 아무래도 문재인 정부는 원칙과 이런 거 없이, 막, 저걸 쓰다 보니까.[12]


윤석열이 갑자기 전의를 상실하고 동문서답에 횡설수설하자 불쌍해 보여서인지 유승민 후보는 더 몰아붙이지 않고 "알겠습니다" 하며 공격을 끝냈다. 의기소침해진 윤석열이 '네, 네'만 연발하는 장면은 홍준표 후보와의 논쟁 과정에서도 확인할 수 있다.

> **홍준표** : '작계 5015' 아시죠?
>
> **윤석열** : 네.
>
> **홍준표** : '작계 5015'가 발동이 되면 대통령으로서 제일 먼저 무엇을 해야
> 됩니까?
>
> **윤석열** : ('쯥' 하고 헛소리를 내고는 한동안 침묵함) 글쎄요, 한번 좀 설명해주
> 시죠. 흐.[13]

　홍준표 후보가 '작계(작전계획) 5015'에 관해 마치 윤석열을 추궁하
듯이 설명을 계속하자 윤석열은 아주 곤혹스럽고 난처한 표정을 지으
면서 '네, 네'만 연발했다.

　이 외에도 국민의힘 대선주자 토론회를 들여다보면, 크게 혼나거
나 심한 면박을 당했을 때 윤석열이 일련의 신체적인 긴장 반응을 드
러내는 장면도 확인할 수 있다. 2021년 10월 18일 토론회에서 맞붙은
윤석열과 홍준표 후보. 자기가 말하는 도중에 윤석열이 자꾸 끼어들
고 동문서답을 하는 바람에 잔뜩 화가 난 상황에서 홍준표 후보는 "사
드 배치 이야기를 할게요. 2017년도"라고 말했다. 그러자 윤석열이 또
갑자기 그의 말을 끊고 끼어들면서 "아니, 제가 그걸 여쭤보려고 했습
니다"라고 말했다. 그러자 뚜껑이 열린 홍준표 후보가 험악한 얼굴 표
정으로 단호하게 "아니, 가만 있어보세요"라고 외쳤다. 그야말로 윤석
열에게 심하게 면박을 준 것이다. 그러자 윤석열은 겸연쩍게 웃으며

숨을 들이키고는 의기소침해져 '네, 네, 네'라는 말만 했다. 이 장면을 잘 관찰해보면, 홍준표 후보가 버럭했을 때 윤석열의 얼굴에 순간적으로 약간의 경련 현상이 나타나는 걸 확인할 수 있을 것이다.[14] 이 사례에서도 드러나듯이, 윤석열은 상대방을 거칠게 공격하다가도 역습을 당해 궁지에 몰리거나 하면 과도하게 긴장할 뿐만 아니라 완전히 전의를 상실해 의기소침해지고, 그 결과 놀라울 정도의 저자세를 취한다.

　윤석열이 궁지에 몰리면 얼마나 정신적으로 약해지는지는, 자신이 했던 말까지 뒤집는 모습을 통해서도 드러난다. 국민의힘 대선주자 제주 토론회에서 유승민 후보는 증세를 한사코 반대하는 윤석열에게, 증세 없이 어떻게 복지를 할 거냐고 매섭게 추궁했다.[15] 그러자 윤석열은 마치 친근감을 표시하기라도 하듯 유승민 후보를 쳐다보면서 그가 있는 쪽으로 몸을 기울이며, "유 후보님 말씀대로, 네, 증세도 필요합니다. 증세도 필요한데"라고 말했다. 자기가 했던 말을 180도 뒤집은 것이다. 깜짝 놀란 유승민 후보가 "증세가 필요하다고요?"라고 되물었다. 그러자 윤석열은 "네, 증세도 필요합니다. 그러나, 에, 먼저 우리가 증세라는 것이"라고 웅얼거렸다. 이에 유승민 후보가 "지난번에 부가세 인상에 대해서는 반대하셨잖아요"라고, 기존의 말을 뒤집은 윤석열을 비판했다. 이런 놀라운 장면은 윤석열이 궁지에 몰리면 어떻게든 빠져나갈 궁리만 한다는 것, 궁지에서 탈출하기 위해서는 무슨 짓이라도 할 수 있다는 것을 시사해준다.

## 패밀리 의식:
## 제 식구 감싸기, 내로남불, 이중기준

무력감이 심해서 힘을 갈망했던 윤석열은 어떤 방식으로 권력을 쟁취하고, 권력의 맛을 즐기며 살아왔을까? 비교적 사교적인 성격을 가지고 있는 그에게 특징적으로 나타나는 권력 추구 방식은 '패밀리 만들기'다. 즉 윤석열은 자신의 사교성을 적극 활용해 친구들을 획득하고, 측근들을 획득하고, 식구들을 획득하는 식으로 패밀리를 만들고, 그 패밀리의 대장 노릇을 하면서 권력을 만끽해왔던 것이다.

패밀리 의식은 제 식구 감싸기, 내로남불, 이중기준을 낳는 주범이다. 패밀리를 구축해 권력의 달콤함을 누려온 사람에게 패밀리는 권력의 원천이자 보고다. 따라서 패밀리를 통해 권력을 탐하는 사람의 최대 관심사는 당연히 공익 따위가 아니라, 자기 패밀리만 잘 먹고 잘사는 것이다.

**하태경** : 본인 사건은 증거 없다고 버럭하시고 남 사건은 증거도 없이 고발장 내고, 이거 전형적인 내로남불 아닙니까? 그래서 지금 당 내 분란만 커졌잖아요, 그것 때문에.

**윤석열** : (잠시 침묵하고는) 저희들이 그 성명불상자를 집어넣은 것은 바깥에서 생각하는 것처럼, 뭐, 어떤 정치권이라든지 또는 정보기관 사람이라든지, 누구인지 알 수가 없습니다마는. 이것이 두 사람만으로서, 에, 완결될 수 있는 행위가 아니다, 그러기 때문에, 우리가 그럴 때에는 검찰에,

뭐, 경찰에 고소고발을 할 때 다른 사람이 반드시 여기에 끼었을 것이다, 라고 해서.

**하태경** : 그러니까 윤 후보님, 방금 말씀에서 드러나는데, 이게 전언과 추측에 기반한 것이지 구체적인 증거는 지금 하나도 말씀 못하시고 있잖아요. 아니, 본인은 증거 대라고 하면서, 본인은 고발할 때, 본인 고발당한 건 증거 대라, 본인이 고발할 때는 증거도 없이 고발하고, 이러시면 안 된다는 거예요. 정치권 들어와서도 과거에 했던 일관성을 그대로 지켜주십시오.[16]

할 말이 없어지자 윤석열은 어색한 웃음으로 대답을 대신한다. 윤석열이 이중기준, 내로남불의 대가라는 점에 대해서는 새삼 언급할 필요가 없을 것이다.

그런데 특이한 점은, 위의 대화에서도 한번 사용되고 있듯이, 윤석열이 주어로 '저희'를 많이 사용한다는 것이다. 집단주의 성향이 강한 한국인이 가장 흔하게 사용하는 주어는 뭐니뭐니해도 '우리'다. 그렇지만 윤석열은 특이하게도 주어로 '저희'를 애용한다. 이런 특이한 단어 선택은 무엇보다 권위자/강자(어렸을 때는 아버지, 검사 시절에는 상급자)를 의식해 자신을 낮추어 표현하는 것에다 패밀리 의식이 더해진 것과 관련이 있을 것이다.

또한 '나' 혹은 '저'라는 주어 대신 '저희'라는 복수 개념을 사용하는 것이, 나중에 문제가 생기더라도 책임을 면피하기에 더 유리하다는 점도 빼놓을 수 없을 것이다. 일찍이 안창호는 1919년 상하이 북경로 예배당 연설에서 "'우리'라는 말이 심히 좋은 말이거니와 이 말을 책임 전가나 책임 회피에 이용하는 것은 비천한 일이요"[17]라고 일갈한 바 있다. 과연 윤석열은 '저희'라는 주어를 어떤 목적으로 애용하게 된 것일까? 분명히 말할 수 있는 것은, 그것이 겸손성과는 인연이 없지만 패밀리 의식과는 밀접한 관련이 있다는 것이다.

## 에필로그: '말'을 들여다본다는 것

말하기 능력은 타고나는 것이 아니라 그 사람이 살아온 인생과 그에 기초해 형성·발전된 심리, 연습을 통해 습득한 말하기 전략과 기술의 결과다. 누군가의 말하기를 들여다보면 그가 어떤 인생을 살아왔는지, 어떤 심리를 가지고 있는지를 알 수 있다. 또한 그가 어떤 말하기 전략과 기술을 사용하는지도 알 수 있다.

이재명과 윤석열의 말하기를 들여다봄으로써 얻을 수 있는 가장 큰 소득은 무엇보다 말하기 전략과 기술을 배울 수 있다는 것이다. 물론 윤석열의 경우에는 반면교사의 역할이 더 크겠지만, 이를 통해서 어떤 말하기가 좋은 말하기이고 어떤 말하기가 나쁜 말하기인지 알 수 있고, 말을 잘하려면 어떻게 해야 하는지를 배울 수 있다.

또 다른 소득은 두 사람이 어떤 인간인지를 더 잘 이해할 수 있게 된다는 것이다. 그가 일관성 있는 삶을 살아왔는지 아니면 거짓된 삶을 살아왔는지, 또 그가 가지고 있는 철학, 가치관, 지식이 무엇이고 그 수준이 어떠한지, 나아가 그가 어떤 심리를 가지고 있는지도 파악할 수 있다.

　과거에는 심리분석을 할 때, 특히 이미 사망한 사람의 경우에는 주로 자서전이나 역사 기록과 같은 문헌 자료를 활용할 수밖에 없었다. 그 외에는 특별히 의미 있는 자료를 찾을 수 없었기 때문이다. 그러나 요즘처럼 영상이 넘쳐나는 시대에는 심리분석의 중요한 자료로서 말하기 영상을 적극 활용할 수 있다. 영상에는 문헌 자료에서는 절대로 얻을 수 없는 소중한 정보가 담겨 있다. 예를 들면 말을 할 때의 표정 변화, 말의 내용에 따른 어조나 억양 등의 변화, 비언어적 몸짓이나 손짓, 말하기 과정에서 드러나는 특유의 습관 등을 확인할 수 있다. 이는 오늘날에는 말하기가 주요한 심리분석의 도구로 활용될 수 있으며 반드시 그것을 활용할 필요가 있다는 것을 의미한다.

　말하기와 관련해 마지막으로 강조하고 싶은 것은, 체계적인 말하기 교육이 필요하다는 것이다. 말을 잘하려면 어려서부터 말하기와 관련된 교육을 받아야 하고, 상당한 노력과 시간을 투자해 말하기 연습을 해야 한다. 그러나 한국의 교육은 말하기를 온전히 개인에게만 맡겨놓는 경향이 있다. 《나만의 연설문을 써라》의 저자인 윤범기 기자는 이와 관련해 다음과 같이 개탄했다.

　　중학교는 물론이고 고등학교 교육과정에서도 제대로 된 말하기, 글쓰기 교육을 찾을 수 없다. (…) 나만의 생각을 정리해서 상대방을 설득하는 글쓰기를 해본 적이 없다. 우리는 제대로 된 말하기와 글쓰기를 배우지 못한 채 세상으로 내던져진다.[1]

사람들의 말하기와 글쓰기 실력은 국가의 문화 수준에 큰 영향을 미친다. 대중이 언어 이해력이 낮거나 자기 생각을 말로 잘 표현하지 못하는 국가, 즉 문화적 수준이 낮은 국가는 절대로 일류 국가가 될 수 없다. 그 중요성에도 불구하고 지금까지 한국 사회에서는 말하기가 크게 주목을 받지 못해왔다. 이제는 이런 현실이 바뀌어야 하지 않을까.

주

<br>

## 들어가는 말

《중앙일보》 2021년 10월 13일.
《미디어펜》 2022년 1월 2일.

## 01. 상대의 마음을 얻을 수 있는 최고의 무기는 무엇일까?

2017년 1월 23일, 이재명 "소년노동자가 대통령이 되려고 합니다", https://youtu.be/R4SFquvXuP0
2017년 2월 18일, 홍대에서 청년들과 이재명 '열정페이 아웃!', '원칙대로 하면 열정페이 없어질 것', https://youtu.be/3OCo_FuFd0U
2016년 11월 19일, 광주를 뒤집은 이재명의 '명연설!' 촛불이 횃불로 바뀌다!, https://www.youtube.com/watch?v=Il9B5GEIF9s
2021년 9월 24일, 〈김어준의 다스뵈이다(180회)-이재명, 이낙연, 추미애 그리고 화천대유〉, https://youtu.be/zeonMc9lQsQ

## 02. 설득의 기술

2017년 1월 23일, 이재명 "소년노동자가 대통령이 되려고 합니다", https://youtu.be/R4SFquvXuP0
이재명 인터뷰하다가, 잼며든 부산MBC 앵커 "다른 정치인들하고 다르네요… 유시민 말이 맞다", https://www.youtube.com/watch?v=r4rAKQ9vaKU
2016년 4월 18일, 성남시의회 이재명 시장 총괄 답변-원고 없이 즉흥 연설, https://www.youtube.com/watch?v=J_TxXOMI4gM

주

4    2016년 12월 3일, 박근혜 탄핵 6차 촛불집회, https://www.youtube.com/
      watch?v=QP05uTWYIdg

5    2021년 9월 24일, 〈김어준의 다스뵈이다(180회) - 이재명, 이낙연, 추미애 그리고
      화천대유〉, https://youtu.be/zeonMc9lQsQ

6    2021년 11월 20일, 민주당이 답답한 이들의 속을 확 풀어줄 대전 중앙시장 연설
      풀영상, 한 줄도 버릴 수 없는 어록 대방출, https://youtu.be/l-w-JnemH8o

7    이재명 인터뷰하다가, 잼며든 부산MBC 앵커 "다른 정치인들하고 다르네요…
      유시민 말이 맞다", https://www.youtube.com/watch?v=r4rAKQ9vaKU

8    대선 특집, '삼프로'가 묻고 이재명 후보가 답하다, https://www.youtube.com/
      watch?v=y6DlTb3t8Bo

9    2016년 12월 3일, 박근혜 탄핵 6차 촛불집회, https://www.youtube.com/
      watch?v=QP05uTWYIdg

10   2021년 10월 18일, '이재명 경기도지사' 다시보기, 경기도 국정감사 오전
      감사(MBC 뉴스), https://youtu.be/99ss6vbiYgM

11   2016년 12월 3일, 박근혜 탄핵 6차 촛불집회, https://www.youtube.com/
      watch?v=QP05uTWYIdg

12   2021년 11월 20일, 민주당이 답답한 이들의 속을 확 풀어줄 대전 중앙시장 연설
      풀영상, 한 줄도 버릴 수 없는 어록 대방출, https://youtu.be/l-w-JnemH8o

**03. 고수의 말하기, 9가지 전략**

1    2016년 10월 29일, 박근혜 하야 촛불집회 이재명 끝장 연설, https://
      www.youtube.com/watch?v=9f8LSc_AVbY

2    https://www.youtube.com/watch?v=y6DlTb3t8Bo

3    2020년 12월 14일, 즉석 토론과 경청으로 학생들 설득한 '소통왕 이재명', https://
      youtu.be/xIZlmXce32c\

4    2016년 7월 5일, 성남시장 시절 건설업자 로비 원천봉쇄한 이재명의 명연설 -
      성남시 7월 직원조회 중, https://youtu.be/FdEEoZ2yPIc

5    2015년 1월 22일, 2015 이재명 성남시장 새해 인사회 초등학생 돌발질문, https://
      youtu.be/UUunR8eFnBU

6    2021년 12월 6일, [뉴스외전 인터뷰] 이재명에게 꼬치꼬치 캐묻다, '대장동'부터
      '진흙 속 연꽃'까지(뉴스외전/MBC), https://www.youtube.com/
      watch?v=LhEKaediDvo

7    청년기본소득, https://www.youtube.com/watch?v=-H68lEkLhOg

8       이재명, 청년 시절 피나는 노력했던 수험생활 이야기 공개 [집사부일체(Master in the House)] SBS ENTER, https://www.youtube.com/watch?v=rY7ojz8H5qs

9       2016년 11월 15일, 성남시민대회 연설, https://www.youtube.com/watch?v=cVDsbVhaMc4

10      2021년 9월 26일, 이재명의 즉석연설, 대장동의 본질을 말하다!, https://youtu.be/QroD5n3oGcQ

11      2021년 9월 26일, 이재명의 즉석연설, 대장동의 본질을 말하다!, https://youtu.be/QroD5n3oGcQ

12      윤태영, 《대통령의 말하기》, 위즈덤하우스, 2016, 150쪽.

13      2021년 9월 26일, 이재명의 즉석연설, 대장동의 본질을 말하다!, https://youtu.be/QroD5n3oGcQ

14      2016년 7월 5일, 성남시장 시절 건설업자 로비 원천봉쇄한 이재명의 명연설 – 성남시 7월 직원조회 중, https://youtu.be/FdEEoZ2yPIc

15      윤범기, 《나만의 연설문을 써라》, 필로소픽, 2020, 167쪽.

16      2016년 12월 8일, 국회의사당 앞 이재명 성남시장 사이다 연설, https://youtu.be/wiIsP4X9xYc

17      2017년 4월 4일, 이재명 "더 큰 전쟁을 준비하자" 패배 연설, https://youtu.be/ZyX_OHdCe58. 전체 영상을 보기 어려운 분들은 1분 정도로 소개된 다음 링크를 참고하기 바란다. 이재명 레전드 감동 연설, https://www.youtube.com/watch?v=39YyWdRBr1I

18      노무현 2002년 경선 영상 "제가 아내를 버려야 합니까", https://www.youtube.com/watch?v=-OirbJr24uA

19      김대중 대통령 1969 군중연설, https://www.youtube.com/watch?v=QaMBgcXihR4

**04. 이재명의 소통법**

1       2016년 하버드에 선 이재명 시장 "행동하는 소수가 세상 바꾼다", https://www.youtube.com/watch?v=OSbP7dS21dc

2       2017년 2월 19일, 이것이 소통이다 – 이재명 맘카페 커뮤니티와 아이행복 5대 정책 전격 공개, https://youtu.be/zcW3UKWLj18

3       2016년 9월 7일, 구한말 같은 거시기한 세상! 우리 함께 거시기해불죠! 여수 강연, 이재명 성남시장, https://youtu.be/ay-KhEjCEc0

4       2016년 9월 7일, 구한말 같은 거시기한 세상! 우리 함께 거시기해불죠! 여수 강연,

이재명 성남시장, https://youtu.be/ay-KhEjCEc0

5    2016년 8월 11일, 태평양 건너 호주 시드니대학교에서도 이재명 시장의 복분자 토크콘서트!!, https://youtu.be/qGCSz7q29ao

6    2016년 이재명의 유머, https://youtu.be/Rf3YzxNNGms

7    2016년 12월 3일, 박근혜 탄핵 6차 촛불집회, https://www.youtube.com/watch?v=QP05uTWYIdg

8    2016년 12월 3일, 박근혜 탄핵 6차 촛불집회, https://www.youtube.com/watch?v=QP05uTWYIdg

9    2016년 7월 5일, 성남시장 시절 건설업자 로비 원천봉쇄한 이재명의 명연설-성남시 7월 직원조회 중, https://youtu.be/FdEEoZ2yPIc

10    2021년 11월 6일, 경북대 학생 앞에 선 이재명, "이게 기득권이다" 말 끝나자 감동의 박수 터졌다, https://youtu.be/iQfNV63_nqg

11    윤태영,《대통령의 말하기》, 위즈덤하우스, 2016, 71쪽.

12    '청년기본소득' 이재명, 경험에서 우러난 정책 [집사부일체(Master in the House)] SBS ENTER, https://www.youtube.com/watch?v=-H68lEkLhOg

13    2016년 11월 18일, 대구 연설, https://www.youtube.com/watch?v=DiZleKfh1Bo

14    2016년 7월 5일, 성남시장 시절 건설업자 로비 원천봉쇄한 이재명의 명연설-성남시 7월 직원조회 중, https://youtu.be/FdEEoZ2yPIc

15    2021년 9월 24일, 〈김어준의 다스뵈이다(180회)-이재명, 이낙연, 추미애 그리고 화천대유〉, https://youtu.be/zeonMc9lQsQ

16    https://www.youtube.com/watch?v=FTlw15qX0k8

17    이재명, 박근혜 탄핵 소식에 눈물 흘리는 세월호 가족들 따뜻하게 안아주며 눈물 흘리다, https://www.youtube.com/watch?v=3ee4aLyDkIA

18    2021년 12월 4일, 이재명의 목 메인 가족사 연설 "비천한 집안 맞다, 그러나 진흙 속에서도 꽃이 핀다", https://www.youtube.com/watch?v=gl15rbA9aQs

## 05. 이재명의 대응법

1    윤태영,《대통령의 말하기》, 위즈덤하우스, 2016, 19쪽, 21쪽.

2    2016년 이재명의 유머, https://youtu.be/Rf3YzxNNGms

3    2021년 9월 24일, 〈김어준의 다스뵈이다(180회)-이재명, 이낙연, 추미애 그리고 화천대유〉, https://youtu.be/zeonMc9lQsQ

4    2019년 8월 25일, 이재명, 계곡 철거주민들과 화끈한 대담, 돌직구 쏟아내며

분위기 반전, https://youtu.be/MuxZUHZ97yw

5     2019년 8월 25일, 이재명, 계곡 철거주민들과 화끈한 대담, 돌직구 쏟아내며
분위기 반전, https://youtu.be/MuxZUHZ97yw

6     2020년 11월 2일, 이재명 국감 사이다 모음, https://youtu.be/yjaxXP692Xw

7     2020년 11월 2일, 이재명 국감 사이다 모음, https://youtu.be/yjaxXP692Xw

8     2017년 1월 2일, 이재명 화제의 JTBC 뉴스룸 신년특집 대토론 엑기스 모음!!!,
https://youtu.be/IizSv0dzq_4

9     2021년 10월 18일, '이재명 경기도지사' 다시보기 경기도 국정감사
오전감사(MBC뉴스), https://youtu.be/99ss6vbiYgM

10     2021년 10월 20일, 이재명 출석, '대장동 2라운드' 오후 다시보기 국토위
국정감사(MBC뉴스), https://youtu.be/_bJ7-vQRr2A

11     2017년 1월 2일, 이재명 화제의 JTBC 뉴스룸 신년특집 대토론 엑기스 모음!!!,
https://youtu.be/IizSv0dzq_4

12     2021년 10월 20일, 이재명 출석, '대장동 2라운드' 오후 다시보기, 국토위
국정감사(MBC뉴스), https://youtu.be/_bJ7-vQRr2A

13     2016년 9월 8일, 이재명, "노란 리본 지겹다"는 여성 향해 '버럭'(오마이TV),
https://youtu.be/Z6M9y-Rdrjg

14     2016년 9월 7일, 구한말 같은 거시기한 세상! 우리 함께 거시기해불죠! 여수 강연,
이재명 성남시장, https://youtu.be/ay-KhEjCEc0

15     2019년 8월 25일, 이재명, 계곡 철거주민들과 화끈한 대담, 돌직구 쏟아내며
분위기 반전, https://youtu.be/MuxZUHZ97yw

16     2019년 8월 25일, 이재명, 계곡 철거주민들과 화끈한 대담, 돌직구 쏟아내며
분위기 반전, https://youtu.be/MuxZUHZ97yw

17     2021년 10월 18일, '이재명 경기도지사' 다시보기, 경기도 국정감사
오전감사(MBC뉴스), https://youtu.be/99ss6vbiYgM

18     이 주제에 대해서는 《2021·2022 이재명론》(김태형 외 공저, 간더서원, 2021)을
참고하라.

19     2021년 7월 1일, [현장영상] '형수 욕설' 논란에 고개 숙인 이재명…"모두 사실,
사과드린다" 울먹(JTBC News), https://youtu.be/1Ni8xEdT8IQ

20     2020년 12월 14일, 즉석 토론과 경청으로 학생들 설득한 '소통왕 이재명', https://
youtu.be/xIZlmXce32c

21     2021년 11월 20일, 민주당이 답답한 이들의 속을 확 풀어줄 대전 중앙시장 연설
풀영상, 한 줄도 버릴 수 없는 어록 대방출, https://youtu.be/l-w-JnemH8o

22     2017년 2월 18일, 홍대에서 청년들과 이재명 '열정페이 아웃!', '원칙대로 하면

열정페이 없어질 것', https://youtu.be/3OCo_FuFd0U

## 06. '말하기'로 본 이재명의 심리

1   윤태영,《대통령의 말하기》, 위즈덤하우스, 2016, 220쪽.

2   2017년 1월 23일, 이재명 "소년노동자가 대통령이 되려고 합니다", https://youtu.be/R4SFquvXuP0

3   [청소년을 위한 명연설 리뷰] 11. 이재명 경기도지사, "대통령은 국민의 머슴입니다"(윤범기 기자), https://youtu.be/QIplQsCoO0w

4   이 주제에 대해서는《대통령 선택의 심리학》(김태형, 원더박스, 2017) '이재명 편'을 참고하라.

5   2016년 12월 3일, 박근혜 탄핵 6차 촛불집회, https://youtu.be/QP05uTWYIdg

6   2016년 12월 17일, 대전 촛불집회 연설, https://www.youtube.com/watch?v=3qrSZHlG0q8

7   2016년 8월 11일, 태평양 건너 호주 시드니대학교에서도 이재명 시장의 복분자 토크콘서트!, https://youtu.be/qGCSz7q29ao

8   2017년 4월 4일, 이재명 "더 큰 전쟁을 준비하자" 패배 연설, https://youtu.be/ZyX_OHdCe58

9   2016년 8월 11일, 태평양 건너 호주 시드니대학교에서도 이재명 시장의 복분자 토크콘서트!, https://youtu.be/qGCSz7q29ao

10  2016년 8월 11일, 태평양 건너 호주 시드니대학교에서도 이재명 시장의 복분자 토크콘서트!, https://youtu.be/qGCSz7q29ao

11  2021년 11월 20일, 민주당이 답답한 이들의 속을 확 풀어줄 대전 중앙시장 연설 풀영상, 한 줄도 버릴 수 없는 어록 대방출, https://youtu.be/l-w-JnemH8o

12  2021년 11월 20일, 민주당이 답답한 이들의 속을 확 풀어줄 대전 중앙시장 연설 풀영상, 한 줄도 버릴 수 없는 어록 대방출, https://youtu.be/l-w-JnemH8o

13  김태형 외,《2021·2022 이재명론》, 간디서원, 2021.

14  2021년 9월 24일, 〈김어준의 다스뵈이다(180회)-이재명, 이낙연, 추미애 그리고 화천대유〉, https://youtu.be/zeonMc9lQsQ

15  2017년 1월 23일, 이재명 "소년노동자가 대통령이 되려고 합니다", https://youtu.be/R4SFquvXuP0

16  2017년 2월 19일, 이것이 소통이다-이재명 맘카페 커뮤니티와 아이행복 5대 정책 전격 공개, https://youtu.be/zcW3UKWLj18

17  2019년 8월 25일, 이재명, 계곡 철거주민들과 화끈한 대담, 돌직구 쏟아내며

분위기 반전, https://youtu.be/MuxZUHZ97yw

18    2019년 8월 25일, 이재명, 계곡 철거민들과 화끈한 대담, 돌직구 쏟아내며
      분위기 반전, https://youtu.be/MuxZUHZ97yw

19    2017년 2월 19일, 이것이 소통이다-이재명 맘카페 커뮤니티와 아이행복 5대 정책
      전격 공개, https://youtu.be/zcW3UKWLj18

20    2017년 2월 19일, 이것이 소통이다-이재명 맘카페 커뮤니티와 아이행복 5대 정책
      전격 공개, https://youtu.be/zcW3UKWLj18

21    2021년 9월 24일, 〈김어준의 다스뵈이다(180회) – 이재명, 이낙연, 추미애 그리고
      화천대유〉, https://youtu.be/zeonMc9lQsQ

22    2021년 9월 24일, 〈김어준의 다스뵈이다(180회) – 이재명, 이낙연, 추미애 그리고
      화천대유〉, https://youtu.be/zeonMc9lQsQ

23    2016년 11월 19일, 광주를 뒤집은 이재명의 '명연설'! 촛불이 횃불로 바뀌다!,
      https://www.youtube.com/watch?v=Il9B5GEIF9s

24    2016년 9월 7일, 구한말 같은 거시기한 세상! 우리 함께 거시기해불죠! 여수 강연,
      이재명 성남시장, https://youtu.be/ay-KhEjCEc0

25    2016년 7월 5일, 성남시장 시절 건설업자 로비 원천봉쇄한 이재명의 명연설 –
      성남시 7월 직원조회 중, https://youtu.be/FdEEoZ2yPIc

26    2016년 4월 18일, 성남시의회 이재명 시장 총괄 답변 – 원고 없이 즉흥 연설,
      https://www.youtube.com/watch?v=J_TxXOMI4gM

27    2016년 8월 11일, 태평양 건너 호주 시드니대학교에서도 이재명 시장의 복분자
      토크콘서트!, https://youtu.be/qGCSz7q29ao

28    2017년 4월 4일, 이재명 "더 큰 전쟁을 준비하자" 패배 연설, https://youtu.be/
      ZyX_OHdCe58

## [부록] 윤석열의 말과 심리

### 01. 방어적 말하기

1    2020년 10월 22일, 윤석열 쇼 – 2020 대검찰청 국정감사 10분 요약, https://
     www.youtube.com/watch?v=Skv6fdOvgpo

2    2019년 10월 17일, [풀영상] 대검찰청 국정감사…윤석열 검찰총장 출석 –
     1(연합뉴스TV/비디오머그), https://youtu.be/WbbrIOCf8B4

3    2021년 10월 29일, [Live] 20대 대선 후보 본경선 제3차 1:1 맞수토론(채널A),

https://youtu.be/HKQQScgxojg

4   2021년 11월 5일, 윤석열 국민의힘 대선 후보로 선출…'47.85%' 득표 [끝까지 LIVE](MBC 중계방송), https://youtu.be/J9T6lTpmSMU

5   2021년 11월 5일, 윤석열 국민의힘 대선 후보로 선출…'47.85%' 득표 [끝까지 LIVE](MBC 중계방송), https://youtu.be/J9T6lTpmSMU

6   2020년 10월 22일, 대검찰청 국정감사, 시청률 찢었던 오늘 자 윤석열 국정감사 7분 컷(비디오머그), https://youtu.be/_4jpW-95Gps

7   2021년 7월 20일, 윤석열 "내가 120시간씩 일하라 했다? 자꾸 왜곡을…"(대구 서문시장 방문 후), https://youtu.be/nMPT52Q-HKk

8   2021년 9월 8일, 윤석열 내 맘대로 마이웨이에 아수라장 된 국회, 엔딩 대반전 깜놀, https://youtu.be/jk1qfla6I2Q

9   2021년 9월 26일, [Live] 9월 26일 3차 방송토론(채널A), https://youtu.be/2WLGgaD4afQ

10  2021년 9월 16일, [Live] 9월 16일 1차 방송토론(TV조선), https://youtu.be/FIyJEhqU7kM

11  2021년 10월 11일, [생방송] 국민의힘 대선 후보자 호남권 토론회 10/11(월) 17:20~ 원희룡/유승민/윤석열/홍준표, https://youtu.be/d1_9SCzqstY

12  2021년 10월 20일, [풀영상] 국민의힘 대선 후보 본경선 대구·경북 합동토론회 10월 20일(수) 17시 30분~18시 55분, https://youtu.be/sqv73Zr9gXk

13  2021년 10월 22일, 유승민 "개사과 사진 누가 찍었습니까?"라는 질문에 윤석열의 답(YTN 국힘 대선 후보 2차 맞수토론), https://youtu.be/8ewhBDCFAfQ

14  2021년 10월 20일, [풀영상] 국민의힘 대선 후보 본경선 대구·경북 합동토론회 10월 20일(수) 17시 30분~18시 55분, https://youtu.be/sqv73Zr9gXk

15  2021년 9월 23일, 국민의힘, 오늘 대선주자 2차 토론회…洪-尹 '맞대결' 주목 [끝까지 LIVE](MBC 중계방송), https://youtu.be/5tkEKlWpulw

16  2021년 10월 29일, [Live] 20대 대선 후보 본경선 제3차 1:1 맞수토론(채널A), https://youtu.be/HKQQScgxojg

17  2021년 6월 30일, [단독 인터뷰] "추-윤 갈등? 추미애 장관 본인이 야기한 상황"(SBS), https://youtu.be/cKhhlnVzsiU

18  2019년 10월 17일, [풀영상] 대검찰청 국정감사…윤석열 검찰총장 출석 – 1(연합뉴스TV/비디오머그), https://youtu.be/WbbrIOCf8B4

19  2019년 10월 17일, [풀영상] 대검찰청 국정감사…윤석열 검찰총장 출석 – 1(연합뉴스TV/비디오머그), https://youtu.be/WbbrIOCf8B4

20  2021년 10월 11일, [생방송] 국민의힘 대선 후보자 호남권 토론회 10/11(월)

17:20~ 원희룡/유승민/윤석열/홍준표, https://youtu.be/d1_9SCzqstY

21  2021년 10월 12일, 국힘 호남권 대선 후보 토론회, 건희 기소 시 어쩔래? 윤석열
    격노, 김건희 주가조작 질문에 윤석열 토론이고 뭐고 이성 상실, https://youtu.be/
    edlY6krn1fU

22  [화제의 1분] 윤석열의 침묵 #shorts, https://www.youtube.com/watch?v
    =kLzRlWGfsiM

## 02. 자기중심적 말하기

1  2021년 10월 11일, [생방송] 국민의힘 대선 후보자 호남권 토론회 10/11(월)
    17:20~ 원희룡/유승민/윤석열/홍준표, https://youtu.be/d1_9SCzqstY

2  2021년 10월 29일, [Live] 20대 대선 후보 본경선 제3차 1:1 맞수토론(채널A),
    https://youtu.be/HKQQScgxojg

3  2021년 10월 23일, 윤석열·유승민 완전 격노했다, 유승민: 시비 거는 거냐?
    뭘 알아야 대통령을 하지. 윤석열: 경제 전공이 뭐냐?(2차 맞수토론), https://
    youtu.be/1dohzKUn4jY

4  2021년 10월 15일, 홍준표-윤석열, 1대 1로 붙으면 생기는 일 [온마이크](TV토론),
    https://youtu.be/jkBEiotoqVs

5  2021년 10월 27일, [풀영상] 국민의힘 대선 본경선 '강원' 지역 합동토론-10.27
    (SBS), https://youtu.be/5UCPm_g95gU

6  2021년 10월 18일, [풀영상] 국민의힘 본경선 4후보 합동토론 부산·울산·경남 지역
    10월 18일(月)(SBS), https://youtu.be/f8JuadpSXhM

7  2021년 9월 16일, [Live] 9월 16일 1차 방송토론(TV조선), https://youtu.be/
    FIyJEhqU7kM

## 03. 말하기 기술의 부족

1  2019년 10월 17일, [풀영상] 대검찰청 국정감사 윤석열 검찰총장 출석-
    2(연합뉴스TV), https://youtu.be/WVFSL53oZk8

2  2021년 11월 5일, 윤석열 국민의힘 대선 후보로 선출…'47.85%' 득표 [끝까지
    LIVE](MBC 중계방송), https://youtu.be/J9T6lTpmSMU

3  2021년 6월 30일, [단독 인터뷰] "추-윤 갈등? 추미애 장관 본인이 야기한 상황"
    (SBS), https://youtu.be/cKhhlnVzsiU

4  2021년 10월 31일, 국민의힘 대선 후보 경선토론, https://youtu.be/

HgArOc3GnTY

## 04. 윤석열의 대응법

1    2019년 10월 18일, 국정감사 후 뉴스 [뉴스큐] '정무 감각 없다'는 윤석열…원칙
     수사로 이어질까?(YTN), https://www.youtube.com/watch?v=eJfwi1pUsH4

2    2021년 9월 16일, [Live] 9월 16일 1차 방송토론(TV조선), https://youtu.be/
     FIyJEhqU7kM

3    2021년 9월 26일, [Live] 9월 26일 3차 방송토론(채널A), https://youtu.be/
     2WLGgaD4afQ

4    2021년 9월 23일, 국민의힘, 오늘 대선주자 2차 토론회…洪-尹 '맞대결' 주목
     [끝까지 LIVE](MBC 중계방송), https://youtu.be/5tkEKlWpulw

5    2019년 10월 17일, [풀영상] 대검찰청 국정감사 윤석열 검찰총장 출석-
     2(연합뉴스TV), https://youtu.be/WVFSL53oZk8

6    2021년 10월 18일, [풀영상] 국민의힘 본경선 4후보 합동토론 부산·울산·경남 지역
     10월 18일(月)(SBS), https://youtu.be/f8JuadpSXhM

7    2021년 11월 5일, 윤석열 국민의힘 대선 후보로 선출…'47.85%' 득표 [끝까지
     LIVE](MBC 중계방송), https://youtu.be/J9T6lTpmSMU

8    2019년 7월 8일, 윤석열 검찰총장 후보자 인사청문회 ⑩(YTN), https://
     www.youtube.com/watch?v=5Lb5Hmmz5gM

9    2021년 10월 22일, [국민의힘 대선 후보 맞토론] 10월 22일(금) 풀영상(JTBC
     News), https://youtu.be/CgZMfufAILU

10   2021년 10월 20일, [풀영상] 국민의힘 대선 후보 본경선 대구·경북 합동토론회
     10월 20일(수) 17시 30분~18시 55분, https://youtu.be/sqv73Zr9gXk

11   2021년 10월 15일, 국민의힘 대선 경선후보자 "1 대 1 맞수토론" [끝까지 LIVE](MBC
     중계방송), https://youtu.be/dyRNKPCnTrw

12   2021년 10월 18일, 토론마다 한판 붙는 윤석열·유승민, 유승민: 날 일주일 안에
     턴다고? 스태그플레이션도 모르는 윤석열, 이런 사람이 대선 후보?, https://
     youtu.be/fTDzTEIZV6c

13   2021년 10월 15일, 홍준표-윤석열, 1대 1로 붙으면 생기는 일 [온마이크](TV토론),
     https://youtu.be/jkBEiotoqVs

14   2021년 10월 23일, 윤석열·유승민 완전 격노했다, 유승민: 시비 거는 거냐?
     뭘 알아야 대통령을 하지. 윤석열: 경제 전공이 뭐냐?(2차 맞수토론), https://
     youtu.be/1dohzKUn4jY

15 2021년 10월 23일, 윤석열·유승민 완전 격노했다, 유승민: 시비 거는 거냐?
뭘 알아야 대통령을 하지. 윤석열: 경제 전공이 뭐냐?(2차 맞수토론), https://
youtu.be/1dohzKUn4jY

16 2021년 10월 23일, 윤석열·유승민 완전 격노했다, 유승민: 시비 거는 거냐?
뭘 알아야 대통령을 하지. 윤석열: 경제 전공이 뭐냐?(2차 맞수토론), https://
youtu.be/1dohzKUn4jY

17 2021년 9월 28일, 유승민→윤석열, "가족은 건드리지 맙시다!"…
이유는?(비디오머그, 대선 후보 4차 토론회), https://youtu.be/ULHUJ9WGNm0

18 2021년 10월 15일, 국민의힘 대선 경선후보자 "1대 1 맞수토론" [끝까지 LIVE](MBC
중계방송), https://youtu.be/dyRNKPCnTrw

19 2021년 10월 15일, 국민의힘 대선 경선후보자 "1대 1 맞수토론" [끝까지 LIVE](MBC
중계방송), https://youtu.be/dyRNKPCnTrw

20 2021년 10월 22일, [국민의힘 대선 후보 맞수토론] 10월 22일(금) 풀영상(JTBC
News), https://youtu.be/CgZMfufAILU

21 2021년 10월 31일, 국민의힘 대선 후보 경선토론, https://youtu.be/
HgArOc3GnTY

## 05. '말하기'로 본 윤석열의 심리

1 윤석열 후보에 대한 심리학자 김태형의 심리분석을 다루고 있는 유튜브
방송은 다음과 같다. 촛불전진 https://youtu.be/GhV_wREgflA, 〈김어준의
다스뵈이다(186회)〉 https://youtu.be/cEp-5YW-P5w, 〈김어준의
다스뵈이다(189회)-대통령이 된다면?〉 https://youtu.be/ySR-11PfjTM.

2 2021년 11월 5일, 윤석열 국민의힘 대선 후보로 선출…'47.85%' 득표 [끝까지
LIVE](MBC 중계방송), https://youtu.be/J9T6lTpmSMU

3 2021년 10월 19일, 윤석열 "전두환이 정치 잘했다"…전체 발언
들어보시죠(비디오머그), https://youtu.be/XeWo9R5Gvjs

4 2019년 10월 17일, [풀영상] 대검찰청 국정감사 윤석열 검찰총장 출석-
2(연합뉴스TV), https://youtu.be/WVFSL53oZk8

5 2021년 9월 26일, [Live] 9월 26일 3차 방송토론(채널A), https://youtu.be/
2WLGgaD4afQ

6 윤석열은 어린 시절 제대로 사랑을 받지 못했는데, 그렇게 판단할 만한 근거들이
있다. 이에 대해서는 심리학자 김태형이 출연한 윤석열 심리분석 유튜브
방송(https://youtu.be/GhV_wREgflA, https://youtu.be/cEp-5YW-P5w)을 참고하라.

7     2021년 9월 16일, [Live] 9월 16일 1차 방송토론(TV조선), https://youtu.be/ FIyJEhqU7kM

8     2021년 9월 23일, 국민의힘, 오늘 대선주자 2차 토론회…洪-尹 '맞대결' 주목 [끝까지 LIVE](MBC 중계방송), https://youtu.be/5tkEKlWpulw

9     2020년 10월 22일, 윤석열 쇼-2020 대검찰청 국정감사 10분 요약, https:// www.youtube.com/watch?v=Skv6fdOvgpo

10     2020년 10월 22일, 국정감사 하이라이트-국감장서 책상 친 윤석열 "내가 검사 26년 한 사람인데!", https://www.youtube.com/watch?v=QOc-Z1H6Alk

11     2021년 10월 1일, [풀영상] 제20대 대통령선거 국민의힘 경선후보자 5차 방송토론 전체 다시보기, https://youtu.be/TVx3HwmqBDA

12     2021년 10월 11일, [생방송] 국민의힘 대선 후보자 호남권 토론회 10/11(월) 17:20~ 원희룡/유승민/윤석열/홍준표, https://youtu.be/d1_9SCzqstY

13     2021년 9월 26일, [Live] 9월 26일 3차 방송토론(채널A), https://youtu.be/ 2WLGgaD4afQ

14     2021년 10월 18일, [풀영상] 국민의힘 본경선 4후보 합동토론 부산·울산·경남 지역 10월 18일(月)(SBS), https://youtu.be/f8JuadpSXhM

15     2021년 10월 13일, 국민의힘 대선 후보 본경선 권역별 합동토론회(제주) [끝까지 LIVE](MBC 중계방송), https://youtu.be/Y9y-2KzRONY

16     2021년 9월 16일, [Live] 9월 16일 1차 방송토론(TV조선), https://youtu.be/ FIyJEhqU7kM

17     윤범기, 《나만의 연설문을 써라》, 필로소픽, 2020, 118쪽.

## 에필로그

1     윤범기, 《나만의 연설문을 써라》, 필로소픽, 2020, 15쪽.